不埒な希望

ホームレス／寄せ場をめぐる社会学

狩谷あゆみ 編

不埒な希望——ホームレス／寄せ場をめぐる社会学

はじめに

表紙の写真は、梅田から淀屋橋に向かう途中の梅新東交差点歩道橋である。歩道橋の上には、ＪＲ新大阪駅、箕面市方面へ向かう国道四二三号線（新御堂）の高架がある。中央の柵も手前のオブジェも野宿者を排除するためにつくられたものであろう。しかし、排除されたにもかかわらず、柵の前には、「新たな住人」の荷物がある。もしかすると、柵やオブジェが設置される前の住人かもしれない。写真を撮ったとき、住人は居なかったが、住人の荷物と思われる紙袋やビニール袋の上には厳重に段ボールが置かれ、その上には液体を入れたペットボトルが並べられていた。住人は、日雇い労働に行っているのか、それとも空き缶か段ボールを集めに行っているのか、もしくは食料を探しに行っているのか、それともどこかで暇つぶしをしているのか。そこには、住人の姿はなくとも、誰かが生活している気配はある。

柵とオブジェが中央に設置されたために、この歩道橋を渡るときには「一般の通行人」も遠回りをしなければならない。この空間は、野宿者を排除する街は、誰にとっても不便な街であることを象徴しているような場所である。

本書は、「Ⅰ もうひとつの〈場所〉へ」「Ⅱ 不埒な彼／女」「Ⅲ 希望の境界」の三部構成である。それぞれ独立した論文なので、読者が関心を持った箇所から読んでいただいて構わない。コラムは、「強制撤去・排除」「法・制度」「女性」「襲撃」である。年表は「法・制度」の内容に関連している。本書の内容を簡単に紹介しておく。

「I　もうひとつの〈場所〉へ」では、かつて活気に溢れていた寄せ場の情景と、一九九〇年代の新宿駅西口地下における「居場所」と「公共性」をめぐる攻防という二つの過去について論じられている。しかし、ここで論じられている内容は、過去について説明されていながらも、決して過去を懐かしむような内容ではない。中根光敏は、寄せ場とは形を変えた労務対策の存在を近年のフリーターや、非正規雇用者から見いだしている。また、山口恵子は、野宿者を都市空間から排除する正当性を維持するための「公共性」の強調が、結果的に、野宿者だけでなく、都市の自由を奪うことに繋がっていることを指摘している。

大規模な強制撤去によって、新宿西口地下で「居場所」を奪われた野宿者たちの行く末は、「II　不埒な彼／女」で、北川由紀彦による、自立支援センター利用者の聞き取り調査を事例とした分析に垣間見ることができる。北川によると、自立支援センターは、安定した職に就き、安定した生活を送られるよう支援することを目的としながら、入所者を「従順な労働者になりうる層」と「我慢が足りない層」とに分類し、後者を路上へと掃き出す機能を果たしている。

さらに「II　不埒な彼／女」では、「外国人」と「女性」という、従来の寄せ場／野宿者研究において周縁化されてきた存在について論じられている。山本薫子によると、日本人の多くが、寿町（横浜市内にある寄せ場）を「安価な労働者である外国人が下層労働市場へ組み込まれていく状況」として位置づけているが、実際は「日本で置かれている社会的不自由こそが彼ら彼女らを結果的に寿町につなげる要素となっている」と指摘している。寿町を下層労働市場としてではなく、エスニック・ネットワークとして解読していこうとする山本の分析は非常に興味深い。また、文貞實は、女性野宿者を「野宿者」として、さらに「女」としての抑圧的な構造を押しつけられている存在と位置づけている。自らの存在を無効化し、徹底的に「無力である」ことを示す彼女たちを、文は、社会的な暴力の包囲網に対する批判的な応答と呼んでいる。

常に摘発を警戒した状態で労働することおよび生活することを余儀なくされながら、日本社会において、確実にそのネットワークを形成し、拡大させている外国人労働者。自立支援システムによって、再び路上へ掃き出される元野宿者。そして路上へ止まるということでしか自らの主体性を表明する術を持たない（持てない）女性野宿者。彼／女の存在は、果たして絶望なのか、希望なのか。

「Ⅲ 希望の境界」において、西澤晃彦は、野宿者の生への抗いが閉じられた公共的空間へと介入する社会的な抵抗へと繋がり得るものかと問うているが、その答えは明確ではない。また、狩谷あゆみは、繰り返し起こる野宿者襲撃を問題視しつつも、その現象に「暴力と男性性」という新たなテーマを見いだしてしまう。

このように、不埒な存在について論じる著者たちもまた不埒である。「誰にも言わないでよ」と、野宿者から口止めされた内容を書いている。すでに判決が下され、人々の記憶から忘れ去られている事件を蒸し返す。数少ないデータを駆使して、持論を展開する。ルール違反は承知である。我々には時間がないのだ。なぜなら、消されていった、そして消されようとしている〈不埒な生〉を見てしまったから。

狩谷あゆみ

目次

III　希望の境界

不埒な希望——ホームレス／寄せ場をめぐる社会学

警告
ここは地下歩道です
通行の妨害となる次の行為は禁止されています
一 寝そべったり、座り込んだりすること
二 みだりに段ボール等の物件を置くこと
東京都第一建設事務所長
警視庁築地警察署長
銀座通連合会

I もうひとつの〈場所〉へ

1　失われた光景から
——寄せ場とはなんだったのか？

中根光敏

1　失われた光景《シーン》

もう二〇年以上も前のことなのに、私は、その日の出来事を鮮明に覚えている。一九八〇年二月の寒い夜だった。京都で大学受験を終えた私は、同じく京都へ受験をしにきていた高校の友人と四条河原町で落ち合った。二人とも家には「最終電車で着くように帰る」と電話し、京都の繁華街をぶらついた後、急行列車で名古屋駅まで辿り着いた。名古屋駅では、最終電車まで十分に間に合う時間だったけれども、二人とも家に帰るつもりなど最初からなかった。東海道線の最終電車が発車した時刻を見計らって、「最終に乗れなかったから、明日の朝帰る」とそれぞれ家に電話をかけた。駅構内のベンチで夜を明かして始発を待つつもりだった。三〇分としないうちに、駅員がやってきて「駅はもう閉めるから出て行くように」と追い出された。それが野宿者を追い出すために、国鉄名古屋駅で行なわれていたことだとは、当時、知る由もなかった。国鉄の駅を追い出されて、しかたなく地下街へと移動したが、すぐに地下街でも出入口のシャッターが下りはじめ、閉じ込められる寸前で何とか地上へと脱出できた。

別に何の不安もなかった。コンビニこそなかったけれども、深夜喫茶もあれば、ボウリング場もあるし、当時は、ゲーセンも二四時間営業だった。警察に補導される危険性はあったけれども、「派出所で夜を明かすのも悪くない」とさえ思っていた。煙草も持っていなければ、酒も飲んでいないし、仮に補導されて家に連絡されても、家には既に連絡をいれているのだから、たいした問題にはならない。二人とも、受験を終えた後の解放感をもう少し味わっていたかった。

京都ほどではなかったけど、二月の深夜は、さすがに冷え込んだ。「取りあえず暖まろう」ということで、名古屋駅の外に立ち並んでいた屋台でラーメンをすすっていると、背広に草臥《くたび》れたコートを羽織った男性が話しかけてきた。

お前ら高校生だろ。こんなところで朝までおったら寒いし、危ないぞ。悪い奴もおるし。泊めてやるからついてこい。

私たちは、一旦断ったものの、その男性が相当酒を飲んでいて強引だったことに負けてしまい（悪い人ではなさそうだったこともあって）、結局、その男性についていくことにした。連れて行かれたのは、名古屋駅から二〇分とは歩かない距離にあった零細工場（おそらく印刷工場）の事務所だった。男性は、応接セットに囲まれた中央の石油ストーブに火をいれると、靴を履いてネクタイを締めたまま、コートを被って長椅子で寝てしまった。私たちは、しかたなく声をひそめて駄弁りながら何時間かすごしたが、その男性の鼾が激しかったのと、小声で喋るのに億劫になり、ノートの切れ端に御礼の手紙を書いて、工場の事務所を抜けだした。きた道を引き返して名古屋駅へと向かった。外はまだ暗かったけれども、間もなく東海道線の始発が動き出す時間だった。

駅までもう少しのところまできた時、不思議な光景を目撃した。沢山の男たちが同じ方向へ向かって歩いていくのだ。地下足袋や作業着姿で、スポーツバッグや紙袋を持っている人が多い。中には、リアカーを牽いている人もいる。しかも、駅に向かっているわけではない。どこか別のところだ。

一体、あの人たちは、みんな何処へ行くのだろうか？

それが寄せ場＝笹島であるということが分かったのは、京都で受験した大学を落ちてから何年も経ってからである。そして今、あのときのような大規模な就労光景を寄せ場で目にすることはなくなった。

2　寄せ場という言葉

寄せ場という言葉の起源は、池波正太郎の小説を原作としたテレビドラマ『鬼平犯科帳シリーズ』でお馴染みの火附盗賊改役・長谷川平蔵宣以《のぶため》が、老中・松平定信の命で、江戸・隅田川河口の石川島と佃島の間にあった葭原《よしはら》湿原を埋め立てて、一七九〇（寛政二）年に開設した人足寄場《にんそくよせば》★1にあると言われている。一般に、人足寄場とは、幕府が治安維持を目的として設置したもので、無宿者や放免された囚人などを収容して労役させることによって、矯正・授産し、更正・社会復帰させる性格をもった施設であった、と位置づけられている。日本の現代行刑論に於いては、「近代的自由刑」や「保安処分」の先駆けとなった制度・思想として評価されている。★2それゆえに、寄場《よせば》という言葉は、「寄場《よせば》送りになる」「寄場《よせば》帰りの××」という具合に、今でも刑務所の隠語としてしばしば使用されることもある。

寄せ場という言葉は、もともと、生活者が使用してきた言葉ではない。つまり、寄せ場で就労する日雇労働者が、自分たちのことを「寄せ場労働者」と言うことは、滅多にない。寄せ場という言葉は、日雇労働運動において、一九七〇年代初頭頃から使用されるようになったものである。

中山幸雄は、『寄せ場10号』に掲載された座談会で、以下のように発言している。

調べたことがあったんですけど、運動主体の側からの一種の造語です。七〇年から七三年位。それまでは地域名をつけていたんですよね、釜ヶ崎労働者とか山谷労働者とか、それがオイルショックあたりから「寄せ場」という語が運動の中で使われるようになってくる。「寄せ場労働者」とは、山谷に住んでいる人は言わないわけですよね。釜ヶ崎の人も、自分のことを寄せ場労働者とは言わないと思いますよ。もともと寄せ場と言ったら、山谷の中での都電通りを指していたのが、簡易宿泊所全体を「寄せ場」というように変化したんだと思います。つまり、就労過程、就労契約をする限定された場所を指していたのが、空間的に広げられて用いられるようになったのがオイルショック以降、運動の側からだったという感じですけど。〔加藤他、一九九七、六頁〕

★1　人足寄場に関しては、〔阿部、一九九九〕〔緑川、二〇〇〇a：二〇〇〇b〕〔人足寄場顕彰会、一九七四〕〔滝川、一九九四〕など参照。

★2　人足寄場の実際上の効果に関しては、当初は否定的な評価だったものが、一九七〇年代半ば頃より、「日本的固有性」と「現代との連続性」が掲げられて高く評価されるようになり、監獄法改正にまで結びつけられて論じられるようになった〔緑川、二〇〇〇b〕。

同じく中山は、別のところで、以下のように述べている。

「寄せ場」という呼称は、一九七三年以降の再編期初期に、活動家によって、全国各地の簡易宿泊所（ドヤ）街を軸にした下層労働者の居住地区を包括する概念として提起されたもので、元来、「寄せ場」は、各地で若干の差異はあるが、ドヤ街のなかでも、早朝、手配師等と就労契約をとり交わす、時間的にも空間的にも限定された特定の場所を指して使用されていた。［中山、二〇〇四、二九二頁］

また、日雇労働者の就労場所に関しては、「寄り場」という言葉も使用されてきた。★3 釜ヶ崎で発行されていたミニコミ誌『労務者渡世六号』（一九七五年五月発行）には、「寄せ場」と「寄り場」に関して、以下のような記事が掲載されている。

たしかに釜（ヶ崎）では寄り場といっていた。けれどもそれは、カスミ町交差点の方に集まっていたころから、南海のガード下の西側に集まっていた時代までのことだ。つまり〝路上手配〟のころの言葉だ。それからいまのセンターができた。センターは役所が建てて、労働者も業者もここへ集まれときめたものだ。この時から、労働者の自主性がいくらかはあった寄り場という言葉は死んで、昔ながらの「寄せ場」が復活した。実際に、心ある労働者はセンターを寄せ場と呼びはじめたし、釜全体が、うまくこしらえられた寄せ場であることに気づいてきた。いま、寄り場とわざわざいうのは、職安や労働福祉センターや警察や、要するに役所だ。それと役所のごまかしにまだ気付いていない労働者だ。それからもう一つは、わかったようなことを書きたがる新聞記者だ。（中略）おれたちは釜に寄せられ、センターに寄せられ、今はまた低成長の不況だからといって、どこかへ行くなり死ぬなり勝手にしろと散らされているのだ。釜は自由な労働者の寄り場でなくてはならないが、いまは「寄せ場」にすぎない。〔寺島編、一九七六、三九頁〕（括弧内筆者）

一九六〇年代後半から一九七〇年代初頭のオイルショックまで、釜ヶ崎や山谷は、日雇労働力市場として絶頂期を迎えていた。一方で、一九七二年には、釜ヶ崎で「暴力手配師追放釜ヶ崎共闘会議（釜共闘）」が、山谷では「山谷悪質業者追放現場闘争委員会（現闘委）」が結成され、日雇労働者・下層労働者の解放を社会変革へと繋げていく視点から、ラディカルな社会運動が展開されていくことになる。そしてこうした運動の中から、釜ヶ崎と山谷をリンクする共通の社会問題カテゴリーとして「寄せ場」という言葉が現われてきた、と言えるだろう。では、なぜ、監獄や

★3 「寄り場」は「寄場」と表記されることも多いが、本章に於いては、煩雑さを避けるために「寄り場」と表記する。

労役を連想させるような寄せ場という言葉が、敢えて選びとられたのだろうか？

3　近代日本の労務支配と寄せ場

敗戦後五五年体制に於いて、一般の労働運動は、議会制民主主義のもとで所謂「民同労働運動」へと傾斜していった。そして、民同労働運動のもとでは、釜ヶ崎や山谷の労働運動に対する正当な評価は与えられなかった。つまり民同労働運動に於いては、「日雇労働者はルンペン・プロレタリアートであるから、資本家の手先となって、労働運動や社会変革（革命）に敵対する存在である」と位置づけられていたのである。これが所謂ところの「ルンプロ規定」である。日雇労働運動にとって、このルンプロ規定を覆すためには、山谷や釜ヶ崎における日雇労働の問題を近代日本の労務支配との連続性の中に位置づけることによって、釜ヶ崎や山谷の労働運動に対する正当な評価を獲得する必要があったのである。そうした事情から現われたのが寄せ場という言葉だったと考えられる。

ここでは簡潔に、近代日本の労務支配との連続性に於いて、寄せ場を位置づけておきたい。★4

幕末に商品経済が発達し、逃散農民や身分制度の枠に収まらない人々が、無宿やそれに近い状態となって、江戸へと集中した。幕府は、幕末になると、無宿人に職業を斡旋する口入屋《くちいれや》に対する取締りにも苦慮することになる。そして、無宿に対する治安対策として石川島人足寄場が作られる。明治維新後も、石川島人足寄場は、石川島監獄として引き継がれたが、囚人労働・監獄労働を補給源として納屋制度・飯場制度が現われ、親方請負制が導入されることになる。それによって、労働力供給源として下層労働力の溜まり場が、伝統的な下層社会近辺などに、新たな都市型スラム（＝都市下層社会）として現われる。納屋制度・飯場制度とは、「労務者」を飯場に住まわせて監禁し、資本家の配下にある納屋（飯場）頭の監視下で強制労働に従事させる暴力的な労務管理制度のことである。明治後期に入ると監獄部屋も登場する。監獄部屋とは、債務拘禁の賃労働関係のもとで、土工・人夫を道路・鉄道工事や鉱山採掘などの強制労働に従事させたもので、それは過酷な奴隷労働を強いた場所でもあった。★5

「監獄部屋」とは、元来、北海道・樺太・東北僻地など、日本資本主義の北方辺境、植民地帯における拓殖開発の社会資本形成の主役、中小土木建設業や炭坑下請組夫の飯場制度の一形態であり、債務拘禁に基づく強制労働の機構に転化した「土工部屋」ないしは「人夫部屋」「タコ部屋」に対する呼称であった。（中略）戦前の一司法（札幌高等裁判所所蔵）も

★4　近代日本の労務支配との連続性に於ける寄せ場の位置づけに関しては、[山岡、一九九六]を参照。

★5　監獄部屋に関しては、[筆宝、一九九二]参照。また、[高田、一九七四]には、一九三〇年からタコ部屋を土工として渡り歩いた玉吉の貴重な記録が綴られている。

認めた、「北海道と監獄部屋、監獄部屋と北海道、監獄部屋と死と云う風に連想結合され、北海道の鉄道線路を発掘すれば、土工夫の死骸累々たりと迄極言され、土工夫は人身売買に等しき方法で土工部屋に送り込まれ、其処で粗食、薄給、秘密監禁、自由拘束、過度労働の強制、無償使役、傷病者の酷使、虐待、追放、逃走未遂者の私刑撲殺等々惨虐なる諸事実」(司法省調査部「北辺の労働と出稼関係——附之に基く犯罪現象——」秘『報告書』第二八ショウ一七号、二頁——検事・弓削小平稿)が生み出され、労働者人権が圧殺された史実に疑いはない。
[筆宝、一九九二、一二二頁〜三頁]

寄せ場の前身となるような都市型スラムは、日稼人夫だけでなく大道芸人や行商・露天商からバタヤ(廃品回収業)や酌婦に至るまで、多様な都市雑業層の溜まり場であった。そして、彼/彼女らが滞在した長屋や木賃宿には、周旋屋を兼ね備えた所謂「労働下宿」のようなところも多く、飯場へと供給される労働力が堆積される場となったのである。こうして強制労働が可能となるような労務支配体制が確立し、納屋制度・飯場制度の形成が監獄部屋を生み出すことになる。

戦時下に入ると、労務報国会の組織化の下で、植民地からの強制連行を含めた強制労働が本格化していく。労務報国会とは、「日傭労務者」を組織化するために形成されたもので、「常傭労務者」を組織した産業報国会とともに、労働力の国家動員を可能にする「労務支配の戦時体制」の一形態のことである。

大日本産業報国会中央本部は、一九四二年六月、産業別部会を設置し、各種産業の特殊性に即応して、産報運動の徹底と生産増強促進にあたることとなった。部会は、当初、鉱業・交通・土木建築の三部門に設けられている。さらに、従来、無統制・無組織のまま放置されてきた約一三〇万人の「日傭労務者」の組織化をはかり、「確固たる勤労精神の確立を基調とする勤労能力の最高度発揮を期する」ため、一九四二年九月三〇日、発労第九一号をもって、「労務報国会設立要綱」とともに、全国地方長官宛厚生・内務両次官連名の「労務報国会設立ニ関スル件」依命通牒が発せられた。労務報国会は、土木建築業・運輸交通業・鉱業における「日傭労務者」と、これと不可分の関係にある「労務供給業者」、「作業請負業者」をふくむ組織で、個々に結成されていた旧労務報国会（仮称）および労務供給業聯合会は、新労務報国会に統合された。新労務報国会は、まず道府県労務報国会を設置し、その後、中央組織としての大日本労務報国会が結成されている。このように、産報と労報とが両立するようになり、ここに「常傭労務者」と「日傭労務者」の双方に戦時勤労組織がつくりあげられ、一九四〇年秋に決定された勤労新体制確立要綱の「団体に関する体制」が完成した。〔法政大学大原社会問題研究所編、一九六五〕

敗戦後、「常傭労務者」を組織していた産業報国会は、「ファシズム的」とされＧＨＱの命で解散するが、労務報国会は「労務協会」へと引き継がれ、それが職安行政を補完する柱としての暴力団を背景とするような手配師制度——即ち日雇労働力を供給する寄せ場——の形成へと繋がっていくことになる。つまり、GHQの民主化政策の下で、産業報国会は解散させられたけれども、米占領下政策に必要な労働力を供給するために、労務報国会は労務協会へと名を変えて温存されたわけである。そして、手配師制度は、戦後復興、朝鮮特需を支える末端労働力の供給システムとして定着していくことになる。

高度経済成長期を迎える一九五〇年代後半から、寄せ場は日雇労働力供給機能を急速に肥大化させていく。まず、農村解体による農業離職者や、エネルギー転換政策による炭坑労働離職者によって、都市への人口移動が加速されたために、都市に於ける余剰労働力の蓄積場として寄せ場は拡大していった。この間、一九五九年に山谷で、一九六一年には釜ヶ崎で、相次いで第一次暴動が起こってから、一九七〇年代初頭まで、山谷や釜ヶ崎では暴動が頻発するようになる。そして、一九五〇年代中頃より計画・進行中であった行政によるスラム対策は、これらの暴動に対応するように、「労務対策」と「治安対策」が連動する形へとシフトチェンジしていくことになる。★6

関東では「東京オリンピック」（一九六四年）、関西では「万国博覧会」（一九七〇年）といった日本の戦後復興を象徴する国家規模でのイベントを開催するために、土木・建設作業などに従事する大量の末端労働力が必要とされ、その供給基地の役割を寄せ場が担うことになる。末端労働力を大量に動員するためには、職安を通じた求人よりも、手配師による路上手配の方が、資本にとって必要な労働力を効率よく集められたわけである。そして、職業安定法（一九四七年制定）上では違法である手配師による闇手配が、釜ヶ崎や山谷などで大規模に行なわれていくことになる。

高度経済成長も終わりを迎える一九七〇年代初頭までには、かつてスラム＝都市下層社会の特徴を備えていた釜ヶ崎や山谷は、日雇労働市場＝寄せ場として、単身男性に特化した日雇労働者の街＝ドヤ街（簡易宿泊所街）へと変貌していく。寄せ場から就労する日雇労働者の労働現場は、当初、建設・土木、港湾、製造（鉄鋼が中心）、陸上運輸などであったが、一九六〇年代後半より港湾が、一九七〇年代中頃より製造・陸上運輸が、それぞれ寄せ場から撤退し、次第に建設・土木に特化していくことになる。★7

先に述べたように一九七二年には、釜ヶ崎で「暴力手配師追放釜ヶ崎共闘会議（釜共闘）」が、山谷では「山谷悪質業者追放現場闘争委員会（現闘委）」が結成され、日雇労働者による悪徳手配師や暴力飯場に対する実力闘争が展開されていく。★8 それらの運動は、日雇労働者が労働者として

★6 山谷では一九六〇年にマンモス交番が建設され、東京都企画室に「山谷旅館街宿泊人対策協議室」が設置される。釜ヶ崎では、一九六二年に「民生（福祉）行政を大阪市、労働行政を大阪府、治安管理を大阪府警という役割分担で行なう釜ヶ崎対策連絡協議会が制度化され、後に「あいりん地区対策三者連絡協議会」へと引き継がれていくことになる。第一次釜ヶ崎暴動と行政施策との関連性に関しては、［中根光敏、一九九六、二〇〇一b］参照。また、一連の釜ヶ崎暴動に関する新聞報道による社会問題構成の変遷に関しては、［中根、二〇〇四］参照。

★7 この点に関しては、［中根、一九九九c］参照。

の権利を獲得することを目指した労働運動であり、釜ヶ崎や山谷の日雇労働者に対する差別からの解放を目指した解放運動であるとともに、近代日本の労務支配構造を覆すことを目指した社会変革運動でもあった。[★9] こうした釜ヶ崎・山谷の日雇労働者による運動の中から「寄せ場」という言葉が、敢えて選び取られたのである。

4　日雇労働力市場としての寄せ場

寄せ場とは、まず、日雇労働力を周旋するための闇市《ブラックマーケット》が開かれている場所を指す。寄せ場は、規模の大小を問わなければ、北海道から沖縄まで、日本全国の都市に散在している。では、寄せ場とはどんな労働市場なのか？ まず、私が初めて釜ヶ崎から就労した際の記録を参照してみたい。

午前四時半起床。身支度をしてナカマ四人（いずれも今日が初めての寄せ場就労）で「あいりんセンター」へと向かう。向かうとは言っても、泊まった宿泊所からは、歩いて三分とかからない距離だが、途中に何人もの手配師から「にいちゃん仕事行かへんか」と声をかけられ、その度に立ち止まって話だけ聞いてみる。

五時前だというのに既にセンターの周りは、手配の車が何重にも取り囲んでいる。建物の向かいにある飲食店は、朝食をとる男たちで賑わっており、中には仕事前にビールを飲んでいる人もいる。センターには既に多くの日雇労働者が仕事を探しに集まっていた。さすがに、「万博以来の好景気」と言われるだけあって、労働者たちの表情には幾分余裕があるようにみえる。

センターの周りに停まっている車の窓にプラカードのように掲げられた労働条件を見ながら、声をかけてくる手配師から労働条件を聞いていると、顔見知りの労働者と出くわし、「コーヒーでも飲もう」ということで喫茶店に入る。十五分ほど、今朝の釜ヶ崎の求人状況等に関する話をしながら軽い朝食をとる。喫茶店を出て、再び仕事先を探しに手配の車が停まっているほうに向かう。

しばらくして、一人の手配師がわれわれ四人に話しかけてくる。「仕事は雑役（一日単価九千五百円）。四人一緒で労働現場に行け、帰りは車で釜ヶ崎まで送ってくれる」と言う。S土建という知らない業者だったが、四人一緒の労働現場ということと、車で釜ヶ崎まで六時過ぎには帰ってこられる、という条件が気に入り、この日の仕事を決めることにする。

★8　日本近代の労務支配と寄せ場の運動に関しては、［釜共闘・山谷現闘委・編集委員会編、一九七四］［船本、一九八五］［山岡、一九八六］［中山、二〇〇四］参照。

★9　これらの運動が、一九八二年の全国日雇労働組合協議会結成に繋がっていくことになる。

手配師から「向こうにバスが停まっているから、みんなについていくよう」に言われ、既に手配されていたと思われる労働者数人の後をついていく。センターから南海線の高架ガードをくぐった向こう側に、マイクロバスが停車しており、既に十数人の労働者が乗っていた。われわれも前の労働者についてマイクロバスに乗り込む。後からもすぐに何人かの労働者がバスに乗り込んでくる。マイクロバスの座席が補助席一つを残して、男たちで埋まる。全部で二十数人。しばらくするとバスが出発した。

時計を見ると五時四十分。マイクロバスのカーラジオからは、『カスバの女』が流れていた。［一九八八年三月一五日早朝、釜ヶ崎にて、調査日誌より］

寄せ場の就労風景に関する印象を一言で言えば、休日に公園などで開催されるフリーマーケットのような市場《いちば》という感じだろうか。それらの商品の値段は交渉次第で変動することもあるし、それに保証もない。ただし、売られている商品は「肉体労働力」そのものである。資本主義社会では、労働力が商品として売られていることは自明のことであるけれども、寄せ場ではその「自明性」に疑念を抱かざるをえない。あまりにも直接的に、そして露骨に「労働力が商品として売り買いされる」現場を目の当たりにして、あらためて「商品としての労働力」という自明性が揺らいでしまうからである。

代表的な寄せ場には、釜ヶ崎（大阪）、山谷（東京）、寿町（横浜）などをあげることができる。

これらは「三大寄せ場／三大ドヤ街」と呼ばれることもあり、これまでにしばしば小説や映画、テレビなどの舞台となってきた。これらに、笹島（名古屋）を加えて「四大寄せ場」と呼ばれることもある。釜ヶ崎・山谷・寿町には、現在でもドヤ街（簡易宿泊所街）があるけれども、かつて笹島にあったドヤ街は既に解体されている。ドヤとは、簡易旅館の一種で、「安宿を意味する宿の倒語である」とも言われている。ドヤ街では、多くの日雇労働者はドヤに居住し、寄せ場から就労することになるのだが、ドヤ街のない寄せ場には、近隣の賃貸住宅やドヤの代替となるような施設から日雇労働者が集まってくる。これらの施設には、一般のビジネスホテルやカプセルホテルから、サウナや深夜映画館、ウィークリー・マンションや日払いアパートまでもが含まれる。また、寄せ場近隣で野宿しながら就労する日雇労働者もいる。

ここでは、日雇労働市場としての形態から、寄せ場を以下のように特徴づけておきたい。★10

（1）　ドヤ街の中に位置する寄せ場

現在、ドヤ街と呼ばれる地域は、釜ヶ崎・山谷・寿町だけである。ドヤ街の寄せ場から就労する日雇労働者のほとんどはドヤに居住している。就労・斡旋は、主として早朝行なわれるが、飯場へのそれは早朝に限らず行なわれている。

（2）　ドヤ街が解体された寄せ場

笹島や新宿西口や高田馬場、新開地（神戸）やハラッパ（川崎）やドン（広島）など、かつてのドヤ街が解体された場所で、就労・斡旋が行なわれている。就労する労働者は、周辺に分散したドヤや賃貸住宅などから寄せ場へと集まってくる。就労・斡旋が行なわれるのは、早朝の限られた時間であるため、一般の人々には気付かれないことも多い。

（3）　駅手配の寄せ場

ターミナル駅など主要な駅で手配師によって行なわれる就労斡旋を「駅手配」と言う。上野・新宿・高田馬場（東京）、難波・天王寺・梅田（大阪）などがよく知られている。日雇労働者が「駅手配」という場合は、（2）と重なる場合も多い。ここでは、日雇労働者が早朝に集まってくる（2）に対して、手配師が駅にいる人たちに「仕事行かんか」と声をかけるような形態を指している。このような就労斡旋は、人通りが少なくなった夜間に行なわれる場合が多く、飯場への就労斡旋が多い。

（4）　公園などで野宿者に就労斡旋する寄せ場

手配師が声をかけるという形態では駅手配と同様であるけれども、主として野宿者が多く集

★10　青木秀男は、寄せ場に関して、以下のような分類を試みている。

元来、「寄せ場」と日雇労働者が宿泊するドヤ（宿）が密集する簡易宿泊所街とは、別のものである。前者は、労働者の労働過程に対応し、後者は、労働者の生活過程に対応する。しかしそれらは、重なることが多い。「寄せ場」は、それが形成された時期および形態によって、次の

ように「分類」される。
●伝統的スラムを核とする「寄せ場」――この場合は、被差別地域、歓楽街とともに都市の複合的下層地帯の一角を占める。昔は都市の入口の街道筋に位置していたが、現在は都市のほぼ中心にあたる。（山谷、釜ヶ崎）
●戦後新しく形成された「寄せ場」――敗戦後の焼け跡や現在の駅の周辺に形成されることが多い。この場合でも、戦前に下層地域の前歴をもつケースもある。（寿町、笹島）
○簡易宿泊所を周辺にもつ「寄せ場」――労働者の就業場所と生活場所が一致する。その分、地域の規模は大きくなる。（山谷、釜ヶ崎、寿町）
○簡易宿泊所街を周辺にもたない「寄せ場」――労働者が朝仕事に就労したあとは、そこは「一般」地区となる。労働者は、都市内に分散したドヤに宿泊する。（笹島）［青木、一九八八、四一頁］

この青木による「寄せ場」の分類は、日雇労働組合のある四つの寄せ場（地域）をもとに考案されたものである。そのため、生活過程に対応するドヤ街（簡易宿泊所街）に対置して、労働過程に対応する寄せ場を位置づけた割には、日雇労働市場としての寄せ場の形態を特徴づけるには、不十分であると言わざるをえない。青木の分類は、スラム／ドヤ街という生活空間をもとにしているために、就労形態の違いによる特徴付けとなっていないのである。青木が提示した「寄せ場の形成時期」にもとづく分類は、厳密に行なおうとすると、かなり困難な問題を抱え込むことになる。たとえば、青木は、笹島を「戦後新しく形成された寄せ場」に含めているけれども、笹島の前身は、一八七〇年代末に開始された国鉄武豊線鉄道敷設工事に伴い形成された「水車地区」というスラムだったと言われている。また、寿町には、戦前から横浜港での荷役や土木・建設作業に従事した部屋住み労働者の寄宿した「人夫部屋」が多く存在していた。さらに、釜ヶ崎や山谷も、戦災で焼け野原となった場所に戦後形成されたドヤ街であり、伝統的スラムのあった地理的位置からは移動された場所に形成されている。

まっている公園や繁華街近隣などで野宿している人たちをターゲットとした就労斡旋が行なわれている場所である。駅手配と同じく飯場への就労斡旋がほとんどであるが、東京では「ならび屋」[★11]と呼ばれる雑業への就労斡旋も行なわれている。

(5)(1)〜(4)以外の寄せ場

多くは、交通の要所である駅や港や幹線道路近隣や、日雇雇用保険の失業手当給付が行なわれている職業安定所の近くなどで行なわれているような日雇労働者への就労・斡旋を指す。その意味では地理的条件は、(1)〜(3)の寄せ場と同様である。けれども、必ずしも交通の要所とは言えないし、職安も近くにはないような場所に位置する寄せ場もある。[★12]その形成過程が不明なものを含めて、(1)〜(4)には含まれない日雇労働者が早朝に集まってくるような、比較的小規模な寄せ場も存在している。

日雇労働市場を指して寄せ場という言葉が使用される場合、一般には(1)(2)がイメージされることが多い。また、従来行なわれてきた寄せ場に関する研究のほとんどは、(1)に関するものである。上記の五つの特徴付けは、私の寄せ場に関する調査経験をもとにして構成したものであるけれども、私が調査で経験してきたフィールドの多くは(1)と(2)に含まれる寄せ場である。現時点に於いても、(3)(4)(5)に含まれる寄せ場(数としては相当数を占める)に関しては、不明な点が多い。[★13]

★11　「ならび屋」とは、東京ドームでの巨人戦の前売りチケットやオーム裁判の傍聴券、コンサート・チケットなどを「ダフ屋」が手に入れるために使われる雑業である。たとえば、「ならび屋」は、抽選チケットの整理券を持っていけば二千円を、当たり券を持っていけば一万円を雇用者から受け取るようなシステムになっている。

★12　たとえば、首里（那覇）のように、交通の要所でもなく、職安の近隣でもないところに位置する寄せ場もある。現在、就労・斡旋が行われている首里の寄せ場は、首里城建設に伴って数百メートル移動された場所から、もともとの場所に近いところにもどってきている。

★13　限られたデータから、日雇労働市場としての寄せ場をさらに特徴づける課題を示すと以下のようになる。

①　ドヤ街の中に位置しているか否か／或いは居住形態。
②　斡旋される日雇労働者の就労形態の比重が「現金」「飯場」「直行」のいずれにおかれているか。
③　斡旋される職種がどのようなものか／一般に土木・建設業が多いけれども、その場合でも「雑役層」「職人層」いずれが中心であるのか。
④　就労斡旋される日雇労働者数、即ち寄せ場の規模。
⑤　日雇労働者に支払われる賃金。
⑥　日雇労働者が手配された就労先で、日雇雇用保険の印紙を受け取れるか否か。
⑦　各寄せ場間の関係性／とりわけても大都市圏の日雇労働者は、ドヤ街からドヤ街へ、飯場からドヤ街へ、ドヤ街から駅手配へ、野宿から飯場へ、飯場から野宿へと移動するケースも多い。

5　寄せ場の衰頽

バブル経済崩壊以降、寄せ場は、日雇労働力供給機能を急速に弱体化させてきた。今や、本章の冒頭で引いたような、大規模な就労光景を目にする機会もなくなってしまった。

ここでは、日雇い労働力市場としての寄せ場の衰頽を概観することにしたい。

まず、先に述べたように、寄せ場で求人を行なう産業が一九七〇年代後半に建設・土木に特化したことである。つまり、一九六〇年代後半より港湾が、一九七〇年代中頃より製造・陸上運輸がそれぞれ寄せ場での求人から撤退したことにより、その労働力供給先が建設・土木産業だけに限定されてしまったわけである。

また、この時期に重なって、家族世帯が寄せ場＝ドヤ街から急速に減少していくことで、寄せ場＝ドヤ街は単身男性に特化した街となり、かつてのスラムのように労働力の再生産がなされなくなった。そのため、寄せ場での労働力は、もっぱら都市における失業層の流入によって支えられるようになった。[★14] 寄せ場における日雇労働者の単身男性化は、一九八〇年代に入る頃には、日雇労働者の高齢化現象として顕在化することになる。[★15]

寄せ場における日雇労働者の就労形態は、大きく以下の三つに分けることができる。

①直行………手配師・人夫出し業者との「顔付け」によって、あらかじめ決まった現場や雇用

先へと向かうもので、寄せ場労働者の中では少数である雇用の安定した人たち（職人層など）がとる就労形態である。
②契約（出張／飯場）………一定期間（通常、実働十日以上）で人夫出し飯場に入り、飯場で寝泊まりしながら労働現場へと向かう就労形態である。
③現金………早朝に雇用され、夕刻には仕事を終えて賃金を受け取る雇用形態である。

これまで、「現金」という就労形態が寄せ場で最もポピュラーなものであると考えられてきた。ドヤ街のある寄せ場では、少なくともバブル経済崩壊まではそうであったと言える。ただ、駅手配のようなドヤ街のない寄せ場では、必ずしも「現金」が主要であったとは言えない。釜ヶ崎を事例とすれば、釜ヶ崎の労働者には、「駅周辺で野宿をしている時に、手配師を介して飯場へ入り、そこで釜ヶ崎の存在を知った」という人も多い。私自身のこれまでの調査の経験からは、

★14　高度経済成長という巨大な労働力需要があった時期に、欧米諸国が移民労働者の流入によって労働力を調達したのに対して、日本では、農村から大都市への大量の人口移動によって必要な労働力を調達したのである［Sassen,1998=1992］。

★15　釜ヶ崎を例にすれば、あいりん職業安定所登録者の平均年齢は、一九八九年に四六・四歳だったものが、一九九三年に五一・八歳、一九九六年に五三・五歳、一九九八年には五四・一歳にまで上昇している（各年とも三月末時点での数字で、実際には、釜ヶ崎労働者全体の実年齢は、これより若干高いと推定される）。

駅手配などドヤ街のない寄せ場では、「現金」よりも「契約（出張／飯場）」という就労形態のほうがむしろ多いのではないかと思われる。ただし、これは実証レベルでは、全く明らかにされていないことである。

また、ドヤ街のある寄せ場にも、そこを就労拠点としながら、数ヶ月単位で飯場とドヤを往復するような寄せ場労働者が存在することは、これまでの寄せ場研究に於いても指摘されてきた。ただ、注意しておかなければならないのは、飯場に入っている労働者は、寄せ場労働者に限らないということである。

ここでいう飯場とは、建設現場や工事現場にある「作業飯場」ではなく、所謂「人夫出し飯場」のことであるが、その実態や全体像には、不明な点が多い。私が調査で実際に経験したことと寄せ場労働者から聞き取ったことなどから、大凡の飯場像を記述すると以下のようになる。

まず、一九八〇年代初頭までの飯場には、地方からの出稼労働者が相当数存在し、そうした飯場では、通常、寄せ場労働者と出稼労働者とが寝泊まりするところは、区別されていた。一九八〇年代後半には、出稼労働者と入れ替わるように、外国人労働者が飯場へ入るようになってくる。また、この時期には、スポーツ新聞などの求人広告によって飯場へと入る労働者が相当数いたことも指摘されている。

寄せ場の高年齢化問題に付随しては、寄せ場にも来ないで新聞紙上の広告にだけ依存している層の実態みたいなものを、もう一度みてみる必要があるんじゃないかなと、考えています。そういう層がけっこういて、紙上広告がひとつの小さな労働市場みたいなものになっているっていうことがあるのかもしれない。そういう場合は、飯場から飯場へと渡り歩くことも多いんです。（中略）そういう若い人がけっこう多いんじゃないかな、という気もするんです。（中略）若い人も寄せ場に来なくなっているんじゃないかと思います。（中略）だって寄せ場に来てしまったら、仕事にありつくのも新聞で行くのとあんまり違わない単価でしょ。そしたら、流れてきて薄汚い人間と付き合うよりも、三畳間の安アパートにいて、仕事行って即帰ってくるか、テレビでも見ているか、繁華街をふらついていればいいんだものね。その方がカッコイイし、と。（中略）だから、（中略）寄せ場に居るのは沈殿層が大部分で、若いくすぶりとか、現役層というのは案外市民社会に潜んでいる、ということもある意味で言えるかもしれない。［山岡、一九九六、三六三頁〜四頁］（初出は一九八四年）

つまり、地方からの出稼労働力が高齢化によって枯渇していったために、それに入れ替わる形で、外国人労働者[★16]と若年層が飯場に入るようになっていったと言えるだろう。そしてこの時期、

★16 寄せ場と外国人労働者との関連に関しては、［中根、二〇〇一c］参照。また、飯場に関しては、［中村、一九九八］［中村、一九九九］［田巻・山口、二〇〇〇］［中根、二〇〇一］参照。

出稼労働力が高齢化すると同様に、寄せ場の労働力も高齢化していく。

中村光男は、一九八〇年代に寄せ場を経由しない形で日雇労働者を飯場へと送り込む求人ルートが確立したと指摘している［中村、一九九九］。実際、多くの労働者をプールすることができる巨大飯場の建設も同時期になされている。

一九九〇年代に入って顕著な現象となる「寄せ場からの撤退」を含めて、人夫出し業者による日雇労働力の求人ルートの転換は、従来の日雇労働力の高齢化に対応するために、一九八〇年代に行なわれたと言えるだろう。こうした「飯場網の拡大」による求人ルートの転換が、当初、寄せ場での求人減少として顕在化しなかったのは、バブル景気による建設ラッシュに支えられた労働力需要があったためである。つまり、一九八〇年代には、寄せ場は、拡大した飯場網における補助的な労働力の供給場所となっていたのである。

そして、一九八六年に施行され改正が繰り返されている人材派遣業法（正式には、労働者派遣事業の適正な運営の確保及び派遣労働者の就業条件の整備等に関する法律）は、さらに建設・土木産業の求人ルートを転換させせつつあると言えるだろう。

吉田修一の小説『ランドマーク』には、以下のような場面が出てくる。

暇そうだった中年のバーテンに、なんやかんやと話しかけられているうちに、先週、九州からでてきたばかりで仕事を探してるんだ、と隼人は話した。「ずっと鉄筋工やっていたから、そっち関係で探してんだけど、あんま良いのが載ってなくて……」と言うと、「やっぱそういうのって『ガテン』[★17]とかで探すわけ？」とバーテンが訊く。

「なんすか、その『ガテン』って」と隼人は訊き返した。

普通の「就職情報誌」と「ガテン」との違いをバーテンから教えてもらって、隼人はなるほどと気がついた。これだけでかいビルが続々建設中にしては、就職情報誌にその手の求人がやけに少ない理由がやっと分かったのだ。

「知らないって、やっぱ、不利っすね」と隼人が真顔で言うと、バーテンはグラスを拭きながら、なぜかしらゲラゲラと笑っていた。［吉田、二〇〇四、二〇頁〜一頁］

既に、首都圏に於いては、建設・土木関係の職を探す若年層にとって、スポーツ新聞や週刊誌の求人広告欄は、場違いなものとなっている。現時点では、人材派遣業法では、建設・土木は対象外におかれているが、実質的には、ほぼ同様の求人形態になりつつあると言えるだろう。

こうした若年労働者を、寄せ場を経由しない形で求人するルートや飯場網が拡大していくことによって、寄せ場における「日雇労働の雇用条件」が厳格化されていった。寄せ場での求人は、手配師による「顔づけ」が中心となり、「顔づけ」なしに寄せ場で就労するのは困難となった。また、

★17　リクルートが週刊で発行している『ガテン』は、首都圏のみで発行されている。

斡旋された作業現場や飯場では、血圧計などを使った日雇労働者に対する健康チェックによって、労働者の選別さえ行なわれるようになっている。

『労働白書（平成十年版）』によれば、産業別・職業別の労働移動に於いてサービス業と建設業が流入超過であったと指摘されている。

> 「就業構造基本調査」により産業別転職率をみると、卸売・小売業、飲食店、金融・保険業、不動産業及び運輸・通信業などで一九九二年で五％を超える高い水準にあり、一九八二年からの上昇幅では、これらの業種に加えて製造業、サービス業などにも二〜三％程度の上昇がみられている。また、産業間流出者割合（転職者のうちの他産業への流出者割合）は全体として大きな変化はないものの、製造業では他産業に流出した割合が一九七一年から一九九二年にかけて一〇％ポイント以上上昇しており、安定成長期に製造業自体の雇用吸収力が低下してきたことを示している。この結果、製造業への流入から他産業への流出を引いた流入調査数は、一〇万人を超えるマイナスとなっている。他の産業では、サービス業及び建設業で大幅な流入超過となっており、これらの産業で製造業等から流出した労働者を吸収してきたとみることもできる。（中略）一九八五年以降について、「労働力調査特別調査」により主な産業における労働移動の推移を確認すると、おおむねいずれの産業においても転職率は上昇しており、パートタイム労働者比率の高い卸売・小売業、飲食店が

> 最も高い。また、流出入の結果、製造業等で流出超過となり、サービス業及び建設業等で流入超過であることが確認できる。（中略）いずれの統計をみても、サービス業の転職率の水準は際だって高い水準にはない。サービス業のウェイトが高まることが、それ自体全体の転職率を高める方向に寄与したのではなく、むしろ産業構造の転換に伴い排出された労働者を吸収してきたと評価することができる。同様に、建設業もこれまでのところ転職者の吸収産業としての役割を担ってきた。［労働省編、一九九八、一二七頁〜八頁］（傍点引用者）

また、総務省の『労働力調査結果』による「主な産業別就労者数」でも、製造業の就労者は、一九八八年の五六〇万人から一九九七年の六三五万人まで増加し続けていた。[★18]これらのマクロデータをみれば、建設業は、バブル崩壊後も公共事業投資に依存して、他産業からの離職者・失業者の受け皿となってきたことが分かる。

こうした背景のもとに、建設日雇労働力のジェントリフィケーションが行なわれ、寄せ場を経由しない形で若年労働力を求人するようなルートが確立され、日雇労働市場としての寄せ場は衰頽していったのである。[★19]一方、実体的な社会空間としての寄せ場＝ドヤ街は、生活保護者を中心

★18　逆に、日本最大の寄せ場である釜ヶ崎の求人紹介者数は、一九八八年を頂点として阪神大震災が起こるまで減少し続けた。この点に関しては、［中根、一九九九c］参照。

とした「福祉の街」へと変容していく。また、近代日本の労務支配に抵抗し、社会変革を目指した寄せ場の日雇労働運動は、次第に野宿者問題に対応する運動へとシフトし、その中心的課題を社会変革から支援へと移行せざるをえなくなっていく。

ただ、近代日本の労務支配との関係で寄せ場の衰頽を概観してみれば、寄せ場の衰頽とは、ポスト近代日本の労務支配、とりわけ下層労働力再編の一片であったことが分かる。つまり、日雇労働市場としての寄せ場の衰頽のプロセスは、寄せ場的な労働市場の興起の過程でもあったのである。そして、バブル経済崩壊以降に、急速に社会問題化した非正規雇用の拡大は、経済的な不景気を要因とするものではなく、日本の労働市場総体が、再編過程に入ったことを意味しているのである[★20]。

6　新たな光景《シーン》へ

つい先日、こんな出来事があった。フリーターを研究している大学院生から「調査に応じてくれる人を紹介してほしい」という依頼があり、思い当たる男性が浮かんだので、その男性の友人である知人を介して「調査への協力」をお願いしたところ、「調査に応じられる状態ではない」という回答をもらった。

★19　勿論、こうした背景のもとに建設業へと流入した「新しい建設日雇労働者」の存在に押し出される形で、従来の寄せ場や飯場の労働者から野宿者層が現れてきたのである。

『労働白書（平成一一年度版）』には、建設業から他産業への転職が困難であることが指摘されている。

年齢別には、六〇歳以下の各年齢層では、年齢が高まるほど他産業への転職割合が低い。六〇歳以上層で他産業への転職割合が高まるのは、定年後の再就職があるものと思われる。産業別には、製造業と建設業で他産業へ転職する割合が低く、特に建設業の五〇歳代では著しく低くなっている。この背後には、職業能力や賃金水準の問題があると考えられ、実際、五〇歳代で建設業から他産業へ転出すると賃金が大幅に低下している。（中略）労働移動性向を試算してみると、各産業とも前職と同じ産業への移動性向が際だって高いが、産業間労働移動では、サービス業、卸売・小売業、飲食店、金融・保険業、不動産業の間の労働異動性向が高く、第三次産業間の労働移動は相対的に容易であることが分かる。これに対し、製造業、建設業から他産業への労働移動性向はどの産業についても低く、両産業の離職者が他産業へ再就職する際の困難度が相対的に高いといえる。〔労働省編、一九九九、九七頁～八頁〕

★20　それを示すかのように、法務省が二〇〇五年二月にまとめた「第三次出入国管理基本計画」案では、単純労働者の受け入れのほか、外国人の「在住期間の延長」や「永住条件の緩和」などが盛り込まれている。二〇〇五年三月二日付の『日本経済新聞』記事では、同年三月一日、日本経団連と日本商工会議所が、法務省の「第三次出入国管理基本計画」案に対して意見書を提出し、「単純労働者の受け入れの検討に着手することをともに評価する一方、経団連は結論を先送りすることなく期限を区切って急ぐべきだと強調している」と報じられている。

その男性は、九〇年代半ばに大学を卒業すると同時に正社員として就職したものの、数ヶ月で辞めてから、ずっと非正規雇用で、現在、派遣社員として働いていた。私自身も、過去に何度かその男性と会って話をしたことがあり、その時には、正社員に束縛されない自分の職業選択／生き方について、自信をもって語ってくれた。

後日、調査を依頼してくれた知人から、その男性の「調査に応じられない」事情を聞くことが出来た。最近、その男性が派遣されている職場で、同じ派遣会社から派遣されていた別の人が正社員として採用され、その男性は「自分の方が仕事が出来るのに納得できない」と憤慨しているということだった。また、その男性は、調査に応じられない理由として、「非正規雇用である自分について言葉にするのは辛い」と知人に告げたそうである。

こうした出来事は、今や、ありふれた日常の一コマにすぎないだろう。ただ、一人の人間が経験したのであろう約一〇年の間に生じた落差からは、新たな光景《シーン》が浮かび上がってくる。かつては、自らの選択としてあったものが、いつの間にか選択でなくなり、束縛でしかなかったものが羨望の対象へと変容する。それ以上にドラスティックなのは、彼自身が正社員として経験したはずの辛さを既に「忘却して／させられて」しまっていることである。

鍛冶まりあ夢は、ジョブスポットに関する生々しいレポートの中で、以下のように述べている。

　少しの安定は、たくさんの不安定な要素を気にせず、楽しむ人間だけが手に入れることができるものになった。

こうして私達は選択しようのない選択を迫られる。休むまもなく働く正社員か、低賃金で定時に帰れるバイトか。最近は雇用保険や手当のない、正規社員なども増えている。それでも首を切られたくなかったら休みの日は資格の勉強をしなければならない。より人間らしい労働か、より人間らしい暮らしか。どちらも手に入りそうにないときに、そこにとどまるしかなくなる。［鍛冶、二〇〇五、一一五頁］

そして、そこにとどまることのできない人間に対しては、ニート[★21]という烙印が圧され、「支援」という名目の下で、強制されるか／排除されるか、まさに選択しようのない選択が迫られることになる。近年、ニートという奇っ怪な用語が急速に日本社会に普及していったことも驚きであるけれども、さらに驚くべきは、日本政府のニートに対する政策とホームレスに対する政策とが「自

★21　「ニート」とは、英語のNEET（Not in Education, Employment, or Training）から作られた用語であり、職探しも進学も職業訓練も行なっていない若年無業者を指す社会問題カテゴリーである。本章では、「ニート」も「ホームレス」も、ある特定の人びとを指す実体的カテゴリーではなく、特定のイデオロギーの下で政治的に構成された社会問題カテゴリーとして使用している。なお、二〇〇五年三月二三日付け『日本経済新聞』の記事では、内閣府は同月二二日に「若年無業者（ニート）が全国で約八五万人と推計し、うち四二万人が就職を希望していない」と発表し、政府は「ニートの就職支援に本腰を入れる」と報じられている。

立支援」という全く同じイデオロギーで構成されていることである。この「自立支援」というイデオロギーには、自立できなかった者を自己責任として排除するということが予め組み込まれている。そして、「13歳のハローワーク」とか「生きがいは仕事の中にある」というような陳腐な呪文が、不安を掻き立てるように流布していく。

今や、ポスト近代日本の労務支配は、寄せ場のような実体的な社会空間ではなく、「見えない飯場網」のような形状を幾重にも張り巡らせた非正規雇用や下層労働市場を拡大するとともに、多くの正規雇用者をも巻き込んだ不安定な労働市場を形成しつつある。これらの労働に従事する者たちには、かつての寄せ場のような集団的な結束を形成するような実体的社会空間が存在する余地は極めて乏しいだろう。けれども同時に、寄せ場に対して行なってきた治安管理政策のように、実体的な社会空間に隔離して、排除するような行政施策も通用しなくなるだろう。最早、近代日本の労務支配のように、中流幻想の下に階層格差を隠蔽することはできないのである。ゆえに、ポスト近代日本の労務支配は、顕在化した階層格差を正当化するイデオロギー装置を絶えず刷新していくことになるだろう。

新たな光景《シーン》へと向かう社会学的想像力は、そこにとどまることのできない者たちや選択しようのない選択さえをも拒否する者たちによって繰り広げられていく拡散された営為が、社会的な遍在と交叉する結節点を、如何に見出し、再構成していけるのかにかかっている。

参考文献

阿部昭、一九九九、『江戸のアウトロー――無宿と博徒』講談社
青木秀男、一九八八、「「寄せ場」研究の諸問題」『年報　寄せ場』1
船本洲治（全国日雇労働組合協議会編）、一九八五、『黙って野たれ死ぬな――船本洲治遺稿集――』れんが書房新社
筆宝康之、一九九二、『日本建設労働論』お茶の水書房
法政大学大原社会問題研究所編著、一九六五、『日本労働年鑑　特集版　太平洋戦争下の労働運動』労働旬報社
鍛冶まりあ夢、二〇〇五、「ジョブスポットが教えてくれないこと」『現代思想』33－1
釜共闘・山谷現闘委編集委員会編、一九七四、『やられたらやりかえせ　実録　釜ヶ崎・山谷解放闘争』田畑書店
加藤晴康ほか、一九九七、「〈座談会〉寄せ場と寄せ場学会の一〇年――変容する現実をどう捉えるか――」『寄せ場』10
緑川徹、一九九七、「日本型行刑論のイコノロジー――刑罰思想史研究序説――」『早稲田大学大学院法研論集』83
――――、二〇〇〇a、「人足寄場をめぐる精神史（一）～現代行刑実務の自画像～」『早稲田大学大学院法研論集』94
――――、二〇〇〇b、「レトリックとしての人足寄場――塀の中の作られた伝統」『木野評論』32
中根光敏、一九九六、「〝第一次暴動〟を基軸とした釜ヶ崎をめぐる社会問題の構成――行政対策を中心として――」『解放社会学研究』10
――――、一九八八、「都市空間に於けるストリートをめぐるポリティックス――野宿者問題の再構成にむけ

て」中根光敏編『差別問題の構成をめぐる社会的ダイナミズム』広島修道大学総合研究所
――、一九九九a、「排除と抵抗の現代社会論――寄せ場と「ホームレス」の社会学にむけて」青木秀男編『場所をあけろ！――寄せ場／ホームレスの社会学』松籟社
――、一九九九b、「アンダークラスとしての寄せ場――釜ヶ崎を中心として」青木秀男編『場所をあけろ！――寄せ場／ホームレスの社会学』松籟社
――、一九九九c、「現代日本社会における都市下層の変貌――野宿者の可視化が意味するもの」『日本都市社会学会年報』17
――、二〇〇一a、「寄せ場／野宿者を記述すること」『解放社会学研究』15
――、二〇〇一b、「釜ヶ崎をめぐる社会問題の構成――第一次暴動前〃篇――」『広島修道大論集――人文編――』41－2（78）
――、二〇〇一c、「下層労働力の再編としての外国人労働者問題」鐘ヶ江晴彦編『外国人労働者の人権と地域社会』明石書店
――、二〇〇二、「社会問題の構成／排除――野宿者問題とは何か？――」中根光敏編『社会的排除のソシオロジ』広島修道大学総合研究所
――、二〇〇四、「釜ヶ崎暴動に関する新聞報道の変遷――朝日新聞（大阪版）を事例として」日本寄せ場学会編『寄せ場文献精読306選――近代日本の下層社会』れんが書房新社
中村光男、一九九八、「寄せ場と飯場の10年――山谷を中心に」『寄せ場』11
――、一九九九、「飯場居住型の飢餓賃金――上野の労働相談から」『季刊 Shelter-less』No.4
中山幸夫、二〇〇四、「寄せ場と労働運動」『寄せ場文献精読306選――近代日本の下層社会』れんが書房新社
人足寄場顕彰会編、一九七四、『人足寄場史』創文社
労働省編、一九九八、『労働白書（平成一〇年版）』日本労働研究機構

――――、一九九九、『労働白書（平成一一年版）』日本労働研究機構
Sassen, Saskia, 1988, *The Mobility of Labor and Capital: A Study in International Investment and Lavor Flow*, THe Press of the University of Cambridge（＝一九九二年、森田桐郎ほか訳『労働と資本の国際移動――世界都市と移民労働者』岩波書店）
高田玉吉、一九七四、『実録　土工・玉吉――タコ部屋半生記』太平出版社
滝川政次郎、一九九四、『長谷川平蔵――その生涯と人足寄場』中央公論新社
田巻松雄・山口恵子、二〇〇〇、「野宿者層増大の背景と寄せ場の変容――『山谷、上野調査』からみる飯場労働の実態」『寄せ場』13
寺島珠雄編、一九七六、『労務者渡世　釜ヶ崎通信』風媒社
山岡強一、一九九六、『山谷　やられたらやりかえせ』現代企画室
吉田修一、二〇〇四、『ランドマーク』講談社

2　都市空間の変容と野宿者
――九〇年代における新宿駅西口地下の事例より

山口恵子

1　場所をめぐるコンフリクト

一九九八年以降、その場所は、とってつけたような「イベントコーナー」になった。衣服・雑貨の販売や各種イベントが行なわれるその場所のまわりには、透明の扉が張りめぐらされている。昼間、扉は開け放たれているが、ちょっとだけ立ち寄ってみたい私たちの気持ちに、その扉はけっこうな壁を作っている。夜間はもちろん、閉じられる。その場所を含む空間全体がリニューアルされ、ショップが新しくなり、壁や看板が光輝く広告によって埋め尽くされるようになった。JR線・京王線・小田急線・丸の内線の新宿駅から西口地下街へと足を踏み出すと、クラクラするような光の渦に巻き込まれる。確かにそこにあった路上のもうひとつの街は、あとかたもなく消えた。

大都市を中心に「セキュリティ」が上昇し、都市空間へのまなざしが厳しくなっている。★1 現代のグローバル化・脱産業化期における都市空間の変容について、とくにパブリック・スペースのレベルに焦点をあてた研究の多くは、監視・管理の強化とセグリゲーションの進行について述べている。例えば、M・デイヴィスは、ロサンゼルスが人種や階級によって空間的に、高度にセグリゲートされており、そこは富裕層の壁で固められた地区と、犯罪化された貧困層と警察が戦う恐怖の地区とに二分された要塞都市であるという。彼は、そこで都市計画、建築物、警察機構が一体となって、包括的なセキュリティ上昇が遂行され、アクセスしやすいパブリック・スペースが駆逐されていく様を具体的に示している［Davis,M., 1990=2001］。

しかし都市空間は、グローバル化・脱産業化の進行のなかにあって、その歴史や社会構造によって規定されつつも、同時に、かかわる諸アクター間の葛藤的な関係のなかで生み出されてきたものである。これについて町村敬志は、東京の代々木公園におけるイラン人の空間的実践としての「たまり場」の生成と消滅のプロセスの分析を通じて、異なる価値観や文化によって特徴付けら

★1　都市コミュニティについては、例えば、E・ブレークリーとM・スナイダーは、部外者による侵入や接触を防ぐために、近隣住区を外壁で取り囲んでゲートを設置するアメリカの「ゲーテッド・コミュニティ」の現実と課題について明らかにした［Blakely, E.J. & Snyder, M.G., 1997=2004］。

れる社会層の間の緊張と均衡、そして「コンタクトゾーン」の複合として都市の変化をとらえることを主張した〔町村、一九九九〕。また、田中研之輔は、新宿駅近くのスケートボーダーの「たまり場」の生成に注目し、都市の空間と彼らの文化的実践の関係性を記述している★2〔田中、二〇〇四〕。

同じように都市に現れる集まりと場所でも、野宿する人々のそれとは、共通点と相違点があろう。共通点は、そこに集まる必然性があること（集まる必然性がある状況に置かれていること）、そこに集まることによって下位文化を発達させるということ、それは都市政策・政治側の意図に反した空間利用であるとみなされること、そして排除の対象になるということである。一方、相違点はいうまでもなく彼／彼女らが野宿をしているという存在のあり方に起因する。帰る場所がある当人にとって、反復的に利用するにせよ「たまり場」は一時的なもので、生活の一側面であるに過ぎない。しかし、野宿せざるをえない人々の多くは、他に戻る場所がない。身体は路上のどこかに存在し続ける。よって、彼／彼女らの集まりは、場所をめぐる争いになり、そして、彼／彼女らの存在をめぐる争いにもなるのである。かつ、「汚い」「危険」など、極度に差別される状況にあり、存在そのものへの嫌悪感もまとわりつく。「一般市民」が抱くそのような感情は、ときに都市権力への圧力・後押しとなってふりかかる。このような点において、野宿者の集まりは、都市権力にとってより挑戦的な、抜き差しならない状況であるといえる。

本章は、こうした特質を持つ野宿者の集まり＝場所をめぐって、行政や警察、支援団体、および野宿者の三つのアクターがそれをどのようにとらえ、関与していったのか、その経過を追うことで、現代社会における都市空間の変容の意味を明らかにすることを目的とする。このことは、さまざまな諸力が拮抗するなかで、広場、公園、路地などの曖昧な場所、多くの人に開かれた場所の意味が限定されていくプロセスを明らかにすることにつながるだろう。ここでの対象は新宿駅西口地下という場所であり、対象となる時期は、主に一九九〇年代に入って新宿駅西口で野宿者が増加したころから、二度の強制撤去とそれに対する社会運動をへて、一九九八年に火災により西口地下での野宿が全面禁止になる頃までの約八年間である。用いる主なデータは、一九九六年から継続しているフォーマル、インフォーマルな聞き取り調査およびサーベイ調査、行政発行資料、各種パンフレットなどの文書資料による。なお、ここでは比較的長期にわたって公園や河川、道路、駅などの屋外で生活する人々をさして野宿者と呼んでおく。

最後に、新宿駅西口地下という場所の位置づけについて確認しておきたい。新宿駅西口地下は、歴史的に日雇労働者を中心とした「都市下層」の集住する場所であった寄せ場「山谷」や、マージナルな場所「隅田川べり」、巨大公園「上野公園」「新宿中央公園」など、現在野宿する人々が集中している他の場所と比べると、商業施設に密接しており、多くの人が真横を行きかう顕在的な場所であること、屋根つきの閉鎖的な空間であること、都庁へと続くシンボリックな場所であ

★2　近代都市が対象ではあるが、中筋直哉は、磯村英一の「第三空間」の議論を援用しつつ、大通りや公園、繁華街などを「群衆の居場所」と呼び、そこでの「民衆騒擾」などの「群衆の体験」とそれへの国家や資本の介入を分析し、人々に生きられた空間の変容過程を明らかにした［中筋、一九九六］。

ること、などで際立っていた。しかも、ここは九〇年代以降、全国の主要都市で野宿する人々の増加が言われるようになって最初の大規模な撤去と、それに対する社会運動の生成の場所となった。当時の西口地下をめぐる攻防は、野宿者をめぐる状況を社会問題化し、二〇〇二年「ホームレスの自立の支援等に関する特別措置法（以下、ホームレス支援法と呼ぶ）」の公布への最初の後押しとなった。と同時に、二〇〇〇年以降にとりわけ頻発する野宿者と空間をめぐるコンフリクトの、さきがけともなったのである。★3

以下、まず新宿駅西口地下の物理的・社会的環境と野宿者をめぐる概況について確認し、次に、行政・警察、支援団体、野宿者の三つのアクターが、西口地下においてどのように対応していったのかを整理する。最後に考察を行なう。

2　新宿と野宿者

新宿駅周辺の開発・再開発の進行と「都市下層」

新宿駅周辺は都市空間の生産のプロセスのもとで、ダイナミックな変容をとげてきた。一九五八年の第一次首都圏整備計画のもと、一九七〇年代から新宿駅西口では「新宿副都心」の整備が開始され、巨大な業務地区が誕生した。一九八〇年代も大規模な開発・再開発事業が目白押しで、情報サービス産業や不動産業などの国内管理機能の集積、エンターテイメント施設・ホテル・盛り場の集中による消費空間としてのいっそうの組織化が進んだ［町村、一九九四］。しかし

★3 九〇年以降の新宿駅西口の野宿者をめぐる問題については、主に社会学や社会福祉学の領域において、多くの研究成果がある。野宿者間の社会関係について、まず筆者は、野宿者の生活と社会関係を明らかにした［山口、一九九八a：一九九八b］。より詳細な野宿者間の集団形成の動態については北川由紀彦に詳しい［北川、二〇〇一a］。岩田正美はそのような社会関係を含む野宿者の生活世界をエスノグラフィックに記述することから、福祉国家の進展のなかでの「生きていく場所」について論じている［岩田、二〇〇〇］。一方、西口地下での支援活動や政策の動きにより焦点をあてたものもある。野上亜希子は西口地下の「社会的弱者」の支援グループを分析し、支援のあり方について論じた［野上、一九九七］。D・マリナスは、社会運動の展開を、支援組織の生成を追いつつ記述している［Malinas,D.A., 2004］。対して北川は、東京都と社会運動を担った集団の動きと意図に注目しながら、いかに野宿者問題が構成されていったのか具体的に分析している［北川、二〇〇一b］。新宿駅西口地下の状況が、東京都による「強制撤去」に大きな影響を受けていることから、これらの研究は多かれ少なかれ、その空間的側面に触れている。しかし基本的には、野宿者の人権や福祉、社会関係、社会運動といった側面に焦点が当てられており、都市空間そのものを考察しているものは少ない。ただし、園部雅久は、野宿者の生活世界と析出される構造的な背景に触れつつ、「都市における文化戦略の重要性が増し、美しい景観のもつ覇権が増大する」ような現象を都市空間の「エステ化」と呼び、ミドルクラスの価値と神話的なその現象によって、野宿者を含む「他者」が排除・統制されていることを指摘している［園部、二〇〇一］。しかし、それはあくまでも指摘に終わっており、それを具体的に紐解いているわけではない。

それは半面で、住宅地の激しい業務地化を生み、同時に地価高騰を招いた。一九八〇年代後半からは、特定の住宅地ではいっそうの人口減少、高齢化が生じている。そのような中、一九八五年に東京都庁の新宿副都心への移転が決定し、一九九一年に建設が行なわれる。西口地下は都庁へと続く象徴的な空間になった。一方、一九九〇年代は、バブル経済の崩壊とともに、地価が下落、開発・再開発事業の見直しも強まる。ビル・テナントには空きが目立ち、住宅地では買い手のつかない虫食いの土地が残った。ただし、エンターテイメント施設、ホテル等の大規模開発は現状維持がなされており、新宿駅南口の商業ビル開発等、周辺地域と合わせて、商業地区はより巨大化していく。今日、新宿駅は、毎日約四〇〇万人もの人々が利用し、日本でもっとも乗降客数が多いといわれる巨大駅となった。

しかし、そもそも新宿駅周辺は「都市下層」の人々のものとしてあった。断続的な資本投下による再開発の一方で、開発に取り残された古い木賃アパート群が残っている。そしてそこを多くの外国人の居住者が利用していた［奥田・田嶋編、一九九三］。日本一の歓楽街歌舞伎町は、外国人労働者を含めて多様な男女の流動層を吸収してきた。高田馬場駅周辺で新宿職業安定所高田馬場出張所の近くにある寄せ場である「馬場」は、ながらく東部の山谷と並ぶ巨大寄せ場として、日雇労働者に利用されてきた。また新宿駅では「駅手配」が日常的に行なわれており、労働者を探す「手配師」がうろついている。現在では激減しているが、以前は百人町一丁目や新宿四丁目界隈には旅館や簡易宿泊所（ドヤ）があった。例えば、百人町一丁目周辺の旅館街の全盛は一九六〇年代で、当時一〇七軒の旅館がひしめいていたという［『新宿区新聞』一九八七年三月二五日］。また、ひしめきあうサウナや二四時間営業の飲食店、映画館、マンガ喫茶はいつも「ホームレス」の人々に寝床を提供してきた。

新宿駅西口地下における野宿の状況

東京都庁が新宿に移転した一九九〇年代以降、新宿駅西口地下街を中心として、野宿する人々の増加が実感されるようになる。新宿駅周辺で冬季に支援活動をしていた団体によると、一九九二年一月七〇名、一九九三年一月二六五名、一九九四年一月四〇三名と急激に増加していったという［笠井、一九九九］。また、一九九六年の三月に行なわれた西口地下と一部地上を含めた場所の一斉調査によると、三五九名の野宿者が確認された。そのなかで調査対象となった二三八名は、九五・八%が男性であり、年齢は五〇歳代が三九・一%と最も多く、次いで四〇歳代二七・三%、六〇歳代二一・九%で、中高年齢層で占められていた［都市高齢者生活研究会、一九九七］。つまり、新宿駅西口で野宿していたのは、圧倒的に中高年の男性であった。

のちほど詳述するが、このような彼／彼女らをめぐって、表1のように、さまざまな動きがみられた。そしてこれによって野宿場所は強力な影響を受けてきた。その変化を、『新宿区新聞』の新宿駅西口地下におけるカウント調査の資料から、概観しておこう★4（図1）。一九九四年二月一七日に、四号街路（新宿駅から都庁へと続く約三〇〇メートルの南北の両通路）を対象として東京

図１　新宿駅西口地下の配置とダンボールハウス数の変化

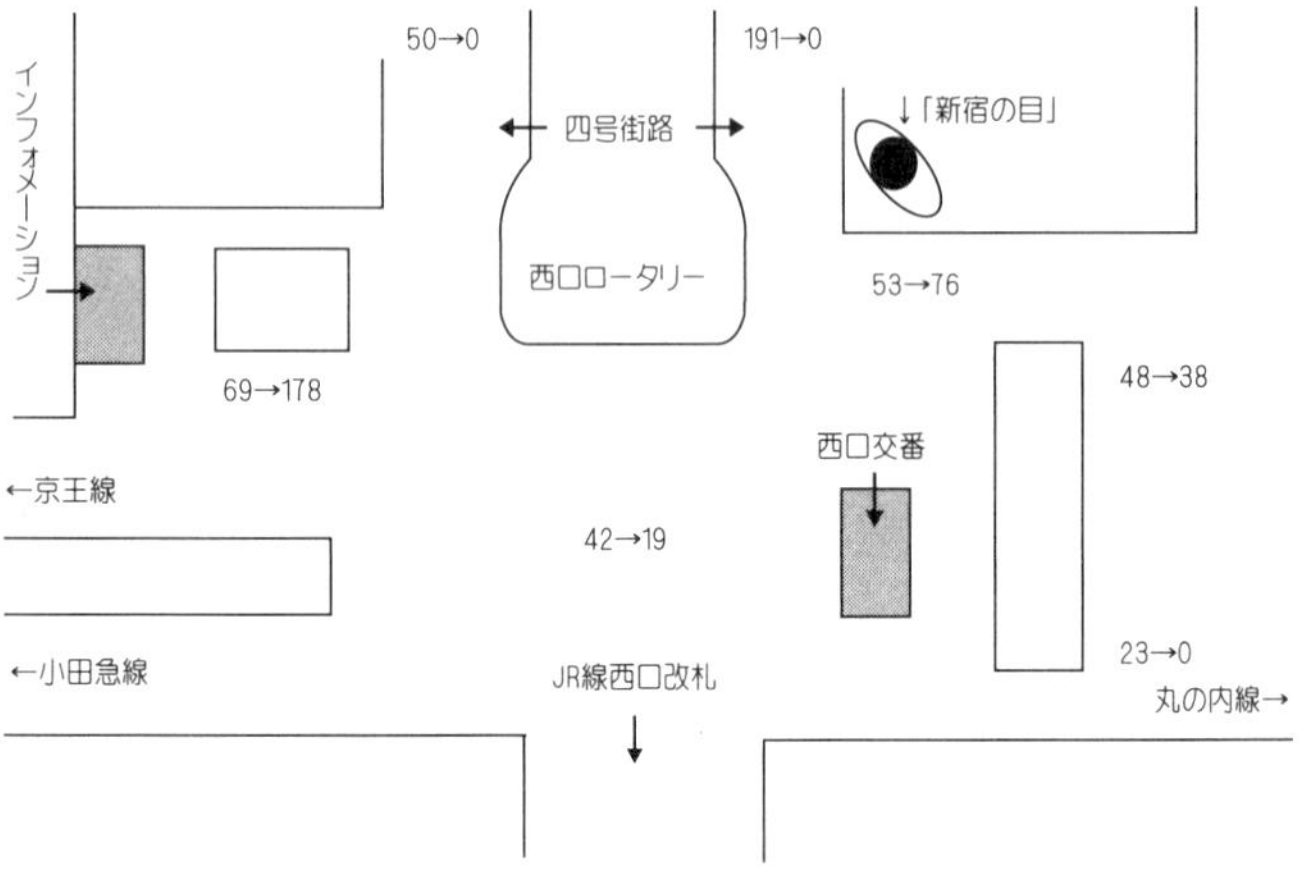

注）数値はダンボールハウスの数で、95 年 12 月→ 96 年 12 月の調査時期順に並んでいる。
出典）『新宿区新聞』96 年 1 月 1 日、97 年 1 月 1 日より筆者作成

都による大規模な「環境整備対策事業（第一次強制撤去）」が行なわれた。にもかかわらず、図からは、一九九五年一二月には、四号街路に多くのダンボールハウスが再び集まっていることがわかる。これに対して、一九九六年一月一三日に同じく四号街路を中心とした「環境整備対策事業（第二次強制撤去）」が行なわれ、それに付随するように周辺部の私鉄管轄下の場所でも撤去が行なわれた。これによって、一九九六年一二月には、四号街路のダンボールハウスが全くなくなり、一方で、「インフォメーション（インフォメーション・センター）」の所は一七八棟と二倍に増加するということになっているのである。

　このような西口地下の出来事と野宿状況を念頭におきつつ、以下では、この空間を

めぐる、それぞれのアクターの動きと展開についてみていこう。なお、一九九六年の「環境整備対策事業（第二次強制撤去）」はとくに大きな変化としてあると考えられるので、それ以前と以降に大きく分けて検討する。

3　新宿駅西口地下における攻防

東京都・新宿区・警察等による新宿駅西口地下の「管理」の進行

①一九九六年以前

そもそも新宿区では一九八〇年より、新宿区の町会、デパート、警察、消防など約五〇団体がメンバーになって「環境浄化対策会議」がもうけられていた。そこでは週一回の「環境浄化パトロール」などが行なわれ、放置自転車や捨て看板と同じように、野宿者も「浄化」の対象として問題視されていた。★5 加えて一九九〇年以降、ダンボールなどを利用して野宿する人々がより目に

★4　『新宿区新聞』は、一九五三年に創刊されて以降、長きにわたって新宿区の情報を集めておよそ月三回の発行を続けている。とりわけ新宿区内の新しい出来事や変化をビビッドにとらえている。この図は、新聞の独自調査であり、カウントした対象が一律ではないため正確な比較は困難であるが、変化を概観することができる。

政策レベルの動き	支援等の動き
「路上生活者問題に関する都区検討会」 発足（都・区）	山谷労働者福祉会館や いのけんによる支援の開始
	新宿闘う仲間の会結成
	初の野宿者によるデモ
	新宿連絡会結成
「自立支援センター」構想明らかに	
	第一回新宿越冬闘争
東京都企画審議室 『新たな都市問題と対応の方向』提出（都）	
	第一回新宿夏祭り ダンボールハウスに絵が描かれ始める
四号街路に「動く歩道」の建設が 計画される（都）	ストップ「動く歩道」集中行動開始
	スープの会が西口地下での アウトリーチ開始
	活動者二名が逮捕・起訴される
『路上生活者問題に関する都区検討会』 報告書提出（都・区）	
	「新宿ダンボール村通信」創刊 (九九年四月まで)
	地方裁判所で活動者二名の無罪判決出る
暫定自立支援センターの 説明会が行われる	
暫定自立支援事業開始	
	西口地下より「自主退去」する
国の各省庁や自治体による 「ホームレス問題連絡会議」設置	

付くようになると、一九九三年七月には、新宿三井ビルなど西口地元代表が都知事宛に道路管理強化を求める陳情書を提出するなど、地元企業や商店からも野宿者の存在を問題視した、都への要望・陳情があいついで出される。そして東京都は、同年一一月頃から西口地下での定期的な「路上廃材撤去作業」を月二回に増やした［笠井、一九九九、二六～七頁］。

このような流れの中で、一九九四年二月一七日、東京都は大規模な「環境整備対策事業（第一次強制撤去）」を行ない、四号街路にあった一〇〇棟ほどのダンボールハウスを解体し、廃棄した。

表1　新宿駅西口地下をめぐる動き

年	月	地下での主な出来事
1991		東京都庁移転（地下道の整備・拡張）
1992		野宿者の増加がみられるようになる
1993	11	西口地下通路にて 「路上廃材撤去作業」が月二回に
1994	2	四号街路で大規模な 「環境整備対策事業」実施される
	5	野宿者同士の殺人事件起こる
	6	
	7	
	8	
	10	
	12	
1995	7	
	8	
	9	
	10	
1996	1	四号街路で大規模な 「環境整備対策事業」実施される
	2	京王電鉄地下通路でも排除
	4	都が「オブジェ」という突起物を設置
	7	
	8	都と西口振興会合同で 定期的な西口地下の「清掃」開始
	11	
1997	3	
	5	
	10	
1998	2	西口地下で火災発生、四名死亡
1999	2	

四号街路の南側通路はフェンスをはりめぐらし、ダンボールハウスのあった車道側のスペースは立ち入り禁止とした。反対側の北の通路は、支柱と支柱の間にコンクリート製のプランターが据え付けられ、約四五〇本の植木が置かれた。このとき、新宿区福祉事務所は「環境浄化対策現地出張相談」の会場を現地に置いた。そこでは区の担当者らによって野宿者に対して面談や検診が行なわれ、希望者については、「路上生活者等緊急越冬対策事業」として大田区に設置されている「大田寮」というプレハブ建ての臨時施設に収容した。結局一一八名が入所する〔『朝日新聞』一九九四年二月一八日〕。

他方で、翌日の二月一八日には、「路上生活者問題に関する都区検討会」が設置され、これまでバラバラであった東京都と二三区が共同して「路上生活者問題」への対応の協議が正式に始まった。★6 検討会の委員の構成は、都側が企画審議室・福祉局・衛生局・労働経済局・住宅局・建設局・東京消防庁の各部長らであり、区側は文京区企画部長、江東区福祉部長、その他新宿区から三名の部長、それに特別区人事厚生事務組合、特別区協議会からなる〔路上生活者問題に関する都区検討会、一九九六〕。そこではすでに一九九四年一〇月に「自立支援センター」の構想が取りざたされている。一九九五年七月には、東京都企画審議室が、一九九〇年代以降の野宿者の増加に関して、はじめて行政施策の方向性を示した報告書である『新たな都市問題と対応の方向』を作成した。研究者が主体の研究会によって編まれたこの報告書では、「路上生活をしている人々」については、「社会の一員である人が、さまざまな社会経済的背景、個人的要因が複雑に絡み合って路上生活状態にいたっている」のであり、彼らは「決して社会から排除する対象ではない」ことを主張し、その政策的対応を、諸外国の事例もあげつつ具体的に提案した〔東京都企画審議室、一九九五、五六頁〕。しかし同時に「路上生活者」の集合は「公共の施設などの利用・管理の妨げとなり、その施設本来の効用を阻害したり、地域住民などとトラブルを生じるなどの結果を招くことも予想される」〔東京都企画審議室、一九九五、六頁〕と、「公共施設」の利用の妨げや住民とのトラブルにも言及している。

一方、前出の図1からも分かるように、二月一七日の「環境整備対策事業」の直後から、野宿する人々は四号街路を中心とした西口地下へと立ち戻っていた。とくにその植木が置かれた方の通路には、植木の向こう側の隙間にダンボールハウス群が再建された。

②一九九六年以降

その場所を含めた一帯に、一九九五年一二月、東京都は「動く歩道〔平面エスカレーター〕」を設置することを正式に公表する。そして翌年の一九九六年一月一三日、この歩道設置を名目に、四号街路を中心として大規模な「環境整備対策事業〔第二次強制撤去〕」を行なった。六〇〇名以上

★5　その後、一九九四年七月には「環境浄化パトロール」は中止され、その会議も同年一〇月には「浄化」の文字をはずして、「環境対策会議」と名称を変えている〔『朝日新聞』一九九四年一一月一二日〕。

★6　東京都と新宿区および他区の間の連携、また福祉、住宅、就労、企画などの関係各課の間の連携など、行政側の野宿者への対応をめぐる連携の調整は、長らく困難を極めたという。

の機動隊やガードマン、都職員がそれにあたり、四号街路に密集していたダンボールハウス群は撤去され、片側にはフェンスが張られた。このときは、芝浦の運河に囲まれた都有地に「芝浦臨時保護施設」という二〇〇名収容可能なプレハブの施設が用意され、宿泊と食事および就労支援が提供された。しかし先にも触れたように、その後ダンボールハウスの多くがインフォメーション・センターの周辺を中心に再建されていく。

一九九六年三月には、西口に所在する商店街・企業が加盟している「新宿西口振興会」が「ホームレス問題の恒久的な対策、新宿西口地下広場を「国際都市新宿」にふさわしい環境整備を求める」陳情書を東京都に提出した〔『新宿区新聞』一九九六年三月二五日〕。そして同年八月からは都と「西口振興会」が合同で、清掃員が地下で水も使いながらきれいに掃除をする「一斉清掃」をはじめた。四号街路の反対側には、一九九六年四月頃になると「環境美化」のための「景観置物工事」として、上部が斜めに切られた円柱状の五七二本のカラフルな突起物「オブジェアート」を広範囲に配置する。地下でのガードマンの巡回と退去指導も強化され、西口地下広場以外の、京王電鉄管理下の場所などでの部分的な撤去も少しずつ行なわれた。また、かねてから張り出されていた寝泊り禁止の警告文に加えて、路上からの退避勧告「アナウンス」の放送も流されるようになった。さらに西口地下で野宿者が営んでいる古本売りの露天商に対しても、頻繁に警察からの規制が入り、一九九七年五月には道路交通法違反の疑いで、五名が逮捕された。

一方、政策的には、先の「路上生活者問題に関する都区検討会」が、一九九六年七月に『路上生活者問題に関する都区検討会報告書』を提出する。ここにおいても路上生活の問題点とは、第一に「路上生活がしばしば最低限の生活基盤を欠いていること」、第二に「路上生活者が起居している周りの地域への影響」という二点であることが示されている〔路上生活者問題に関する都区検討会、一九九六、一～二頁〕。前者については、相談・援護、保健・医療、雇用、住まいにわたる総合的な「路上生活者対策」の仕組みが示され、その目玉として「自立支援センター」設置事業が正式に打ち出された。後者については、例えば次のように指摘されている。「路上生活者対策が進んでいくとしても、現実には道路、公園、河川、駅等の公共施設等にかなりの数の路上生活者が存在し続ける可能性がある。他方公共施設管理者は、住民共有の財産として、これらの公共施設を適正に管理する責任を負っている。それは路上生活者の自立をめざす対策とは別の次元の問題であり、路上生活者が望むからといって、公共施設等を住居がわりにすることが容認されるものではない」〔路上生活者問題に関する都区検討会、一九九六、三頁〕。つまりここでは、対策が進んでも野宿者がいなくならないことが、すでに十分に予期されており、その上で「別の次元の問題」として、「公共施設」を「適正に管理する」必要性が強く主張されている。そしてさっそく一九九七年四月には、北新宿四丁目にある旧看護学校体育館を利用して、暫定的な「自立支援センター」を設置することとし、五月には都による住民説明会が開かれた。しかし、住民からは一万五一三名の反対署名が出るなど紛糾する〔『新宿区新聞』一九九七年六月五日〕。一方、一九九七年末頃からは、東京都は支援団体とも定期的な話し合いの場を持ち始めている。

ところが、一九九八年二月七日の早朝、インフォメーション・センター周辺のダンボールハウス群で火災が発生し、野宿者四名が死亡する。東京都は、緊急措置として大田区の「なぎさ寮」に入居枠を用意し、そこには一七二名が入所した。焼け焦げた西口地下の一角、約二〇〇〇平方メートルが高さ二メートルのフェンスで覆われ、その他のいたるところにフェンスやカラーコーンが置かれ、全面的に西口地下の野宿が禁止された。ただし、すぐ後に述べるような、夜の寝るときにのみ、ダンボールなどを利用して野宿する流動層に関しては、黙認されていた。

このように、都・区や警察、そしてときに企業・住民も与しつつ、「環境」や「景観」「清掃」という名目のもと、着実な空間の「管理」がすすめられ、二回の大規模な撤去をへて、最後に固定的なダンボールハウスに住む野宿者は一掃された。同時に、はじめの頃こそアリバイ的な福祉援護が用意されたに過ぎなかったが、その後早い段階で支援対策の必要性が認識され、「自立支援事業」が段階的に模索されていく。また、各報告書のなかでも推奨されていた民間の支援団体との連携についても、火災発生の少し前からは、実質的な対話がはかられるようになっていった。

支援団体・ボランティアの活動展開

①一九九六年以前

一九九〇年以前にも、救世軍などは新宿駅周辺の野宿者を対象として、冬期間、食事の配食活動などを継続的に行なっていた。しかし「第一次強制撤去」を契機にして、いくつかのボランティア・支援団体が西口地下を中心に精力的に活動を開始した。多様な「一般市民」が、ともかくも野宿する人々がそこにいることを認識し、そして多様にかかわる場ができていたことは、西口地下の出来事に大きな影響を与えていたと思われる。

例えば、少なくとも三つのボランティア団体が西口地下で活動していた。「スープの会」と「たまごパトロール団」は学生などが多いボランティア団体で、週に一回の割合で、食べ物や薬、衣服を用意して、西口地下でアウトリーチ活動を行なう。必要があれば行政の福祉政策へのつなぎも行なう。宗教団体の「クリシュナ」などは、定期的に食料の炊き出しのみを行なっていた。またユニークな活動としては、九六年の「第二次強制撤去」の少し前から、画家武盾一郎氏らのグループが、多くのダンボールハウスの側面に、胎児や子宮や身体を模した極彩色の絵を描いていった［武・小倉、一九九七］。

一方、行政への対抗的な行動などを含めた運動を精力的に担っていた団体は、「新宿野宿労働者の生活・就労保障を求める連絡会議（以下、新宿連絡会と呼ぶ）」である。以下では、この団体に絞って動きを追っていく。新宿連絡会は、一九九四年の「第一次強制撤去」から新宿で活動を始めた「山谷労働者福祉会館・人民パトロール班」と、「渋谷・原宿生命と権利をかちとる会（いのけん）」、および野宿生活の当事者を中心として、同年八月に旗揚げされた。その撤去の直後には、撤去の際に持ち去られた荷物を取り返すための東京都への「奪還要求」の活動や、生活困難な野宿者を福祉につなぐような定期的な福祉行動、「都区検討会」への反対行動、公園管理課に対する新宿中央公園の取水制限への抗議、新宿区福祉事務所の西口地下での「街頭相談」の監視など、比較的生活に密着した取り組みを行なっていた。またこのときの受け皿として用意された「大田寮」への入居者一一八名のうち九一名は生活保護外の法外援護で、二週間の宿泊のみで終わっていることの問題性を訴えたりした［山谷労働者福祉会館、一九九四a：一九九四b：一九九四c：一九九四d］。

そして同年七月一二日には一五〇名の参加者を得て「全国で初めてのホームレスのデモ行進」を都庁に向けて行なう。このときのスローガンは「俺たちはゴミじゃない！」「都・区は叩き出しをやめろ！」「野宿労働者に生活保障・就労保障を行なえ！」［山谷労働者福祉会館、一九九四c］。同年の九月頃になると独自のアンケート調査にもとづく「総合要求書」を携えて、新宿区に対する大規模な団体交渉、新宿区議会への陳情行動などの政治的な取り組みに着手していく。例えば新宿区への「総合要求書」は、新宿の「野宿労働者」の就労対策として日雇労働者すべてに対する就労保障・就労対策の要求、生活保障として住居保障、生活保護抑制政策の禁止、緊急援護政策の実施、新宿区の環境浄化対策については即刻の中止、人権擁護については強制撤去への謝罪と、都による野宿者へのいやがらせに対する新宿区からの抗議、新たな叩き出しの禁止、区民の啓発活動の実施等、からなる。これらをもって、同年九月一六日、新宿連絡会のメンバーを含めた一〇〇名近くの人々が、新宿区の八名の各関係課の課長に対して「大衆団交」を行なった［新宿連絡会、一九九五］。翌年の一九九五年三月頃からは、東京都の冬季臨時宿泊施設「なぎさ寮」で二名の入所者が不適切な対応によって死亡したことへの抗議行動を東京都に対して行なった。この当初から彼らは、「当事者の要求にもとづき、当事者の利益になる運動」と当事者利益をうたい、「全てを現場の労働者の息吹の中で決定していく」「仲間の命を仲間の力で守り抜く」と、仲間主体を打ち出し、そのような関係性の構築と取り組みをめざした。とりわけ後者については「仲間」というヨコの「連帯」「団結」を強調した。

そして一九九五年九月に「動く歩道」建設が発覚すると、新宿連絡会は「ストップ！　動く歩道」を掲げた断続的な活動を行なう。昼は大規模な集会や、都庁や渋谷区での抗議デモ、座り込み、「動く歩道」に資金援助をする日本宝くじ協会への押しかけ、都議会への陳情。夜はカンパ活動やパトロール、寄り合い、インフォメーション・センター前での「集中アオカン」。「僕らは考えられ得る手段をすべてといっていい程、この決戦の中に押し込んだ。何もかもが決戦のもとに従属され、持てる力は全部さらけ出した」〔笠井、一九九九、一九八頁〕。一〇月には正式な「申し入れ書」を都の企画審議室に提出し、話し合いで工事に伴うダンボールハウスの撤去問題の解決の道も模索した。しかし話し合いは拒否され、結局一二月に「動く歩道」設置の正式発表によって、新宿連絡会は「実力阻止」へと向かうことになる。

一方、この年の年末ごろから、新宿連絡会は、四号街路に自然発生的にうまれたゆるやかな「社会組織」を発見し、「コミュニティ」と名づけるようになる。これのきっかけは掃除だったという。「みんなで協同で通路の掃除をすると。そういうような中から、仲間の共同作業、そこに住んでいる仲間が自分らで通路をきれいにしていこうというようなことをみんなでやり始めて、小さなグループが普段はお互い反目しあったりするんだけれど、掃除とかする時はみんな仲良くするというような格好になりました」〔新宿連絡会、一九九七、三八頁〕。そして四号街路を積極的に「拠点化」していったことは、これまでの就労・生活保障の要求にとどまらず、「野宿でホームレスで何が悪い！」「路上の社会を僕らの生きる条件として認めろ！」というさらに一歩踏み込んだ要求をも内包しはじめたという〔笠井、一九九九、一六六～八頁〕。

②一九九六年以降

一九九六年の「第二次強制撤去」の折には、各方面からの応援も受けつつ座り込みによる徹底抗戦を行なった。早朝のこの様子は、多くのメディアの注目を浴びた。その後、このとき用意された芝浦の施設が運河で囲まれているうえに有刺鉄線が張りめぐらされ、出入り口にガードマンが常駐した隔離施設となっていること、結局、そこに入った野宿者は初日四三名、その後も八〇名に過ぎなかったこと、そしてそのなかでは強制的な就職活動を推進し、都側は五六名の就職が決まったと宣伝したが、実際に三ヶ月後に就労を継続しているものはほとんどいなかったことを暴露していった〔新宿連絡会、一九九七〕。

また、この撤去の際に活動家の二名が威力業務妨害罪で逮捕・起訴される。その後の裁判のひとつの争点はダンボールハウスの意味づけであった。東京都は一貫してダンボールハウスを住居ではなく「路上廃材」すなわち撤去可能なゴミであると主張していたが、一九九八年一一月二七日の東京地方裁判所判決は、ダンボールハウスは「簡易な小屋状の工作物であって、しかも、現実に路上生活の居住の用に供している物であることを考慮すると、それが無価値の堆積物ないし廃材であるということは到底できない」として、都の主張を退け、無罪判決を言い渡した［新宿連絡会、一九九七、一七二頁］。その後、検察側が控訴し、高等裁判所は一審の無罪判決を破棄、懲役刑の有罪判決が下される。最高裁判所に上告がなされるも、敗訴に終わった。

先に示したように、四号街路から排除された野宿者および支援者の多くはインフォメーション・センター前に再び集まり、そこが運動の拠点となっていく。彼／彼女らはそこを「ダンボール村」と呼び、積極的な発信も行なった。「活動報告ばかりでなく、新宿で生き抜く野宿労働者の生活＝「闘い」の息吹」を伝えるべく、『新宿ダンボール村通信』という定期発行のニュースレターも一九九六年一一月より創刊された［新宿連絡会、一九九六、一頁］。

一九九七年の都による暫定的な「自立支援センター」設置計画表明の際には、当初、強い反対行動を行なっていた。しかし、東京都福祉局の話し合いの提案を受け、結局センターを排除の受け皿にしないことを確約して、実施を容認する。それからはセンターの早期開設要求を行ない、同年一二月の福祉局と新宿連絡会の正式な団体での話し合いの場では、職員の自己紹介に拍手が沸き起こったという［笠井、一九九九］。

そして翌年の予期せぬ火災にあたって、新宿連絡会は、臨時収容のセンターを排除の受け皿にしないことを条件に、「我々新宿連絡会は一九九八年二月一四日正午をもって新宿駅西口地下広場から自主退去する。残されたダンボールハウスは自主退去に応じた各人がその所有権を放棄したものとみなし連絡会事務局員一名の立ち会いのもと、代表してその占有権を、道路管理者に明け渡す」という声明とともに、西口地下からの「自主退去」を決める〔新宿連絡会、一九九八、一六頁〕。このときの転換を、新宿連絡会は次のように述懐している。「都区路上生活者対策に対する距離感は、この事態の中で必然変わらざるを得なかった。我々がとった戦術は、我々の自前の力のなさ、力量不足が故に引き起こした事態を、都の方針に乗っかりながら克服、昇華させていく戦略であった。四名の仲間の死を無駄にしないこととは、他の仲間の現状課題を、対策の枠組みの中で一定解決し、そして、新宿以外の仲間を含めたインフォメ同様に不法占拠をせざるを得ない人々の現状課題を対策の枠組みの拡充として一定解決することにあった。「団結して終わる主体ではない」我々は、団結という目にみえぬ抽象概念ではなく、対策という具体性をこそ求めた」〔新宿連絡会、一九九九、三〜四頁〕。こうして新宿連絡会は、デモなどの対抗的な行動や行政への異議申し立ては継続しつつも、行政と一定程度連携しながら、具体的な対策をすすめていくような方向へと転換していく。

初期の頃の野宿者の生活に密着した運動構成から、一連の明確な対行政行動のプロセスのなかで、新宿連絡会は野宿者の社会運動のうねりに大きな役割を果たした。しかし、火災にあたっての「自主撤去」はこの団体の大きな転機となり、これはその後の空間と野宿者をめぐる大きな転換点となる。

野宿する人々にとっての西口地下

このような西口地下をめぐる展開のなかで、野宿している当事者にとっては、ここはどのような場所であったのであろうか。ここでは、日常生活と運動とのかかわりの二つに分けて整理する。なお、当然のことであるが、野宿する人々は「現在野宿している」ということ以外では、これまでの生活経験も価値観も異なる多様な人々であり、一枚岩ではないことはいうまでもない。

①日常生活を送る

西口地下には、厳しい野宿生活を生き抜くためのいくつかの良い条件があった。屋根と安全と情報と仕事である。

屋根つきのくねった地下通路と広場は、屋外生活には厳しい雨・風・寒さを防いだ。しかし場所の特性と管理者の都合によって追いたての強弱があり、人々はそれに左右されながら野宿することになる。先にみてきたように、より定着的なダンボールハウス群はとりわけ撤去のターゲットとされた。しかし四号街路の第一次撤去後も、すぐ翌日には同じ場所にハウスを再建したり、またそこが完全封鎖されると、まだ居られるインフォメーション・センター前に集合したりと、その都度、人々は柔軟に寝場所を変えてきた。そしてそのことは結局、通行人からや隔離された場所から、人目につく広場へと野宿者を追いやっていくことになったのである「山口、一九九九]。しかも、ダンボールハウスそのものも「進化」していき、巨大化、複雑化、繊細化していった。より定着的な生活は、ガスコンロや簡単な調理器具を使って煮炊きをして食事を取ったり、ハウスに装飾が施されたりなど、「普通の」生活の再現に近くなり、それとともにゆるやかな社会関係も生まれた。例えば、「俺はそこんとこ寝てたんだよ。そしたらこれ作ってくれた。みてくれよ、この傘、二本も。ダンボールだけだとすぐダメになるって、こうして傘立ててさ、この傘がいわば大黒柱ってやつだよ★7」というように、ダンボールハウスを作ってもらったり、他の人が「エサトリ」で店の残り物を集めてきたものを分け与えてもらったり、「ご近所づきあい」がはじまる。こうして、比較的対等な立場で食料を援助しあうグループや、仕事をめぐるグループ、上下関係のはっきりしたグループなど、いくつものゆるやかなグループが形成されていた。ただし、彼／彼女らどうしでは、過去のことに触れない、深入りしない、などの規範もみられた[山口、一九九八a][北川、二〇〇二a]。

さらに西口地下はさまざまな仕事の結節点であった。先にも述べたように、「駅手配」がさかんな場所であったし、また、駅・繁華街の特徴を生かした「都市雑業（本集め・売買、テレホンカード収集、ダフ屋用のチケットの並び、エサ取り、看板持ちなど）」が存在し、そのような仕事に行かないか、という「声」がかかるチャンスのある場所だった。西口地下の本売りの露天商は、地下街の人通りの多い場所に面して、警察とのいたちごっこを繰り返しながら本を売り、また野宿者から本を買って生業を営んでいた[北川、二〇〇二a][山口、二〇〇三]。またチケットの並びなどの仕事を野宿者に配分してもいた。こうして野宿者の現金収入の源を作り、かつ面倒見のいい「親分さん」と位置づけられた彼らは、地下において絶大な影響力を持っていた。

しかしその一方で、例えばJRの西口中央改札前から「新宿の目」の方までのオープンスペースには、夜一〇時以降になると、夜のみ寝にくる人々の「棺おけ型」のダンボールハウスが数十集った。またもう少し端の風の入りにくい、入り組んだ隙間では、時間差で寝床を移動する人々がいた。これらの流動層は、昼間はその場所を後にすることによって、場所の管理者と折り合いをつけていた。ガードマンとも顔なじみになって、寝場所のルールを守り、野宿を黙認されていたのである。このような夜のみに三々五々集まってくる流動層の寝場所は、ニュー・フェイスでも入りやすい。例えば野宿歴二週間の男性が「やっぱり、一人で寝るのはすごく怖いよ。この辺だったら誰も知らないけどね。みんなで近くでダンボールに寝るでしょう。だから安心するとこあるよね★8」と語っており、集まっているがゆえに安全な場所として認識されてもいた。また警察のそばなので安心という声も聞かれた。

しかしそうはいっても、彼/彼女らの多くがそこに継続的に居続けたかといえばそうでもない。流動層はもちろんのこと、より定着的に住む人々でさえも、一部を除けば人の入れ替わりは非常

★7　一九九六年一二月三一日、西口地下での聞き取りより。
★8　一九九六年一二月三一日、西口地下での聞き取りより。

に激しかった。彼／彼女らにとっては、遠くに仕事で行くことになったり、もっとよい寝場所が見つかったり、また都合が悪いことがあれば去ればよい、そしてまた必要があれば戻ればよい、西口地下はそのような場であった。ダンボールハウス群はあり続けたが、利用者としてはどんどん新しい人が入り、また去っていった。こうして、野宿する人々は入れ替わり立ち替わりしつつも増加し、西口地下の野宿形態は着実に固定化していったのである。火災以降は、定着型のダンボールハウスで野宿することは一切できなくなった。しかし夜のみ利用する流動層は変わらず利用を続けている。

②社会運動とのかかわり

このような西口地下の日常生活において、社会運動とのかかわりのなかで短い期間ではあるが、野宿の当事者組織が結成された。一九九四年の六月二四日結成の「新宿闘う仲間の会」である。約一六名の中心メンバーのほかに、一時は七〇名近くの会員を集めた。このときの会の発足を告げる当事者向けのビラには、「この会は、二月一七日の「一斉叩き出し」以降、粘り強く都や区への抗議行動を担ってきた仲間を中心に、「もっと仲間の輪を広げよう」「アオカンする仲間がかかえるいろんな問題を一緒に解決していこう」と旗あげされたものだ」とある［山谷労働者福祉会館、一九九四c］。「仲間がかかえるいろんな問題」とあるように、この会では身近な生活領域の問題解決が軸になっており、例えば新宿中央公園の水道の蛇口が変えられて水量制限がされたことに対して、新宿区役所公園課への抗議活動を行なったりした。[★9] また「闘争資金」の調達のために、手書きのビラを手に街頭で野宿生活の実情を訴えつつ、カンパの活動や募金活動を積極的に行なったりもした。同年七月の「全国で初めてのホームレスのデモ行進」では、その準備の中心にあり、大規模なデモを成功させた。このときの様子を新宿連絡会の中心メンバーであった活動者の笠井は次のように述懐している。「この時期、新宿に活動者はいらなかった。彼らは、考えられうるすべての活動手段を僕らから奪うと、たちまち、今度は彼らが、水を得た魚状態でスイスイと遠くの方まで泳いで行ってしまい、僕らは呆気にとられて口を開けてそれを目で追うのが精一杯であった。」［笠井、一九九九、七九頁］。

しかし、運動へのかかわりはさまざまであった［山口、一九九八b］。継続的な社会運動に対して、炊き出しを手伝ったりパトロールに行ったりデモや集会に参加したりして、積極的に活動を支える野宿者は、西口地下全体の野宿者の数からすると限定的であった。一時は「兄弟会」という、連絡会の活動に反発する野宿の当事者組織が作られたりもした。上下関係のはっきりしたそのグループの「会長」は、「ここらの仲間がやられたら、みんなできっちり仕返しする」と語っていた。西口地下の野宿者間の社会関係は基本的に親分・子分のようなタテの関係に貫かれており、金や

★9　これについては、新宿区との団体交渉の末、取水制限を撤廃させることに成功する。また生活保護の法外援護でまかなわれるカンパンの支給を、一個から三個に増やすことも約束させた。

腕力のある野宿者の影響力は絶大だった。ひときわ大きなハウスを作り、飲み食いの中心にあり、酒が入るとときに暴力をふるった。しかし家出した少年や金のない野宿者に食わせたり小銭を与えたりなど、面倒をみた。資源のない者は彼らの「世話になる」ことで生活ができた。また、当の野宿生活をする人々の語りは、他の野宿者との「差異化」に彩られていた。そのようななかで、運動側が強調した「仲間」というヨコの連帯による野宿者の共同の動きも、実際の活動への参加者も、広がりには限界があった。「兄弟会はへんなやつ追い出してくれるし、連絡会はモノくれるし」とその場所に居り、また「食べるものくれるからデモに行った」という。[★10]

しかし、炊き出しを食べたり、ビラを読んで情報収集をしたりなどの生活に密着した部分では、多くの人が活動を利用していた。また一部の人は炊き出しなども食べないし会の活動にも参加しないが、活動を妨害することなく、黙認していた。

火災後、より定着的なダンボールハウスで生活していた人々のなかで、新宿連絡会の活動に積極的にかかわっていた人々は、近隣の新宿中央公園の一角へまとまって移動し、ブルーシートや仮小屋で再び定着的な生活をはじめた。その他の多くの人々はやはり近くの公園で野宿する姿がみられた。夜のみ駅を利用していた流動層は、相変わらず西口地下を利用し続けたり、公園でより定着的な生活に入る人もいた。

4　二〇〇〇年以降の都市空間の「管理」の伸展

その後、野宿者と場所をめぐるコンフリクトはどのように進行していったのだろうか。最後に、西口地下火災後の野宿者への対策について、とくに空間に関する部分に注目しつつ、概観しておきたい。

東京のホームレス支援システムの完成は早く、二〇〇二年制定のホームレス支援法に先立って、東京都は二〇〇一年に『東京のホームレス』という対策の基本方針を示した総合的な報告書を提出した。ここでも東京都の基本姿勢は一貫しており、ホームレス問題は、野宿者が社会システムから排除されやすくなっているという人権問題と「公共空間」の占拠の問題という二点に集約されている［東京都福祉局、二〇〇一、三六頁］。

二〇〇二年八月、ホームレス支援法が施行され、その基本方針にもとづいて、東京都は『ホームレスの自立支援等に関する東京都実施計画』を策定した［東京都福祉局、二〇〇四］。これにより、一連の東京都のホームレス対策が出揃った。本計画もまた、ホームレス問題はこれまでと同様の二つの観点からとらえられており、それにもとづく九項目の具体的な対策の推進が掲げられ

★10　一九九六年八月二日、西口地下での聞き取りより。

ている。

そのうちのひとつである「自立支援事業の実施」では、東京都の施策の柱である「自立支援システム」と「ホームレス地域生活移行支援事業」が示された。この「自立支援システム」は、ホームレスが就労による自立を達成することを支援するものであり、緊急一時保護センター、自立支援センター、グループホームなどの一貫した処遇システムが構築された。しかし、この「自立支援システム」にはさまざまな問題があることが指摘されている。例えば北川由紀彦は、自立支援センターにおいて「就労による自立」にカウントされている就労先が、非常に不安定な雇用であることを指摘し、「自立支援センターを通じた就労支援は、一面では、不安定な雇用・居住形態のもとで生活する人々、いわば野宿者予備軍を再生産しているともいえる」と、指摘している［北川、二〇〇四、七五頁］。

さらに、行政の側もまた、一定の限界を認識していた。「この自立支援システム」では「廃品回収等の都市雑業的な就労により一定の収入を得ているものの、アパートなどの家賃の支払いが困難であるために、公園で生活している状態」の人々に対しては対応が難しい。よってこれらに対処するために、もうひとつの柱である「ホームレス地域生活移行支援事業」が、今回の計画の目玉として打ち出された。これは、「ホームレスに借上げ住居（都営住宅、民間アパート）を二年間（更新あり）低家賃で貸し付け、自立した生活に向けて就労機会の確保や生活相談等の支援をします。あわせて、公園の本来の機能を回復するものです」と、示されている［東京都福祉局、二〇〇四、一五頁]。つまり、公的な臨時就労なども保障しつつ、アパートを月額三〇〇〇〇円ほどで提供するものので、あわせて公園管理も行なう。二〇〇五年九月現在、野宿する人々が集中する都内の四つの大きな公園が対象となっており、新宿区内の二つの公園も対象となった。二〇〇四年、新宿中央公園で生活していたおよそ二三四名のうち一九三名が、戸山公園は二四四名のうち二二八名が、この事業に参加して、公園を後にした。[★11] 公園では、野宿者が新しく流入して定着的な生活をはじめることのないように、彼/彼女らがいた場所にはテープやカラーコーンがおかれ、公園の管理事務所の職員が毎日くまなく、公園の見回りを行なっている。とくに新宿中央公園では、定着的なテントや小屋にはすべて番号が振られ、その大きさもチェックされている。少しでも大きくしようものなら、執拗に管理者に注意を受ける。新しくテントなどを張って住まおうとする野宿者には、速攻で管理者の注意が入り、立ち退きや毎日テントをたたむことを要求される。つまり、新規の流入は徹底しておさえられている。支援事業を利用せずに公園に残った野宿者からも、いつまでここで生活できるのだろうか、いつか強制撤去になるのではないかと、不安な様子が聞かれる。都内の別の場所でも、排除や定着的な生活をさせないような工夫がますます進められるようになっている。

★11　二〇〇五年九月三日のシンポジウム「Housing First と社会参加」(九・三シンポジウム実行委員会主催)配布資料より。

さらに、野宿者をめぐる状況は、治安対策の色合いが強まっている。例えば、この報告書の一節には「地域における生活環境の改善」「地域における安全の確保」もあげられている。「生活環境の改善」は従来どおり「当該施設の適正な利用を確保し、地域における生活環境の改善を図ることが必要」とうたわれ、「東京都の管理する公共施設内の巡視の強化、物件の撤去指導等」や「必要と認める場合には法令の規定に基づき監督処分等の必要な措置」を行なうという。「安全の確保」は「警察は、関係機関や地域住民と緊密に連携して、ホームレスの人権に配慮しつつ、ホームレス個々の被害防止や要保護事案のほか、地域住民に与える不安感の除去など、地域の安全と平穏を図るための活動を推進」とうたい、例えば「地域住民に不安や危害を与える事案、あるいはホームレス同士による暴行事件等については、速やかに検挙措置等を講じるとともに、再発防止に努めます」という〔東京都福祉局、二〇〇四、三一～三二頁〕。つまり、従来までの東京都の方針では「公共施設の適正利用」は継続的に打ち出されても、あからさまな安全対策は明記されてこなかった。しかしここにきて、警察とも連携した「治安対策」の方針が明確に打ち出された。

時期的に、先にホームレスの人々が社会問題化されたアメリカの諸都市では、彼／彼女らの“Criminalization”（犯罪化）が急速に進んでいる。都市において、彼／彼女らが寝起きのためにパブリック・スペースを使用することや、物乞いをすることを制限する法律が制定されたり、警察が特定の地域から特定の人々を一掃することが進められたり、一般的な法律をホームレスの人々をターゲットに適用したりすることによって、ホームレスの人々の「犯罪者化」が進行しているのである。セキュリティへの過剰な希求が進む昨今の日本でも、そのような未来がすぐそこに迫っている。

5　排除と抵抗の「ストリート」

以上、新宿駅西口地下をめぐって、それぞれのアクターの動きをみてきた。ではこれらの一連の動きにはどのような意味があったのだろうか。ここでは全体を振り返りながら、とりわけ空間との関連に注目しつつ、検討しておきたい。

西口地下において、たびたびの撤去にもかかわらず、すぐにまた元通りに人々が野宿を始める現状に対して、行政・警察は、「人命保護」のもと緊急対策としての一時受け入れ施設をアリバイ的に用意したのみで、大規模な「環境整備対策事業」にのりだす。「路上廃材（ゴミ）」としてのダンボールハウスを撤去し、その場所に再び戻れないようにフェンスや「環境美化」の植物を置いた。行政の野宿者問題の認識は最初から一貫して、最低生活の基盤が欠けていることと、「公共施設の適正利用」との二つの問題として示されていた。前者については、支援団体と対立することが得策ではないことが分かってきたのだろう、途中からは話し合いのテーブルにもつきつつ、積極的に「自立支援センター」設置を軸に対策をすすめていった。後者については、「公共空間」「公共施設」と、その場所や施設の「公共性」を強く主張した。そして、日常的には何らかの名目で、少しずつその場所からの締め出しをはかり、また二回の大規模な強制撤去を行なった。これは後の計画書でも明確にされていくように、「治安対策」へもつながるものであった。そしてとにかく結果的に、西口地下からのすべてのダンボールハウスの撤去に成功する。

これに対して、社会運動を積極的に担ってきた新宿連絡会は、一貫して、叩き出しをやめること（強制撤去は誤りであること）、生活保障・就労保障を行なうことを要求していった。そして当初は、野宿者の生活に密着した取り組みが行なわれていたが、途中からは、野宿する人々の集住的居住を「コミュニティ」「ダンボール村」とよんで積極的に「路上拠点」を打ち出し、「路上社会を認めよ」という主張も帯びるようになる。当事者に向けては、野宿生活に密着した食事の提供や医療、見回りなどの定期的な支援活動に資源と労力をかたむけるなかで、「仲間たちの団結」「当事者主体」を強調した。これらの、一九九〇年代においてはじめての野宿者を焦点にした集合行動は、対外的には、その場所に居続けることを長引かせたこと、野宿する人々をめぐる問題を社会化したこと、行政に対して生活保障を認めさせていったこと、において大きな役割を果たしたといえる。しかし、火災後、「自立支援事業」の積極推進などの生活保障と引き換えに、西口地下の「自主撤去」が牽引されたことは、大きな意味を持っていた。先述したように、行政の支援はあくまでも空間からの排除とセットになったものである。結果的にせよ、新宿連絡会は路上で構築された社会と場所を自ら放棄する戦術をとることになる。それは、行政・警察による空間への介入のいっそうの弾みになったと思われる。路上で撤去・排除に抵抗するのか、行政と連携して支援をすすめるのか、その戦術の選択は、本来は相反しないはずであるのに、その後の野宿者運動の踏み絵になっていく。

一方、このように生成した社会運動に対して、野宿する当事者はさまざまなスタンスをとっていた。一部では「新宿闘う仲間の会」などのような当事者組織ができたり、積極的にかかわったりする人々も存在したけれども、運動側が意識的に作ろうとした「仲間」というヨコの連帯感は限られたものであった。どちらかといえば、タテの関係に楯突かず、その語りは他者との「差異化」に彩られていた。しかし人々は、生活の必要のために、支援団体が作るビラなどの情報にはよく目を通し、炊き出しも利用した。当事者にとっての西口地下は、何よりも日常生活の場であったのである。生活の必要ゆえにダンボールハウスを大きくし、より自分らしく生活用具をそろえ、他者とゆるやかな関係をもっていく。そして撤去があったとしても、すぐにハウスを再建する。事情があれば立ち去る。西口地下はそのように生きられていた。

野宿する人々が生活できるような空間、とりわけ屋外のそれを「ストリート」と呼んでおこう。このような野宿する人々の生活状況を考え合わせると、彼らのいた「ストリート」には、次のような特徴がみてとれるように思う。ひとつめに「開放性」。つまり「ストリート」は学校でも職場でも「家庭」でもない、誰にでも開かれた空間である。ゆえに野宿する人々もまたそこに留まることができ、立ち去ることができた。また、より住みやすい生活へと工夫をこらすことができた。

ふたつめに「可視性」。「ストリート」は、互いが見えやすいという意味でも、また問題化されるという意味でも、あらゆるものが可視化されうる空間である。みっつめに「匿名性」。「ストリート」は、匿名的なその場・その瞬間の関係の切り結びなど、過去の経歴や身元を問わない、身体一つの関係が成り立つ空間である。都市の「ストリート」は、このような特徴をもつがゆえに、多様な人々が集まり、多様な社会関係が取り結ばれ、多様な行為が可能となる空間ではなかったか。

しかし、このような多様な都市の「ストリート」の特徴は、そぎ落とされていく。その「管理」のプロセスでは、次のような動きがみられた。第一に、その場所が「公共空間」であると高らかに宣言される。つまり、「公共性」の強調によって、撤去・排除の正当性を担保しようとする。第二に、空間からの撤去・排除は、一定の支援策の用意を名目に行なわれていた。新宿駅西口の出来事からは、一方的な強制撤去が効果的ではないこと、民間の支援団体との対立は得策ではないことが学習されたのであろう。一定の支援策を用意し、かつそれを効果的にすすめるためにも、支援団体との連携が強められた。それに対して民間の支援団体は、戦術的にのるかそるかの選択を迫られることになる。第三に、こうして、排除された野宿者が戻る元の場所はなくなり、また新たな流入者が入ることもこばまれる。一度奪われた場所は、単一な意味に塗りこめられ、元に戻ることはない（少なくとも、しばらくは厳重な管理が続く）。これは野宿者の寝場所がなくなる、というにとどまらず、彼／彼らの生活が限定され、生活の工夫の余地もやせ細るということである。それは、都市の豊穣さがやせ細るということでもある。

このように空間の意味が限定されていくような「管理」の進行に対して、彼らの存在は「抵抗」していたと考えられる。ただしここでの「抵抗」は、その場所に何十年も住んでいた、といったたぐいの「定住者」のそれではない。新宿駅西口地下への積極的な集合的アイデンティティの保持といったものも、やや希薄であったように思う（ただし、「新宿」に思い入れのある人は少なくなかった）。先にも述べたようにその場所からはいつでも去ることが可能で、実際に人々はそのように行動していた。積極的な空間占拠の意志をもつ当事者はむしろ少数であった。しかし、その同じ空間で集合的な社会運動が生成し、彼らのいるその場所は特別な意味をもってくる。つまり、意図せざるものであったとしても、「占有」という「抵抗」を帯びることになったといえよう。

さらに、この「占有」は、単にそこから動かない、というものではなかった。新宿駅西口地下の、とりわけダンボールハウスに定着的に住む人々のまわりで展開されたのは、ミニチュアの家や家具、おいしそうなお味噌汁やつまみ、楽しそうに酒を酌み交わす人々、ご近所づきあい、本を売買するなどの働くこと、そういった「当たり前」の日常生活であった。このような日常生活の展開は、都市権力にとってはきわめて脅威であったろう。労働しない（ようにみえる）身体、家族と共同生活をおくらない身体、家ではないところに住む身体であるにもかかわらず、そこにはあってはならないもう一つの社会が展開されていたからである。しかもそれが展開されたのは、首都東京、および副都心新宿の表玄関という、ピカピカで開けっぴろげで、いかにもシンボリックな場所であった。

このような新宿駅西口地下の経験は、その後の各地で頻発する場所をめぐる攻防の原型となっている。「ホームレス支援事業」が本格稼動するとともに、とりわけ公園などの、より定着的に住む人々が多い所からの大規模な強制撤去が、立て続けに行なわれている。表に出にくい小さな追い出しの頻発はいうまでもない。そこで排除されているのは、野宿者ではなく、都市の自由である。

参考文献

青木秀男、一九八九、『寄せ場労働者の生と死』明石書店

Blakely,E.I. and Snyder,M.G., 1997, *Fortress America : Gated Communities in the United States*, The Brookings Institution.（＝二〇〇四、竹井隆人訳『ゲーテッド・コミュニティ』集文社）

Davis,M., 1990, *City of Quartz : Excavating the Future in Los Angeles*, Verso.（＝二〇〇一、村山敏勝・日比野啓訳『要塞都市ＬＡ』青土社）

岩田正美、一九九五、『戦後社会福祉の展開と大都市最底辺』ミネルヴァ書房

――――、二〇〇〇、『ホームレス／現代社会／福祉国家――「生きていく場所」をめぐって』明石書店

笠井和明、一九九九、『新宿ホームレス奮戦記――立ち退けど消え去らず』現代企画室

北川由紀彦、二〇〇二ａ、「野宿者の貧困と集団形成――新宿駅周辺部を事例として」、小馬徹編『くらしの文化人類学五　カネと人生』雄山閣

――――、二〇〇二ｂ、「〈ホームレス問題〉の構成――東京を事例として」、『解放社会学研究』日本解放社会学会、一六号

――――、二〇〇四、「東京都『ホームレス対策』の何が問題とされてきたのか――自立支援システムを中心に」、田巻松雄編『現代社会に於ける寄せ場の実態』平成一一年度～平成一四年度科学研究費補助金（基盤研究（Ａ）（１）研究成果報告書）

町村敬志、一九九四、『「世界都市」東京の構造転換――都市リストラクチュアリングの社会学』東京大学出版会

――――、一九九九、「グローバル化と都市――なぜイラン人は『たまり場』を作ったのか」、奥田道大編『講座社会学四　都市』東京大学出版会

――――、二〇〇二、「世界都市からグローバルシティへ――『世界都市』東京の二〇年」梶田孝道・宮島喬編『国際社会1　国際化する日本社会』東京大学出版会

Malinas,D.A., 2004, "Voices from the underground : Homeless people's social Movement in Japan, The 1994-1996 sinjuku case syudy", *The annuals of sociological Assosiation, O.C.U., 5.*

文貞實、二〇〇三、『山谷の「社会空間」分析――都市／野宿／ジェンダー』平成一一年度〜平成一三年度科学研究費補助金（基盤研究（C）（2）研究成果報告書）

中根光敏、一九九九、「排除と抵抗の現代社会論――寄せ場とホームレスの社会学にむけて」、青木秀男編著『場所をあけろ――寄せ場／ホームレスの社会学』松籟社

中筋直哉、一九九六、「群集の居場所――近代都市空間の形成と民衆の『都市の体験』」、吉見俊哉編『二一世紀の都市社会学四　都市の空間・都市の身体』勁草書房

西澤晃彦、二〇〇二、「グローバルシティの下層マイノリティ――間隙を縫う」、梶田孝道・宮島喬編『国際社会1　国際化する日本社会』東京大学出版会

野上亜希子、一九九七、「『社会的弱者』をめぐるサポート・システムのあり方――新宿・路上生活者をめぐる支援を事例として」、『環境文化研究所研究紀要』、七号

奥田道大・田嶋淳子編著、一九九三、『新宿のアジア系外国人』めこん

大橋健一、一九八九、「都市流入者と『たまり場』――香港におけるフィリピン人を例として」、日本生活学会編『生活学一九九〇』ドメス出版

路上生活者問題に関する都区検討会編集・発行、一九九六、『路上生活者問題に関する都区検討会報告書』

酒井隆史、二〇〇一、『自由論――現在性の系譜学』青土社

――――、二〇〇四、『暴力の哲学』河出書房新社

山谷労働者福祉会館・人民パトロール班編集、一九九四ａ、『路上から撃て――新宿編』

――――、一九九四ｂ、『路上から撃て――新宿編 PART II』

――――、一九九四c、『路上から撃て――新宿編 PART III』
――――、一九九四d、『路上から撃て――新宿編 PART IV』
新宿連絡会編集・発行、一九九五、『新宿 HOMELESS ――一九九五年新宿野宿労働者の現状と運動の記録』
――――、一九九六年一一月二〇日、『新宿ダンボール村通信』、創刊号
――――、一九九七、『嵐は大樹をつくる――九六～九七新宿越年越冬闘争の記録』
――――、一九九八年三月七日、『新宿ダンボール村通信』、特別号
――――、一九九九年二月二二日、『新宿ダンボール村通信』、第一三・五号
新宿連絡会編、一九九七、『新宿ダンボール村――闘いの記録』現代企画室
園部雅久、二〇〇一、『現代大都市社会論――分極化する都市？』東信堂
武盾一郎・小倉虫太郎、一九九七、「路上画家武盾一郎氏に聞く――新宿西口ダンボールハウス村より」、『現代思想』青土社、二五－五
田巻松雄、二〇〇二、「東京都ホームレス自立支援事業の何が問題か」、『季刊　Shelter-less』新宿ホームレス支援機構、一五号
田中研之輔、二〇〇四、「都市空間の管理と路地裏の身体文化」、『日本都市社会学会年報』日本都市社会学会、二二号
東京都福祉局編集・発行、二〇〇一、『東京のホームレス――自立への新たなシステムの構築に向けて』
東京都福祉局生活福祉部編集・発行、二〇〇四、『ホームレスの自立支援等に関する東京都実施計画』
東京都企画審議室編集・発行、一九九五、『新たな都市問題と対応の方向――「路上生活」をめぐって』（都市生活に関する調査平成六年度）
都市高齢者生活研究会編、一九九七、『新宿ホームレスの実態'96』
山口恵子、一九九八a、「『こじき』と『こつじき』の間にて――新宿における野宿者のアイデンティティ構築過程」、『社会学論考』東京都立大学社会学研究会、一九号

――、一九九八b、「新宿における野宿者の生きぬき戦略――野宿者間の社会関係を中心に」、『日本都市社会学会年報』日本都市社会学会、一六号
――、一九九九、「見えない街の可能性――新宿で野宿する一人の『おじさん』の語りから」、青木秀男編著『場所をあけろ――寄せ場／ホームレスの社会学』松籟社
――、二〇〇三、「廃品回収業に生きる人々――グローバル都市と野宿者」、『部落解放研究』広島部落解放研究所、一〇号
『朝日新聞』、一九九四年二月一八日
――、一九九四年一一月一二日
『新宿区新聞』、一九八七年三月二五日
――、一九九六年一月一日
――、一九九六年三月二五日
――、一九九七年一月一日
――、一九九七年六月五日
――、一九九八年一月一日

緩慢な殺人

強制撤去・排除

二〇〇六年一月三〇日、大阪城公園と靫《うつぼ》公園にあった野宿者のテント二二軒が大阪市によって強制撤去された。これは「全国都市緑化おおさかフェア」「世界バラ会議」開催に向けた公園整備の妨げになるとの理由による、行政代執行法に基づいてもので、「ホームレスの自立の支援等に関する特別措置法（以下、自立支援法）」（二〇〇二年）の施行後に行なわれた強制撤去としては、最大規模だった。その後、現在に至るまで、全国各地の公園や河川敷などにおいて野宿者に対する強制撤去・排除が頻繁に行なわれるようになっている。

こうした野宿者に対する強制撤去・排除を日本近代史的に遡れば、江戸幕末の無宿人狩りや明治期のスラムクリアランスにいきつくだろう。時の社会的権力によって、治安維持や美観を目的として施行されるという点では、野宿者に対する強制撤去も排除も、無宿人狩りやスラムクリアランスと同じである。ただし、無宿人狩りやスラムクリアランスの背後には、下層の人々を矯正・授産することで更生や社会復帰（民や市民へと包摂）をさせんとする矯正的イデオロギーが存在していたが、バブル経済崩壊以降に顕在化する強制撤去・排除の背後にあるのは、隔離と抹消のイデオロギーである。

野宿者問題をめぐって「強制撤去・排除」という言葉が使用されるようになったのは、比較的最近のことである。おそらく、一九九六年一月二四日に、「動く歩道の設置のため」という理由で、東京都が新宿西口四号街路の段ボールハウスを強制撤去した頃からである。それ以前、寄せ場では、大規模なイベントなどの開催時期になると野宿者が一時的に強制収容されることを「狩り込み」と言い、地域住民の苦情などを理由として野宿者が居場所から強制的に立ち退かされることを「締め出し」と言っていた。

東京都による新宿地下四号街路の段ボールハウスに対する強制撤去は、その後に行なわれる野宿者の強制撤去・排除に大きな影響をもたらした。この強制撤去に抵抗して逮捕・起訴された二人に対して、東京地裁が「段ボールハウスはゴミではなく、路上生活者の住居であり、路上生活者はそこに住み続ける意志を示していたのであるから、東京都の行為には手続き上重大な落ち度があった」として一旦は無罪判決を出したのである（第二審で有罪判決に覆った）。強制撤去は、「手続き上重大な落ち度」がなければ合法であるということ――すなわち、行政代執行法という手続をふめば――、住居であっても合法的に可能であることを、法が積極的に容認した結果となったのである。実際、これ以降、野宿者に対する強制撤去・排除は、「行政代執行法に基づくもの／基づかないもの」という二通りの仕方で行なわれることになる。冒頭で引いた大阪城公園と靫公園での強制撤去の際にも、大阪市は、別の数カ所の公園で法に基づかない強制撤去を同時に行なっている。

さて、強制撤去・排除は、野宿者に対する社会的排除の流れ全体において、位置づけておかなければならない。

一九八〇年代半ばより開始された都市空間の紳士化《ジェントリフィケーション》は、商業地や繁華街の市場価値を高める中で、野宿可能な空間を大幅に縮減させてきた。スクラップ・アンド・ビルドで作られた新たな商業地やビルには、野宿できないように工夫されたオブジェやプランター、シャッターなどが設置されるとともに、警備員が配置されるようになった。公園や駅や遊歩道などに置かれたベンチには、寝られないように仕切りがつけられる。歩道橋の階段下や鉄道の高架下には金網のフェンスが張り巡らされる。周囲をフェンスで囲んで、許可を受けなければ誰も入ることができないような公園も多くなっている。今や、大都市で野宿することのできるスペースは限られてきているのである。


さらに、若年層を中心とした集団による野宿者襲撃は、大都市にとどまらず、全国的に頻発する社会現象にまで拡大している。エアガンやスタンガン、鉄パイプや木刀、ナイフなどで武装した者達が集団となって野宿者を暴行する。ガソリンや灯油をかけて段ボールごと放火したり、川へ投げ込むなど、時には被害者を死にまで至らせる。加害者たちは、野宿者を襲撃しても捕まりにくいことを知っており、たいてい周到に準備した上で、襲撃を繰り返す。今や、自衛のために襲撃に備えた警戒活動を日常的にせざるをえない状況に、多くの野宿者が直面しているのである。

こうした状況の中で、野宿者に対する社会的排除は、さらに強化されつつある。一九九六年の東京都による新宿地下四号街路の段ボールハウス撤去の際には、テレビや新聞の報道は、概ね東京都や行政に対して批判的だった。けれども、自立支援法施行（二〇〇二年）後からは、次第に、マスメディアによる報道は、強制撤去・排除をやむを得ない措置として正当化するように変化してきている。二〇〇六年一月の大阪城公園と靫公園での強制撤去に関しては、マスメディアの論調は、「根本的な解決にならない」という識者のコメントでバランスをとりつつも、それらのほとんどが「やむなし」という結論に終始している。さらに、「公園で子どもを安心して遊ばせられない」「怖い」「迷惑だから排除すべき」などのコメントを一般市民の感情として報じるようになってきている。そして、強制撤去・排除を正当化していく言説は、恰も野宿者が公共空間を占有し、公共性を侵害するハイリスク集団であるかのように構成されている。

むしろ、事態は逆である。公共性は、閉域をもたない空間であり、複数の異質な価値を抱いた人々がそれぞれ他者として次元を異にする「間」を生きることによって現われる（H・アレント）。公共性が成立するためには、他者は共約不可能な存在であり、効率性など一元的な基準や尺度によって価値づけられる存在であってはならない。ゆえに、公共空間から、特定の人間＝野宿者を排除するということは、空間に閉域の壁を設けることであり、公共性を閉ざしていくことに他ならない。それは、公共性の空洞化であり、公共性の喪失（R・セネット）以外の何ものでもない。

公園などから野宿者を強制撤去・排除することとは、単に、野宿者が居場所を奪われるだけでもなければ、野宿者が公共性から排除されるだけでもない。公共性を奪われ、公共性を喪失するのは、私たちの社会であり、私たち自身に他ならないのだ。

公園や河川敷でブルーシートに蔽われた住居を目にしたとき、アーケードの下に作られた段ボールハウスに気づいたとき、ベンチに横たわる野宿者の傍らを通り過ぎるとき、私たちは一時的であれ他者との「間」を経験し、様々な思いをめぐらせる。気の毒に思ったり、憤りを感じたり、見てはいけないものを見てしまったような後ろめたさを感じたり、何か恐ろしいものにでも出会ったような恐怖を感じるかもしれない。それらの思いは、一時的な感情として停止されることもあれば、さらに続く思考を喚起させるきっかけとなることもあるだろう。なぜ生活保護を受けられないのか、なぜ仕事がないのか、どのような理由で野宿生活をしているのか、何か利用できるような行政的な制度はないのか、等々……。こうして思考すること自体を煩わしく感じる人びともいるに違いない。けれども、思考することが煩わしいからといって、他者の思考やそのきっかけを奪うことは許されない。

野宿者に対する強制撤去・排除が非難されるべきなのは、それが根本的な解決にならないからだけではない。確かに、居場所がないから野宿している人たちを追い出しても、別の場所に移動するだけである。けれども、一旦築き上げた生活基盤を奪い、境遇を同じくする者たちの間に出来た親密圏を破壊することは、時間をかけて社会的に抹消していく「緩慢な殺人」行為である。

強制撤去・排除によって現われたフェンスで囲まれた空間には、誰も存在しない。野宿者が存在しないだけではない。私たちも含めて、誰も存在しないのである。それは、大都市でしばしば目にする金網で囲まれた歩道橋などの下にある「何もない空間」と同じである。その「何もない空間」は、野宿者を排除するだけのために作られ、結果としてあらゆる人々を排除するためにだけ存在している。そして「何もない空間」には、やがて、奇っ怪なオブジェや施設などが空間に「何もない」ことを隠蔽するために設置されることになる。それでも、排除の痕跡を完全に消し去ることはできない。必要なのは、排除の痕跡から、排除された野宿者から、私たち自身に閉じられた公共性の扉をこじ開ける思考を開始することである。

中根光敏

制度化の暴力
法と制度

東京で、大阪で、名古屋で、野宿する人々が大きく社会問題化されるようになってから十余年、日本ではまれにみるスピードで、制度や法の整備が敷かれた。ここでは、主に九〇年代以降の制度化の経緯をふり返ってみたい。なお、一一二頁からの寄せ場・野宿者関連年表も参照してほしい。また、日本各地にてさまざまな動きがあるけれども、以下では東京を中心にとりあげることをお断りしておく。

戦後から一九九〇年代前半までの、野宿する人々を含む文字通りの「ホームレス」（岩田の概念によると「不定住的貧困」）をめぐる制度化のプロセスについては、すでに岩田正美が詳しい［岩田、一九九五］。彼女によると、戦後直後に社会問題化された大規模な「仮小屋集団」「浮浪者集団」に対しては、生活保護制度の枠内および枠外において、「かりこみ」＝施設収容の対応がなされた。以降は、公営住宅地区やドヤ街（寄せ場）などの「特定地区」の問題として引き継がれていく。とりわけ六〇年代に頻発した山谷や釜ヶ崎といった巨大な寄せ場における「暴動」によって、これらの地区は大きく社会問題化され、その援護・治安対策として、各種労働・福祉センターの建設をはじめとした「総合的」対策が着手される。これらの地区に集中するとされた「住所不定者」もまた、その延長での対応が行なわれた。岩田は、このような九〇年以前の「ホームレス」対策は、治安管理という観点と絡まりつつ、基本的には既存の生活保護法の法内、および応急的な法外援護と宿泊所などを利用した部分的救済の「つぎはぎ」によって対応がなされてきたと指摘している。

これに対して、九〇年代半ば頃から野宿する人々が目に見えて増加しはじめたとき、最初の社会問題化のきっかけになったのが、新宿駅西口の一連の出来事である。東京都の行政は、「路上生活」の当事者、および支援団体との対抗的・協力的試行錯誤を重ねながら、対応を模索していた。第2章で触れたように、いち早く一九九四年一月には都と二三区の合同検討会が持たれ、協議が行なわれている。そして、一九九六年一月提出の報告書に示された、最低限の生活基盤が欠けているがゆえの「自立」のための支援策の用意と、周りの地域への影響を考えた「公共施設の適正管理」という二つの柱は、暫定的自立支援事業の実施と、二回の大規模な強制撤去・排除という形で、不十分ながらも実現をみていった。しかし、まだこの頃には、新しい施策は打ち出されるものの、現行法の枠内での取り組みの模索であり、野宿者をめぐる特別立法の制定などは、現実的なものではなかった。

しかし、野宿者をめぐる問題は、各自治体の要望を受け、西口地下の火災の翌年には、国家的な議論にのぼることになる。最初の出発点は、一九九九年二月に行なわれた「第一回ホームレス問題連絡会議」の開催である。会議は、内閣内政審議室や厚生省、警察庁などをはじめとした中央省庁と、東京都、横浜市などの野宿者を多く抱える自治体の関係者、有識者から構成された。この会議では、その三ヶ月後には「ホームレス問題に対する当面の対応策について」という方針が発表され、国と地方公共団体が一体となった取り組みの必要性がうたわれた。その内容は、おおむね東京都・区がすでに打ち出した方針を踏まえるものであったが、「ホームレス」の類型別のきめ細やかな施策の構築という点が新たに付け加えられた。しかしこの類型が「就労する意欲はあるが仕事がなく失業状態にある者」「医療、福祉の援護が必要な者」「社会生活を拒否する者」という、恣意的な構成になっており、支援団体等からの強い批判を浴びた。なお、この「方針」には反映されなかったが、会議中には、地方自治体の関係者から、特別立法の制定が強く求められていた。

こうして、国・自治体をあげて「ホームレス」対策が進められる一方で、東京都では、二〇〇〇年四月に「山谷対策の今後のあり方について」という報告書が提出されている。この報告書は、今後の山谷対策を検討するために一九九九年に東京都福祉局に設置されていた、「山谷対策検討委員会」の検討結果である。これは、それまでの「山谷対策」のなかでも最も大きな見直しとされ、「山谷問題」が「最終局面」を迎えているとの基本認識のもと、諸対策の方向性が示されている。つまり、寄せ場対策としての「山谷対策」の終結と、「ホームレス対策」へのシフトがめざされたものであった〔田巻、二〇〇二〕。東京都は、ほぼ一年後の二〇〇一年三月に全国に先がけて『東京のホームレス』（東京ホームレス白書）を発表し、「一貫した処遇システム」としての「自立支援システム」を明確に打ち出した。

そして、東京、大阪を中心として、「ホームレス」対策としての自立支援センターやシェルターなどが設置されていくなか、二〇〇一年六月に、民主党が「ホームレスの自立の支援等に関する臨時措置法案」を衆議院に提出する。それはあえて特別措置法をつくることの是非や、自立の意志が強調されることの危険性、施設の適正な利用という点が排除を生むという問題など、関係者間に強い議論を巻き起こしながら、修正を加えられ、その約一年後の二〇〇二年八月、「ホームレスの自立の支援等に関する特別措置法」（一〇年間の時限立法、五年後に見直しあり）として、公布・施行された。この法律は、「ホームレス」に関する問題解決のための、国および地方公共団体の責務における施策の策定と実施を明記した点では画期的なものであったが、その一方で、民主党案にはなかった「公共の用に供する施設の適正な利用の確保」という条項が付け加えられた。つまり、都区検討会の折から一貫した方針はそのまま受け継がれて、法律のお墨付きも得ていくことになったのである。

なお、この法律が、二〇〇六年「障害者自立支援法」などのように、「マイノリティ」に対して、「自己責任」をちらつかせつつ積極的な「自立」を促すような、現代日本における各種制度・法制定の流れのなかにあることも、見逃すべきではないだろう。その中で、ホームレス支援法が特徴的なのは、「自立の意思」「就職の意思」をあくまでも強調する点である。

さらに、本来、恒常的な家や住居がない状態をさす形容詞であるはずの「ホームレス」が、日本では慣習的に「人」を指す名詞として使われてきた。この法律でも「ホームレス」とは、「都市公園、河川、道路、駅舎その他の施設を故なく起居の場とし、日常生活を営んでいる者」と定義されており、このような日本特有の位置づけにお墨付きを与えた。

その後、この法律の第十四条に基づいて、二〇〇三年二月には厚生労働省が全国実態調査を開始し、不十分ながらも、全国的規模での量的調査が積み重ねられていく。翌年の三月には、この調査結果である『ホームレスの実態に関する全国調査報告書』が発表された。また、同じく第八条に基づいて、二〇〇三年七月に厚生労働省・国土交通省は、国としての基本方針を示すとされる「ホームレスの自立の支援等に関する基本方針」を告示する。これはその「案」の段階での意見募集が行なわれ、多数の団体・個人の意見が寄せられたものの、ほぼ原案どおりの内容となった。各地方自治体が施策を実施する場合には、この基本方針に即した実施計画を策定することが求められており、東京都も遅まきながら策定を行なった。

こうして、法に基づく財政的裏づけにも支えられて、とくに野宿者を多く抱える自治体は、自立支援センターやシェルターの設置を中心として、着々と支援のシステムを用意し、実施に移していった。それは十余年前と比べると、格段の展開であるといえる。また、ここではあまり触れなかったが、一連の施策のなかでも強調されてきたNPOや支援組織との積極的な連携という点も、自立支援策の業務委託を行なうなど、格段に進んだ。しかしその一方で、「ホームレス」対策の根拠のひとつとして強調されてきた「公共施設の適正利用」という点については、法整備の以前から、度重なる強制撤去や代執行が行なわれきた。大きく社会問題化されたものだけでも、一九九四年と一九九六年の新宿駅での強制排除、一九九七年の名古屋市若宮大通公園「冒険とりで」における強制排除、続く一九九八年の若宮大通公園での行政代執行によるテントの強制排除、一九九八年の大阪市西成今宮中学校脇での行政代執行によるテントの強制排除、二〇〇五年名古屋市白川公園での行政代執行によるテントの強制排除、二〇〇六年大阪市靫《うつぼ》公園・大阪城公園における行政代執行による強制排除などがあり、もちろん、中・小の排除・撤去は枚挙に暇がない。このような動きに対しては、生活拠点である公園での住民登録を争点として、二〇〇五年三月に提訴された「山内訴訟」がある。いずれにしても、施策と引き換えの公園からの徹底追い出しや、公園条例制定の動きなどが現実味を帯びてきており、どのような反対意見があろうとも一貫して盛り込まれてきた「公共空間の適正利用」の方針は、今後の野宿生活のいっそうの困難を生み出していくことが予想される。

最後に、野宿者をめぐる制度のなかで、現行法の枠内で大きな位置を占めてきた生活保護制度について、触れておきたい。長らく日本の生活保護制度の運用においては、高齢やけが、病気などで生活が著しく困難でないかぎり保護しないなど、野宿者への差別がまかり通っていた。それに対して一九九〇年代に入り、はじめて野宿者の困難をとりあげて生活保護の運用が争われたのが、一九九四年一月に提訴された「林訴訟」である。ここでは、稼働能力のある野宿者の生活保護からの排除が争点となり、九六年一〇月の一審で勝訴を勝ち取る。また、九八年一二月には野宿から生活保護適用となった人の施設への一律収容をめぐって、「佐藤訴訟」が、が提訴された。野宿者にとっての最後のセイフティーネットをめぐって、争われている。

　ホームレス支援法は二〇〇七年に見直しとなり、その五年後には失効する。この制度化の先にどのような未来が待っているのか、私達は野宿する人々をめぐる「今」に注目する必要がある

山口恵子

参考文献

岩田正美、一九九五、『戦後社会福祉の展開と大都市最底辺』ミネルヴァ書房
田巻松雄、二〇〇二、「東京都ホームレス自立支援事業の何が問題か」、『季刊 Shelter-less』新宿ホームレス支援機構、一五号

寄せ場・野宿者関連年表（政策・制度を中心に）

年	月日	事　項
1959	10月22日	第1次山谷暴動
1960	8月9日	東京都，「山谷旅館街宿泊人対策協議会」設置
	9月1日	東京都，「玉姫生活相談所」開設
1961	8月1日	第1次釜ヶ崎暴動（同月7日まで）
	12月1日	横浜市，「寿町周辺環境整備対策協議会」発足
1962	7月1日	東京都，「山谷福祉センター」開設
	10月1日	「(財）西成労働福祉センター」開設
1965	1月26日	東京都，都営住宅の山谷地域特別割当による入居募集を開始
	6月3日	港湾労働法公布
	6月25日	寿町で暴動
	11月1日	東京都，「城北福祉センター」「(財）山谷労働センター」開設
	6月	横浜市，「寿生活館」開設
1966	10月	町名変更により地名「山谷」消滅（同年，釜ヶ崎は「あいりん地区」へと呼称変更）
	10月	横浜市，「スラム対策研究会」発足（68年2月，『スラム関係資料集』発行）
1968	12月20日	東京都，「山谷対策本部」設置
1969	7月5日	東京都，民生局内に「山谷対策室」設置
	8月18日	東京都，山谷中期計画決定
1970	10月1日	「あいりん総合センター」開設
1973	1月9日	東京都，山谷対策特別就労事業開始
1974	10月7日	横浜市等，「寿町総合労働福祉会館」開設
1976	9月	東京都，都発注公共事業への日雇労働者吸収制度発足

1978	12月	名古屋市，「住所不定者対策基本方針」策定
1982	1月5日	「白手帳」への写真貼付が義務化
1985	7月5日	労働者派遣法（「労働者派遣事業の適正な運営の確保及び派遣労働者の就業条件の整備等に関する法律」）成立
1989	12月	入管法（「出入国管理及び難民認定法」）改定（「日系」人の在留資格の拡張・翌年6月施行）
1990	10月2日	大阪府警西成署と暴力団の癒着発覚を契機に釜ヶ崎で暴動（16日まで）
1992	10月1日	前月の大阪市立更生相談所「応急援護金」貸付打切りを契機に釜ヶ崎で小暴動（3日まで）
1994	1月6日	林訴訟提訴（稼働能力のある野宿者の生活保護からの排除が争点）（1996年10月30日一審勝訴，翌年8月二審敗訴，2001年2月上告棄却）
	1月31日	東京都・23区，「路上生活者問題に関する都区検討会」設置（1996年1月8日『路上生活者問題に関する都区検討会報告書』発表）
	2月17日	東京都，新宿西口地下道から野宿者を強制排除，受け皿として「冬期臨時宿泊事業」実施
	3月	東京都，「都市生活に関する調査」研究会設置（翌年7月，報告書『新たな都市問題と対応の方向　「路上生活」をめぐって』発表）
	11月	大阪府・市，「特別清掃事業」開始
1995	12月8日	東京都，新宿駅西口地下四号街路への動く歩道設置計画を正式発表
	6月29日	大阪府・市，「あいりん総合対策検討委員会」発足（1998年2月，報告書『あいりん地域の中長期的なあり方』発表）
1996	1月24日	東京都，新宿西口地下道から野宿者を一斉強制排除，「臨時保護施設」へと収容
1997	8月21日	東京都福祉局，「北新宿自立支援センター暫定実施」を凍結，都内2ヶ所の民間宿泊施設を利用した「自立支援事業」暫定実施を発表（同年10月13日暫定事業開始）
	8月27日	名古屋市，若宮大通公園「冒険とりで」から野宿者強制排除
1998	2月7日	新宿駅西口地下「ダンボール村」で火災発生（同月14日，支援・当事者団体「自主退去」により「ダンボール村」消滅）
	9月7日	名古屋市，行政代執行により若宮大通公園から野宿者テントを強制排除

	12月2日	佐藤訴訟提訴（野宿から生活保護適用となった人の施設への一律収容が争点・2002年3月22日一審勝訴・03年控訴棄却（一審判決確定））
	12月28日	大阪市，西成今宮中学校脇の野宿者テントを行政代執行により強制排除
1999	2月12日	第1回「ホームレス問題連絡会議」（国および関係自治体によって構成）開催（同年5月26日「ホームレス問題に対する当面の対応策について」発表）
	6月	東京都，「山谷対策検討委員会」発足（翌年4月，報告書『山谷対策の今後のあり方について』発表）
	11月	東京都，「宿泊所の届出に関するガイドライン」制定（2004年1月7日改定）
	12月	労働者派遣法改定（ネガティヴリスト方式採用による派遣対象業務の事実上の拡大等）
2000	10月25日	東京都，（暫定でない）初の「自立支援センター」開設
	10月2日	大阪市，「自立支援センターおおよど」開設（大阪市では初）
	12月29日	大阪市，長居公園に「仮設一時避難所」（シェルター）設置（2003年3月閉所）
2001	3月9日	東京都，報告書『東京のホームレス』（東京ホームレス白書）発表
	6月14日	民主党，「ホームレス自立支援法案」衆議院に提出
	8月1日	名古屋市，「ホームレス援護施策推進本部」発足
	12月25日	大阪市，西成公園に「仮設一時避難所」（シェルター）設置（2005年1月閉所）
2002	8月7日	「ホームレスの自立の支援等に関する特別措置法」公布・施行
	10月24日	名古屋市，白河公園前に「緊急一時宿泊施設」（シェルター）開設
	11月27日	大阪市，大阪城公園に「仮設一時避難所」（シェルター）設置
	11月28日	名古屋市，「自立支援センター」開設
2003	2月	厚生労働省，特措法に基づく全国実態調査開始（翌年3月『ホームレスの実態に関する全国調査報告書』発表）
	4月1日	東京都，「城北福祉センター」と「（財）山谷労働センター」を「（財）城北労働·福祉センター」に統合
	6月1日	横浜市，「ホームレス自立支援施設はまかぜ」開設
	6月6日	労働者派遣法改定（派遣期間延長・製造業への派遣の解禁等）

	7月3日	厚生労働省,「ホームレスの自立の支援等に関する基本方針（案）」公開（同月31日厚生労働省・国土交通省，同「方針」告示
	7月31日	厚生労働省,「無料低額宿泊所の設備，運営等に関する指針」策定
2004	2月16日	東京都,「地域生活移行支援事業」を正式発表（同年6月1日開始）
	11月	横浜市，中村川沿いに「中村川寮」（シェルター）開設
2005	1月24日	名古屋市，行政代執行により白川公園から野宿者テントを強制排除
	3月	山内訴訟提訴（生活拠点である公園での住民登録が争点・2006年1月一審勝訴）
2006	1月30日	大阪市，靱公園，大坂城公園において行政代執行により野宿者テントを強制排除

北川由紀彦作成

参考文献

松沢哲成・川上奈緒子・小柳伸顕・北川由紀彦・中西昭雄，2004,「寄せ場関連年表」日本寄せ場学会編『近代日本の下層社会　寄せ場文献精読306選』れんが書房新社 : 448-60.

芹沢勇編，1976,『福祉紀要』6,7,8合併号（特集：寿ドヤ街　もうひとつの市民社会と福祉）.

藤井克彦・田巻松雄，2003,『偏見から共生へ　名古屋発・ホームレス問題を考える』風媒社.

松本一郎，2005,「1945年から1970年までの寿町歴史年表」『寿町ドヤ街』2: 108-29.

「野宿者をめぐるニュース・クリップ」『Shelter-less』各号.

II 不埒な彼／女

3　野宿者の再選別過程
――東京都「自立支援センター」利用経験者聞き取り調査から

北川由紀彦

1　「自立」できないのは「自己責任」か

東京都が野宿者の顕在化・増加を問題として認識しだしてから一〇年あまりが経過した。その間、東京都は、野宿者を対象に「冬期臨時宿泊事業」「自立支援システム」「ホームレス地域生活移行支援事業」等の「ホームレス対策」を計画、実施してきた。[★1]

これらの「ホームレス対策」は、基本的に、野宿という状態をのぞましくない状態と見なし、野宿から脱却させることにより野宿者の数を減らすことを主眼としているという点においては一貫している。[★2] ただし、そのための手法は、野宿者の強制的な一斉締め出しとセットでの、施設への臨時的な収容というきわめて粗野な形から、（少なくとも建前上は）個々の野宿者の意思に基づく施設入所と継続的な支援の提供という形へと変化してきた。中でも、「自立支援システム」は、二〇〇一年に正式開始されて以来「ホームレス対策」の主軸とされ、二〇〇四年七月に公表された実施計画においても、対策の筆頭に挙げられている★3［東京都、二〇〇四］。

このシステムの特徴は、それまでの対策が、生活保護適用者以外は一定期間施設へと収容したのち、事実上何の保障もなく路上へと差し戻していたのに対し、生活保護適用者以外に対し「自立支援センター」で就労支援を一定期間行ない再就職・貯蓄させることを通じてアパートを確保させるという「出口」を設けている点にある。

念のため確認しておけば、法律上は、野宿者であって（身体的な）稼働能力があっても、明らかに生活に困窮してさえいれば、生活保護を申請・受給することは可能である。しかし、生活保護制度の運用の場面においては、野宿者は、高齢者でも傷病者でもない場合は生活保護の適用対象とはなかなか見なされない、というのが実情である［藤井・田巻、二〇〇三］［北川、二〇〇五］。つまり、自立支援システムは、生活保護の適用対象を野宿者のうちの稼働層にまで実質的に拡げることによる福祉予算の肥大を抑え、その代わりに、民間の労働市場へと再度送り込むことによって、野宿者の漸次的減少を狙った施策であるということができる。

このシステムのもう一つの特徴は、利用者の「自助努力」と「自己責任」が強調されている点にある。

ホームレスに対する支援システムを社会が用意する一方、ホームレス自身にも自立への意欲と自助努力が求められます。さまざまな事情が重なってホームレス状態に陥ったとしても、そこから脱却する仕組みを社会が用意する以上、その仕組みを活用して自立を回復していくのは本人自身の責任です。職業訓練を受けて技能を高めたり、就職後の定着を図るのは困難なことではありますが、これは多くの人も同様に経験していることです。〔東京

★1　東京都は二〇〇一年に報告書『東京のホームレス』を公表して以降、それまでの「路上生活者」という表現と「ホームレス」という表現を併用している。行政内部向けの文書においては「路上生活者」を用い、広報など一般向けの文書においては「ホームレス」を用いるという使い分けがおおまかにはなされているようであるが、必ずしも統一されているわけではない。本章では、基本的には「ホームレス（対策）」という表記を用いるが、個別の施策の名称等についてはそれぞれの表記を用いる。

★2　例えば、東京都のホームレス対策に関する基本的な文書は次のように述べている。「路上生活者対策の根本は、路上生活者が自らの意思で路上生活から抜け出すことができるよう支援することである」〔路上生活者問題に関する都区検討会、一九九六、二頁〕。「ホームレス対策の基本は、自立した生活を回復させ、地域社会の一員として復帰させることにあります」〔東京都福祉局、二〇〇一、はじめに〕。

★3　この「東京都実施計画」中では、従来の「自立支援事業」を含む「自立支援システム」と「ホームレス地域生活移行支援事業」とが一括されてあらたに「自立支援事業」とされている。本章では、このうち、従来の「自立支援事業」、すなわち、「自立支援システム」中に含まれる、「自立支援センター」で行なわれている事業を指して「自立支援事業」とよぶ。

都福祉局、二〇〇一、三七頁〕

こうした「自助努力」「自己責任」の強調の裏返しとして、自立支援センターの利用は原則として一人につき一回に制限されている。[★4] そしてまた、自立支援センターへの入所は、形式的には、就労による「自立」を希望するという野宿者の意思に基づいて、言い換えれば「自己決定」に基づいてなされることになっている。

しかし、すぐ後で具体的に見るように、自立支援センター利用者の内、少なからぬ数の人びとが路上へと戻っている。東京都が持ち出しているロジックに素直に従えば、これらの人びとは「自己決定」してシステムを利用したにも拘わらず「自助努力」が足りず「自立」を達成できなかったのであるから、二度とシステムを利用できないという処遇も「自己責任」として甘受すべきである、ということになる。

本章では、この東京都「自立支援システム」の中核をなす施設である「自立支援センター」の利用経験者で、その後路上に戻った／戻された人びとを対象に行なった聞き取り調査のデータをもとに、センターに入所した野宿者のうち、どういった人びとがセンター内でどのような過程を経て再度野宿へと戻って／戻されているのかを検討することを通じて、右記のような「自己決定」―「自己責任」という図式が成立し得ないことを明らかにする。

まず第2節では、現行の自立支援システムが策定されるに至った経緯と現状をたどり、続く第

3節では、聞き取りデータの概要について述べる。第4節では、再就職、就労の継続、センター内での生活管理、という局面に分けて、センター入所者（のうちのある層）がどのようにして就労による「自立」から遠ざけられているのかを検討する。最後の第5節では、自立支援システムにおける野宿者の選別がいかなる意味を持っているのかについてあらためて検討する。

2　自立支援システム策定の経緯と自立支援センターの現状

自立支援システム策定の経緯

地方自治法の改正によって一九六五年に「浮浪者対策」が都から特別区に移管されて以降、東京都は一九九三年まで、特定地域対策である山谷対策事業の「山谷地域宿泊者」である日雇労働者のうち、仕事にアブレた者を対象とした越年越冬事業[★5]や応急の物品支給を除いては、野宿している人々に対する特別な施策を直接には行なってこなかった[★6]。しかし一九九〇年代に入りそれまで集中させられていた山谷地区の外、とりわけ都心部において野宿者が増加―顕在化する中で、

★4　二〇〇三年九月に、一部緩和（前回の退所理由が「就労自立」または「病気等により生活保護」であった場合は再利用を認める）はされているが、原則は一人一回のみである。

その居場所が山谷地域内であるか否かに関わりなく「路上生活者／ホームレス」を対象とした施策が立てられていった。東京都の最初の「路上生活者対策」は、一九九四年二月一七日の新宿駅西口地下道（通称四号街路）からの、事実上の野宿者強制締め出しの受け皿として開始された冬期臨時宿泊事業である。その翌年度から、この事業は、都区共同の事業として二〇〇一年度まで毎年実施されてきた。これは、新宿区・大田区に設置した二つの施設で「路上生活者のうち高齢者、病弱者等保護を必要とする者」を保護する事業であり、入所期間は、生活保護適用外（いわゆる法外）の場合原則として二週間である。[★7] この事業については、特別区福祉事務所長会の諮問を受けた冬期臨時宿泊事業検討会によって、利用者の分析を通じた検討がなされている。その結論は、傷病者・高齢者を生活保護へと結びつける役割は果たしているが、それ以外の「路上生活者」にとっては文字通りの「臨時宿泊」以上の役割は果たしていないというものであった［冬期臨時宿泊事業検討会、一九九八、四六頁］。

一方、上記の冬期臨時宿泊事業の開始と同時期（一九九四年二月）に、「都と区が一体となって」「路上生活者問題に関する都区検討会」（以下都区検討会）が設置される。この都区検討会が一九九六年七月にとりまとめた報告書の中で初めて、「就労意欲の喚起が可能であり、特に健康に支障のない人を対象に一定期間の入所ができ、積極的に生活相談、健康相談、職業相談を行ない、職業安定機関と連携しながら就労に結び付けることができる」施設として「自立支援センター（仮称）」の設置が構想として打ちだされた［路上生活者問題に関する都区検討会、一九九六、一四頁］。この自立支援センターの設置は、当初、施設設置地域住民の反対に加え、野宿者支援団体・当事者団体の反対もあって難航したため、既存の民間宿泊施設二ヶ所を用いた暫定事業として開始された★8（一九九七年八月）。その後一九九八年二月の死者四人を出した新宿西口「ダンボール村」火災の罹災者収容施設を兼ねた暫定施設「北新宿寮」「さくら寮」の開所・閉所、一九九九年末から二〇〇〇年春までの暫定自立支援事業である「特別冬期臨時宿泊事業」を経て、「台東寮」「新宿寮」（ともに二〇〇〇年一一月開設、二〇〇五年度閉所）、「豊島寮」（二〇〇一年四月開設・以下開設年月）、「墨田寮」（二〇〇二年二月）、「渋谷寮」（二〇〇四年三月）、「北寮」「中央寮」（ともに二〇〇五年一〇月）が開設され、現在に至っている。

また都は、二〇〇一年三月発表の報告書『東京のホームレス』（いわゆる〝東京ホームレス白書〟）

★5　オイルショックを契機に、越年越冬期のみの臨時宿泊施設として、越年越冬施設「大井寮（のち大田寮に名称変更、開設は一九七四年）」、準更生施設「塩浜寮（同一九七五年）」「潮見寮（同一九七八年）」が開設されている。

★6　なお、区のレベルでは、新宿区・台東区・豊島区において福祉事務所による街頭相談が、新宿区では「浮浪者」追い立てを趣旨とした「環境浄化パトロール」が行なわれていた。［今川、一九八七］

★7　二〇〇一年度は、「緊急一時保護センター」開設にともない、冬期臨時宿泊事業の定員は縮小、二〇〇二年度からは「緊急一時保護センター」への「厳冬期対応」枠での収容となった。

★8　この時期の東京都、野宿者支援団体・当事者団体、地域住民間での自立支援センター設置をめぐるせめぎ合いの詳細については［北川、二〇〇二］を参照。

において、「ホームレス対策」の全体像とともに、都区検討会報告書で示された「路上生活者対策」に新たに「緊急一時保護センター」を加えて体系化した「自立支援システム」を提示した〔東京都福祉局、二〇〇二〕。同報告書によれば、システムを利用するための最初の窓口は、各区の福祉事務所となる。利用希望者はまず、福祉事務所での簡単な面接の後、（空きがあれば）緊急一時保護センターへと入所する。緊急一時保護センターでは、原則一ヶ月の入所期間中に、「宿所、食事の提供、生活指導、健康診断等」による利用者の「心身の健康回復」が行なわれるとともに、業務委託を受けた社会福祉士等による面接によって「利用者の意欲、能力、希望等」の総合的な評価（アセスメント）が行なわれる。福祉事務所はこのアセスメント結果を参考に、利用者を生活保護法外の施設である自立支援センターへと入所させるか、生活保護を適用して更生施設、宿泊所、ドヤ等に入所／入居させるかを決定する。自立支援センターでは、「宿所、食事の提供、生活・就労・住宅等の指導」が行なわれる。入所者は入所期間（原則二ヶ月以内、最長四ヶ月）に、このセンターを住所として住民登録して就職活動を行ない、就職が決まればセンターから通勤して貯蓄し、最終的にアパート入居等によって住居を獲得して退所することを目指すとされている。

以上が、東京都の自立支援システムの概要であり、二〇〇六年三月現在までに、このシステムに基づく施設として、「大田寮」（二〇〇一年一一月開設）と「板橋寮」（二〇〇三年三月）、「江戸川寮」（二〇〇四年三月）、「荒川寮」（二〇〇五年二月）、「千代田寮」（二〇〇五年八月）の五ヶ所の緊急一時保護センター（合計定員六五四人）と、先に述べた五ヶ所（累計七ヶ所）の自立支援センター（合計定員三七四人、すでに閉所された二ヶ所を除く）が開設されている。

自立支援センターの現状

次に、自立支援センターの現状についてごく簡単に述べておく。センターは、建物の形態としては二階建てのプレハブ建築から、既存の民間宿泊所を改装した鉄筋コンクリート七階建てのものまで様々であるが、施設定員は最小で四六名、最大で一〇〇名と、中・大規模な収容型の施設であるという点では共通している。★9 また、いずれのセンターも、入所者の居室は、一室に六人～二〇人程度が二段ベッドで生活する相部屋である。

また、各施設には、施設長（一名）、事務員（一名）、指導員（三～五名）、生活相談員（非常勤・二～三名）、嘱託医（非常勤・一名）、看護師（非常勤・一名）、職業相談員（職安派遣・二～三名）、住宅相談員（宅建協会派遣・一名）のほか、夜間宿直専門員が配置されている。

次に、自立支援センターからの退所の状況であるが、二〇〇四年三月末現在のセンターの実績は表1の通りである。

入所者を再就職させ住居を獲得させて退所させることを目指す、というセンター設置の趣旨に照らして一応の「成功ケース」である「就労自立」による退所者の率は、アパート等への入居を

★9　施設の構造、職員配置については、［特別区人事・厚生事務組合、二〇〇四］を参照している。

表１　自立支援センター退所者の内訳（開設から2004年３月末までの累計）

	就労自立		就労自立の可能性無し					
	住宅確保	住み込み	疾病	自立困難	長期入院	規則違反	その他	合計
台東寮	368	316	13	157	25	254	208	1341
	27.4%	23.6%	1.0%	11.7%	1.9%	18.9%	15.5%	100.0%
新宿寮	191	96	14	61	9	17	188	576
	33.2%	16.7%	2.4%	10.6%	1.6%	3.0%	32.6%	100.0%
豊島寮	372	142	13	92	1	113	179	912
	40.8%	15.6%	1.4%	10.1%	0.1%	12.4%	19.6%	100.0%
墨田寮	193	142	4	151	9	28	178	705
	27.4%	20.1%	0.6%	21.4%	1.3%	4.0%	25.2%	100.0%
合計	1124	696	44	461	44	412	753	3534
	31.8%	19.7%	1.2%	13.0%	1.2%	11.7%	21.3%	100.0%

出典：特別区人事・厚生事務組合（2004）

意味する「住宅確保」と「住み込み」とを合わせておよそ五割である。しかしその一方で、「規則違反」「自主退所」「無断退所」（後二者は表中の「その他」に含まれる）といった形で退所している人（その大半は野宿へと戻っていると推定される）もおよそ三割、実数にして一〇〇〇人強存在している。また、複数の野宿者支援活動家が、「就労自立」退所者の中からも再度野宿に戻っている人が存在することを報告している［中村、二〇〇二］［湯浅、二〇〇二］［なすび、二〇〇三］。

次節からは、自立支援センターに入所したのち再度野宿に戻った／戻された人二〇人を対象に筆者が行なった聞き取り調査のデータをもとに、センターにおいて入所者がどのような過程を経て野宿へと振るい落とされていっているのかを検討していく。

3　調査データの概要

はじめに、今回の聞き取り調査に応じてくれた対象者（以下、回答者とよぶ）の基本属性などについて簡単に示しておく。★10

まず、回答者の性別は、自立支援システムが男性のみを対象としていることを反映して、全て男性である。次にシステムの利用についてであるが、回答者の中には、緊急一時保護センター開設以前に自立支援センターに入所したケースが五名、自立支援センターを二回利用したケースが一名含まれている。また、回答者が利用した自立支援センターは、二〇〇〇年開設の新宿寮から二〇〇二年開設の墨田寮までの四施設のいずれかである。これ以降、施設名については、回答者が特定されることを防ぐため、仮名（X寮、Y寮は緊急一時保護センター、α寮、β寮、γ寮、δ寮は自

★10　調査は、北川、城間アンドレイ、後藤広史、鈴木忠義、マシュー・マール、松本一郎、松山禎之、村上英吾、安江鈴子の九人を調査員として、対象者一人あたり平均二時間弱かけて行なわれた。調査期間は、二〇〇四年七月末から一一月初めで、対象者の探索と調査協力依頼は、新宿、隅田川、上野公園の三地域において、炊き出し時等にビラを配布しての呼びかけおよび個別の紹介を通じて行なわれた。なお、この調査では、緊急一時保護センターのみを利用した人一名からも聞き取りを行なっているが、本章では検討の対象から除外する。

立支援センター）で表記する。また、同じ理由から、その他の固有名詞についても意味を損なわない範囲で表現を変えてある。

次に年齢であるが、回答者の自立支援センターへの入所時の年齢層の分布は三〇歳代四ケース、四〇歳代六ケース、五〇歳代一〇ケース、六〇歳以上〇ケース（複数回利用者は四〇歳代時に二回利用しており、ここでは二ケースとしてカウントしている）で、自立支援センター入所時の平均年齢は四七・四歳である。自立支援センターの二〇〇四年三月末までの事業実績と比較したものが表2である。五五歳以上の年齢層が少ない分、利用者全体の年齢構成より若干若い構成となっている。

表2　自立支援センター入所者全体の年齢層と調査回答者の年齢層

	4施設計 *1		回答者 *2	
20代	119	3.1		
30代	438	11.5	4	19.0
40-44	386	10.1	3	14.3
45-49	588	15.4	4	19.0
50-54	1032	27.1	7	33.3
55-59	807	21.2	3	14.3
60代	445	11.7		
計	3815	100.0%	21	100.0%

*1：2004年3月末までの累計
（データ出典：特別区人事・厚生事務組合厚生部業務課提供資料）
*2：1人は40歳代前半、40歳代後半時の2回入所

表3（一二二～三頁）の「推定退所種別」は、回答者が自立支援センターを退所した際の状況に関する話をもとに、施設側からどのような種別の退所として認知されていたのかを推定したものである。その限りでは、「就労自立（アパート）」が三ケース、「就労自立（住み込み）」六ケース、「無断退所」六ケース、「命令退所」一ケース、「自主退所」三ケース、「期間満了」二ケースであっ

た（うち一名は初回利用時「就労自立（アパート）」二回目「無断退所」である）。この退所種別を入所時の年齢層とクロスさせたものが表4である。

ケース数自体が少なく、またランダムサンプリングを行なっているわけでもないため統計的な意味はもたないが、それでも、三〇歳代、四〇歳代では形式上はともかくも「就労自立」退所していったケースがある程度見られるのに対し、五〇歳代ではそれ以外の形で退所していったケースが「就労自立」退所ケースを大きく上回っていることがうかがえる。

以下では、自立支援センターにおいて入所者の目標として設定されている、再就職、通勤・貯蓄、アパート入居という「就労自立」コースから、回答者のうちどのような人びとがどのようにして遠ざけられていったのかを、再就職、就労の継続、センター内での生活管理という三つの局面に分けて検討していく。また、その前段として、そもそもセ

表4　調査回答者の年齢と推定退所種別（ケース数）

年齢層	30代	40代前半	40代後半	50代前半	50代後半	計
就労自立（居宅確保）		1	2			3
就労自立（住み込み）	2	1	1	2		6
期間満了					1	1
自主退所				2	2	4
無断退所	2		1	2		5
命令退所				1		1
計	4	2	4	7	3	20

就職した仕事（就職順）	センターからの就職回数	推定退所種別
製本および配送	1	「就労自立（アパート）」
建築塗装工	1	「就労自立（アパート）」
販売，工員＋営業見習，工員	3	「就労自立（住み込み）」
造園および土木	1	「就労自立（住み込み）」
造園および土木	1	「就労自立（住み込み）」
工員，人材派遣会社営業	1	「就労自立（住み込み）」
たこ焼き屋，新聞配達	2	「就労自立（住み込み）」
建設日雇（数社），警備員	2	「就労自立（住み込み）」
就職できなかった	0	「期間満了」
建設日雇	1	「自主退所」
警備員	1	「自主退所」
就職できなかった	0	「自主退所」
建築，建築	2	「自主退所」
清掃工場作業員	1	「無断退所」
工員	1	「無断退所」
土木	1	「無断退所」
警備員	1	「無断退所」
冷凍庫内作業員	1	「無断退所」
初回：産廃処理場作業員， 2回目：産廃処理場作業員，工員	1,2	「就労自立（アパート）」， 「無断退所」
建設日雇，警備	2	「命令退所」

表3　聞き取り調査回答者の概要

仮名	聞き取り日（いずれも2004年）	自立支援センター入所時年齢層	施設名	最長職
Aさん	9月1日	40-44	Y寮 - β寮	軽トラック運転手
Bさん	9月16日	45-49	γ寮のみ	建築塗装工
Cさん	8月25日	35-39	X寮 - β寮	建設日雇
Dさん	10月31日	50-54	Y寮 - γ寮	ヤクルト販売員
Eさん	11月1日	40-44	Y寮 - γ寮	金属パイプ梱包
Fさん	11月9日	45-49	Y寮 - γ寮	工員
Gさん	8月29日	30-34	δ寮のみ	パチンコ店員
Hさん	7月22日	50-54	Y寮 - δ寮	パチンコ店員
Iさん	8月29日	55-59	Y寮 - γ寮	テキヤ
Jさん	9月16日	50-54	Y寮 - α寮	印刷工
Kさん	10月24日	55-59	Y寮 - α寮	トラック運転手
Lさん	11月4日	50-54	Y寮 - α寮	コンピュータプログラマ
Mさん	7月27日	55-59	X寮 - β寮	大工（雇用形態不明）
Nさん	8月17日	50-54	X寮 - β寮	鉄筋工（日雇）
Oさん	8月30日	35-39	Y寮 - β寮	草刈り
Pさん	11月6日	50-54	γ寮のみ	印刷工
Qさん	7月27日	45-49	Y寮 - δ寮	建設日雇
Rさん	8月24日	35-39	Y寮 - δ寮	期間工
Sさん	8月9日	45-49	δ寮，X寮 - β寮	パチンコ店員
Tさん	8月29日	50-54	δ寮のみ	警備員

ンターへの入所が入所者の「自己決定」と呼び得るようなものであるのかどうかについても検討しておく。

なお、センターでの支援や指導の内容については、センターによって、またその時期によって若干の違いがある。以下で記述されるセンターの支援や指導の内容は、原則として、各回答者が入所していたセンターでの入所時点における話を総合したうえで共通すると考えられるものであり、特定のセンターや時期に関する記述についてはその旨を記している。

4　センター内で何が行なわれているのか

入所の経緯

自立支援センターへの入所は、形式上は、入所者が就労による「自立」を希望し「自己決定」したうえでの入所、ということになっている。たしかに、本調査の回答者の場合、ほとんどのケースは、自立支援センターに入所することを希望して入所している。しかし、そうしたケースの場合でも、全ての人が就労による「自立」についての具体的な見通しと積極的な希望を持って入所を決断していたわけではない。

先にシステムの概要の箇所で述べたように、入所者は原則的に、自立支援センターへの入所の前段として、緊急一時保護センターに入所してアセスメントを受け、自身の希望について相談したうえで、緊急一時保護センター退所後の行き先を決めることになる。しかし、稼働層で生活保護対象とみなされにくい人の場合、この段階での選択肢は、自立支援センターに入所するか、そのまま路上に戻る、という以外には事実上ほとんどない。それゆえ、再度路上に戻るのが嫌であれば、自立支援センター入所を希望するしかない。また、アセスメントを行なう相談員の側も、上記のような選択肢がない状況を鑑みて、本人が「何でもよいから仕事に就いて自活したい」という程度の漠然としたものであっても就労意欲を表明してさえいれば、自立支援センターへの入所が適当、というアセスメント結果を出しがちである。

また、その一方で、回答者の中にも、積極的かつ具体的に就労による「自立」を希望して、自立支援センターへの入所を希望したケースも存在する。しかし、そうしたケースの場合でも、自立支援センターで具体的にどのような生活を送ることを要求され、どのような支援が提供されるのか、またその際どのようなリスクが存在するのかについて、十分な説明を受け、熟知したうえで自立支援センターに入所したケースはほとんど皆無であった。

つまり、本調査の回答者に限っていえば、自立支援センター入所者は、「自己決定」の前提としての選択肢自体がほとんど存在しない状況の中で、「決定」の判断材料となる情報も十分に与えられないまま、センターへと入所している。言い換えるならば、自立支援センターへの入所は、そもそも「自己責任」の根拠となる「自己決定」など存在しえない状況下で遂行される行為である。

再就職に際しての障害

明確で具体的な就労による自活の理想を持ってであれ、漠然とした就労への希望を持ってであれ、入所者は、センターに入所すると「安定」した仕事と「安定」した住居の確保による「就労自立」を目指すことを要求される。そのためにセンターは、入所者に各種の支援と指導を行なう。入所者に提供される支援は、具体的には下記のようなものが挙げられる。宿所と食事の提供、住民登録可能な住所（センター所在地）と連絡先（電話番号）の提供、求職活動の諸経費（面接先企業までの交通費等）および日用品費の給付、スーツ・革靴等の貸与、就職以降初回給料日までの通勤費の貸し付け、アパート入居時の支度金の給付などである。

入所者は、センターに入所すると、センター所在地を住所として住民登録をし、センターからハローワークに通い、就職活動を行なう。就職活動期間中の入所者の典型的な一日は、次のようなものである。

起床、朝食後、ただちに最寄りのハローワークへ行き、求職者用のコンピュータ端末を操作して希望する求人を探し、求人票をプリントアウトする。プリントアウトした求人票をセンターに持ち帰り、昼食。センターに勤務している職業相談員（ハローワークの嘱託）に求人票を見せて企業への紹介を受ける（面接のアポイントをとってもらう）。面接の予約までこぎ着けられなかったり、午前中で希望する求人を見つけられなかった場合は、午後に再度ハローワークへと赴く。当日面接の予約を取りつけることができた場合は、センターの事務所に届け出て交通費の支給を受け、すぐさま面接に赴く。

以下では、再就職の過程において入所者が直面する困難について記述・検討していく。

労働市場における年齢制限

〔ハローワークの求職用の端末では〕年齢層から、探していくわけですよ。俺の場合はもうほとんどね、年齢から探したの。〔応募条件が〕「六三まで」とかね。〔求人条件に合う会社の面接には〕八方行ったんだけどね、面接でね〔落とされる〕。そこの会社へ面接に行くとね、もう一〇人くらい来てるんですよ、面接にね。きてる人が。そこから、結局、選ぶとなるとね、結局四〇代、三〇代四〇代が面接へ来てればね、採りますよ、若いほうを。〔それでもセンターは〕「とにかく〔ハローワークに〕行ってこい行ってこい」〔と言うので〕、毎日行くでしょ、ハローワーク〔へ〕。行っても同じなんですよ。ずーーっと〔求人を〕見て。もう、一回「お断り」になった所はもう二度と、行けないでしょ、ね、面接に。だからハローワーク行っても、同じなんだから。六〇近くなった人はね。でもほら、自立センターは〔ハローワークに〕〝行ってきなさい、行ってきなさい〟って言うから、しょうがない、探しに行くでしょ、一時間も二時間も。まぁ形だけでもさ、建前でね、建前だけでもしとかないとうるさいからさ。

〔日中はセンターの〕娯楽室に、いられないからね。だから結局、毎日、行ってくるわけですよ。★11〔Iさん、入所時五〇歳代後半〕

先にも触れた通り、センター入所者の年齢層は多い順に、五〇歳代、四〇歳代、六〇歳代で、中高年者が圧倒的に多い。これら中高年者は、そもそも労働市場において、求人の際の年齢制限によって不利な位置に置かれている。また、Iさんの話からもうかがえるように、明確に年齢制限がされていない場合でも、若年求職者と競合しながら就職活動を行なうため、結果的に中高年者はなかなか再就職できない。

センターで入所期間中に再就職ができなかった場合、入所者はセンターを退所させられる。その際、先にも触れたように法的には生活保護を申請・受給することも不可能ではない。しかし、生活保護の実施権限は、センターではなく福祉事務所にある。そのため、センター職員が生活保護の申請・受給の可能性に関して言及することは、ほとんど皆無であり、代わりに、退所日まで求職活動にひたすら「努力」するよう指導することに力が注がれる。また、求職活動に尽力していない、と見なされた場合、退所を命じられる可能性もある。それゆえ入所者は、たとえそれが限りなく無意味に近い行為であると感じていても、ハローワークに通わざるを得ない。

求職活動への制限

現金〔日雇〕仕事はダメ、ナニナニはダメ、全部ダメ。ほんで、とにかく〔月給が〕一七、一八万ないとダメと。こればっかしだから。こんな仕事はダメ、あんな仕事はダメ。んじゃ、何をやるんだと言いたくなるんです、あそこ〔センター〕は。こんな歳〔五〇歳代半ば〕いってね、あの仕事ダメ、この仕事ダメ、一八万ぐらいとか、言われたってさ、ほんなもの見つかるわけねえ。〔Kさん、入所時五〇歳代後半〕

センターからの求職活動に際して、入所者が求職する仕事については、センター側から一定の制限がかけられている。まず、日雇や臨時、アルバイト、パートのような不安定な仕事（かつ・あるいは）低賃金の仕事を探すこと、就くことは原則として禁じられている。また、住み込み就労のような職住一体の仕事への就労も原則として禁じられている。具体的には、求人票をハローワークからセンターに持ち帰り職業相談員に見せた段階で却下される。こうした制限は、「安定」した仕事の獲得と「安定」した住居の確保による入所者の「就労自立」を目指す、というセンター側の目標に沿って設定されているものであり、入所者が正規雇用の「安定した」仕事に就ける可

★11　聞き取りデータの提示にあたっては、話の趣旨を損なわないよう留意しつつ、読みやすくなるように若干の編集を行なっている。

能性が高い場合には、有効かもしれない。しかし、Kさんのようにそもそも応募可能な求人自体が少ない中高年者の場合、こうした制限は、単に再就職のチャンスを狭めることにしかならない。

センター入所者に対する差別

センターからの求職の方法は、センターが住所であるほかは、一般求職者の場合とほとんど変わらない。しかし、センター入所者にとっては、センターに入所しているという事実自体が、就職に際して大きな障害となっている。

まず、野宿者に対する差別は、センター入所者が求職活動をする際にも障害となる。センターでは、野宿をしていたという経歴を明かすかどうかは、個々の入所者の選択に任せられており、経歴を隠したい場合、センターはそのための便宜も提供している。入所者は、センター所在地を住所として就職活動を行なうが、その際、各センターは面接先企業等からの問い合わせ専用の電話番号を用意しており、入所者からの希望があれば、企業からの電話に対してアパート風の応答も行なっている。また、施設によっては「＊＊ハイツ」「コーポ＊＊」といったアパート風の住所まで用意している。

しかし、今回回答者の中には、それでも隠せなかった、というケースが少なからず見受けられた。まず、あるセンターは、民家や一般的な寮が存在しないことが容易に類推できるような場所に立地している。

こんな住所〔「＊＊緑地＊番地」〕で〔面接に〕行ったってさ、〔元野宿者だということが〕もう分かりきってるんだから。雇うわけないじゃない。こんなとこに〔住宅は〕ねぇんだから。雇う〔面接する〕側もみんな、〔相手が〕ホームレスだって分かってんだもん。会社に面接行ったってミエミエだよ、こんなの。こんなとこに家は無いんだから。〔面接では〕「＊＊緑地のどこですか?」なんて〔聞かれる〕。これでもうほとんどさ、五〇パーセントダメ。〔前掲Iさん〕

こうしたセンターに入所した場合、センターに入所しているという事実はそもそも隠しようがない。また、センター入所者は原則としてセンターの最寄りのハローワークで求職活動を行なうため、特定の企業への応募が重なる場合がある。そうした企業に応募した場合にも、センターに入所していることは隠しようがない。

〔面接先の企業は〕もう支援センターの住所がわかっているわけ。〔センターから〕いろんな人間がそこに〔面接に〕行くから。もう向こうは住所でわかってるの。だってもう、履歴書をパッと見て、「あっ、あっ」って言うんだもん。「あっ」と言って、「はいわかりました。じゃあ」ってもう、話も何にもないんだもの。〔Lさん、入所時五〇歳代前半〕

また、Lさんの話からだけではわからないが、野宿者に対する差別とは別に、センター入所者に対する差別も生まれてきている。

〔履歴書に〕「＊＊寮」とは書かなかったけど、「＊＊ハウス」って書いたら、それ〔だけ〕見て、だいたい、わかる人間はわかっちゃうんでね、だから最初〔に〕行って、面接した時に、その警備会社行った時にね、履歴書〔を〕見せたら、住所から「あなた福祉にかかってますね」って言うから。「ええ、かかってますよ」って言ったの、「この住所そうですよね？」って〔聞かれたから〕。「ああ、そうですか。わかりました、じゃあ後日連絡しますから」。それで終わりだからね。結局、仕事の内容も何にも話さず「わかりました。じゃあ、一応相談して、後日連絡しますから」。連絡来たらもう、結局はもう、不採用っていうわけだからね。〔Hさん、入所時五〇歳代前半〕

Hさんが受けた警備会社がなぜ「福祉にかかって」いることを確認しただけで面接を打ち切り不採用としたのかは分からない。しかし、他の回答者やセンターの職業相談員の話などを総合すると、先にセンターから採用した入所者が無断欠勤、無断退職をするなど勤務態度が悪かったため、結果的にセンターのある住所からの応募者は採用しない、という方針をつくった企業もいくつかあるようである。★12もちろん、先にセンターから就職した人の勤務態度の問題は、HさんやLさんに帰責されるべき事柄ではない。

いずれにせよ、センターに入所しているという事実は、センター入所者が再就職する際に大きな障害となっている。結果として、センターに入所していること（あるいは野宿の経験があること）をうまく隠し通せない人、あるいは、そのことをもって差別しない雇用先に運よくめぐり合えなかった人は、なかなか仕事に就くことができない。そうしている間にも、退所期限は刻々と迫ってくる。そうした焦燥の中で、先のKさんやLさん、次のJさんは、センターから再就職することを諦めて「自主退所」している。

〔センターで就職活動を毎日しても見つからず〕これじゃもう駄目だ、こんなことやってたって〔と、退所期限間近に自分から退所を申し出た〕。それで、出るときね職員に言ったんだよ。支援センターもいいけども仕事を、支援してる企業がまわしてくれるような制度を作ってもらわないと、就職活動しても、〔就職〕できないよって言ったんだよ。〔職員に〕相談しても相談に乗らないもん。ただ、〔職員は話は〕聞くよ。聞くけど、肝腎なことは逃げちゃう

★12　センターの職業相談員への聞き取りは、二〇〇五年三月八日、一五日、一八日に台東寮、新宿寮、豊島寮で行なっている。

もん。このままじゃしょうがないから、どういう風にしたらいいかって言ったことがあるんだけど、そういう話にも乗らない。ただ、聞くだけで。〔Jさん、入所時五〇歳代前半〕

就労継続の困難

以上のように、センター入所者は、そもそも再就職自体が困難な状況に置かれているが、今回の回答者について言えば、表3からも分かるように、一回も就職できなかったというケースは最高齢のIさんのケースだけである。このことは、形式的に再就職はできても、その後の就労を継続し貯蓄を行なう、というステップを踏む過程において別の困難が存在することを意味している。

事実上の不安定就労

先にも触れたように、求職活動に際しては、日雇やパートの仕事は制限されている。しかし、なかなか再就職が決まらない人の場合、形式的には日雇でなくとも勤務日が一定せず、事実上日雇と変わらない仕事に就いていたケースがまま見られた。例えば、先のJさんは、退所期限が迫って「自主退所」する前に一度だけ、建設会社に就職している。

日雇みたいなもんだよね。今は〔その会社は〕人材派遣会社っていう名目でやってますけど。最初〔採用された週〕は〔仕事が〕三日出たのよ。次の週は一日。次の週は一日、合計五日。

面接行って、合格して、採用されて、その日から三日間。そのあとは週に一回ずつ。そんな状態です。しょうがないから、〔仕事がない日は〕ハローワーク通ってたよ。面接とかは受けなくても、自分のいい〔条件に合う〕仕事を探してたわけよ。それで、電話が掛かってくれば仕事に行ったっていう感じで。概ねみんなそういう感じだよ。僕だけじゃなくて。〔前掲Jさん〕

また、退所期限が迫ってくると、それまでの求職活動上の制限を緩和して、住み込み就労に就くことをセンターの側が奨めるようになる場合もある。例えば、先のHさんの場合、Jさんと同様の登録型の建設日雇の会社を数社転々としながら求職活動を行なっていたが、貯蓄もできないまま退所期限が迫ってきたときに、職員から住み込み就労を奨められている。

〔退所期限が迫ってきた時〕「あなたの場合、もう寮に入るしかねぇんだから、寮に入るか、野宿しかないよ」って言われたもんね。だからしょうがない。もうあと何日も、日にち、時間がないから。こっちはもう、寮入るとこしか探せないわけですよ。仕事でもね、寮があるところ。それでたまたま、警備会社で、寮があって、そこはたまたま受かったんでね。〔センターの〕相談員の人も、〔退所期限まで〕日にちがないから、言ってくるわけですよ。「あなたもう、三日しかない」とか「あと一週間しかないぞー」なんてね。「なんとかして探

さなきゃ、出されるよ」なんてね。〔前掲Hさん〕

その後Hさんは寮付きの警備会社に就職し住み込み就労という形で退所したが、住み込み開始後まもなく、仕事を週一日程度しかまわされなくなり、生活費が底を尽きそうになったため、離職して路上に戻っている。また、センターによっては、飯場への住み込み就労を事実上斡旋しているところもある。

〔住み込み就労した造園会社G企画は、センターが〕紹介してくれたんですよ。〔センター〕職員の紹介で。こういうのがあるっちゅうんで。それが、ホームレス専用の会社なんだよね。結局ね、ハローワークに行っても〔仕事が〕なかったからね、〔センターの職業相談員に〕文句言ったんですよ、「ない」って。〔すると、ここなら〕「大丈夫」ってね、面接してまず通るっていうことですよね、〔企業の面接も〕ここ〔センター内〕でやったんですよ、ここで。〔同じセンターから〕四人ぐらい一緒にいたですよ、〔その造園会社に〕採用された時に。全員ね、〔その後〕辞めたかもしんない。〔Dさん、入所時五〇歳代前半〕

仕事が見つからなければもう、ここのG企画に行けという感じで〔センターの職業相談員に紹介された〕。〔実際に就職してみて〕カラオケボックスに住んでるような感じなんです。それを借りてるような感じで。〔G企画に住み込みで就職したものの〕仕事の目安がつけられないんですよ。例えばちょっと風邪とかで休むでしょ、そうするともう一週間とか仕事がないんですよ。で、それだとやはり前借とかしなきゃいけなくなるんですよ。それで給料が出た時に手元のお金見たら四〇〇〇円とか六〇〇〇円とか。一万円〔札を〕見たことないんですよ。〔G企画に在籍した三ヶ月中、実際に仕事に就けた日数は〕一ヶ月あるかどうか。〔出て行ってしまう人は多いんですか?〕多いですね、はい。一日でいなくなった人もいますし。であと、カラオケボックス〔を転用したつくり〕の部屋を見た瞬間にもういなくなった人もいます。〔Eさん、入所時四〇歳代前半〕

最終的には、Dさんは夏場で身体がもたなかったために、Eさんは仕事が安定せず賃金がほとんど残らなかったため、二人ともG企画を辞めて路上へと戻っている。[★13] 住み込み就労への誘導は、野宿へと戻る蓋然性の高い生活への誘導と変わらない。

離転職の抑制

本調査の回答者についていえば、相対的に若年者は、比較的早い時期に、通勤・貯蓄が可能な

★13　なお、DさんとEさんのセンターの入所時期は約一ヶ月ずれており、G企画への就職は同時ではない。

仕事に再就職が決まる傾向にあった。しかし、仕事内容や職場での人間関係について悩みを抱えた末に「無断退所」し、同時に離職というケースが見受けられた。

〔冷凍庫内の仕分け作業の仕事を約ひと月続けたが〕自分の場合ね、慣れる、覚えるまで、時間がかかるタイプなんですよ。だからそういう面でちょっと、精神的に、ちょっと、あれ、な面もありましたんで。ちょっと長くやっていく自信がちょっとなかったですね、はい。自分は、まあ、ある程度は我慢できましたけれども。ただちょっと限界も、やっぱり感じてましたんで。やっぱ、〔上司の叱責に〕言葉的にもう、もうちょっと、やわらかい、言い方ができないのかなとも、自分なりには考えて、まあ、我慢、ずうっと我慢してきたけども、やっぱり精神面でもやっぱり、限界っていうものがあるじゃないですか。今、考えてみれば、〔センター職員に〕相談して、まあ、そこ〔を〕、辞めて、ほかを、探すっていう手もあったんじゃないかなとは、後悔していますけどね、はい。〔無断退所したときは〕けっこう精神的にまいってた面もあったんで。ちょっと余裕、余裕なかったっていうか、なんて言うか。相談するっていう考えまでいかなかったですね。〔Rさん、入所時三〇歳代後半〕

〔段ボール製造会社で働いたのは〕一日だけです。仕事してる時に、まだ〔仕事を〕覚えてないのに、怒られる。ずっと、朝から、晩まで。もう、こうじゃない、ああでもないというので。最初からきつく言われました。一緒に働いている人にも言われたし、上司にも言われた。〔それで三日目の通勤途中に〕嫌だなと思って。そのまんま。新宿の、ほうに、行っちゃって。〔センターに〕帰って、帰っても、怒られるのも、嫌だなと思って〔そのまま路上に戻った〕。〔センター職員に相談しなかったのは、他の入所者の話から、相談しても、あまりうまくいかないだろうなと思って？〕そう、自分が勝手に、判断しちゃって。〔Oさん、入所時三〇歳代後半〕

新しい仕事先で怒られること自体は、センター入所者に限らず「よくある」ことである。その「よくある」ことにどうしても耐えられなければ、センター職員に相談して離職し次の仕事を探す、というのが一般的な対処方法でもあろう。しかしセンターでは、仕事（および勤務先の同僚や上司）に対する適性よりも、限られた期間内に就職・貯蓄して「自立」することが優先されており、いったん比較的安定した仕事に就くと、できるだけ離職させないように指導する傾向にある。それゆえ、職場での叱責のような「よくある」ことを理由とした離職は、単なる「我慢不足」と受け取られる傾向にある。例えば、次のCさんは、冷凍食品会社勤務時に、センターに入所しているこ

★14　Cさんによれば、給与の年末調整の時期に、（そうするよう自立支援センター側から指示されていたので）自分で確定申告をする、と雇用先に話したところ不審がられ（それをきっかけに住所が自立支援センターであることを調べられたのではないかとCさんは推定している）、それと時期を同じくして同僚らの態度が急変したという

とが雇用先に発覚して職場いじめに遭っている。具体的には、ある日を境に[★14]同僚らの態度があからさまに変わり、「浮浪者ってイヤだよね」という話を自分の目の前で当てこするように始めたり、一人だけ残業を押しつけられたりし、やむを得ず離職している。そのときの経緯をCさんは次のように語っている。

〔職場いじめに遭っていたとき〕その時は、「とりあえずがんばってみろ」って言われたのかな？「なんとかやってみてください」っていうかたちで初っぱなは言ったんですけど、その後その自分の担当の方〔センター職員〕は研修に行っちゃったんですね。なので、しばらく連絡がほとんど取れない状態だったので、ほかの人〔職員〕にも〔離職したいと〕話したんですけど、二回目で、今度、また辞めるってなると、やっぱり、職員の方の印象もかなり悪くなっちゃうみたいで。あんまりいい顔はしなかったですね、やっぱり向こう〔職員〕の方も、警戒心出てきちゃっていたので。「もうちょっと我慢できないの？」っていう〔雰囲気が〕、やっぱり向こうの方も、多少なりとも出てくるところが、あるみたいなんですね。それはもう周りの人〔他の入所者〕なんかも言っていたので。「辞めても二回目だよ」って言っていたので。ああこれは厳しいかなと思って。もう失敗が、これで、ちょっと、できないかなっていうのがあったので〔それ以降は住み込みの仕事を自力で探した〕。〔Cさん、入所時三〇歳代後半〕

Cさんの場合は、職場でのいじめという明白な理由があってやむなく離職したわけだが、それでも職員からは「我慢が足りない」ように見られたと語っている。Oさんの場合、そうした施設の雰囲気の中で、離転職を申し出たとしても認められないであろうと予期したからこそ、「無断退所」に踏み切らざるを得なかったといえる。

センターでの生活管理

センター入所者は、入所中、生活全般にわたって、施設職員から様々な管理や指導を受ける。こうした管理や指導の在りようも、入所者の行為選択に少なからぬ影響を与えている。

時間と金銭の管理

センターで入所者は、求職活動中・就労中を問わず、時間と金銭の使い方について、規則に則った細かい手続きと自己管理が要求され、場合によっては施設職員による確認や管理、指導を受ける。

まず、時間については、ほとんどのセンターで、外出の時間帯が朝食後から一八時と定められており、外泊も原則として禁じられている。残業等で帰寮が門限を過ぎる場合には、あらかじめ遅れる旨の連絡をセンターに入れなければならない。センターによっては、事前申告無しで帰寮が遅れた場合は、始末書を書かせられる場合もある。また、センター入所中、飲酒は禁じられている。帰寮が遅れた場合には、飲酒していないかどうか職員によって検査されることもある。

八時とか九時とか遅い時間に帰って来ると、職員が来て、〔酒の匂いがしないかを確認するため〕顔を近づけて話すんだ。俺は飲んでないから平気だけどね。まあ中にはさ、酔っぱらって、ね、帰ってきてさ、すぐ退寮になったのもさ、何人か、俺〔は〕知ってっけどさ。〔Mさん、入所時五〇歳代後半〕

また、金銭管理については、まず、給料は銀行の口座振込とすることが奨励されており、希望者については通帳と印鑑をセンター側で預かる場合もある。この預かり制度については、自立支援センター開設初期に、次のTさんのように、給料を貯蓄せずに使い込んでしまう入所者がいたために創設された。

金使い込んだから、出されたわけ。仕事〔の〕、給料〔を〕使うたでしょ〔それがもとで退所を命じられた〕。厳しいね。自分のお金だよ、自分のお金だよね。〔自分が稼いだお金は、自分で自由に使いたい?〕うん。欲しいねえ。〔Tさん、入所時五〇歳代前半〕

その他、必要経費の支給あるいは貸し付け（例えば初回給料日までのあいだの通勤費や、就労のためセンターで食事をとれない場合の食費）に際しても、事務所に経路や具体的な用途等を申告し受領印を捺すという手続きを踏む。入所者が自分の裁量で使用できるのは、一日あたり四〇〇円の日用品費（月二回まとめて支給）のみである。ただし、施設によっては、この日用品費についても金銭出納帳をつけるよう指導され、その使途について生活指導員等によるチェックがなされることがある。

金銭出納帳を書いてさ、〔職員に〕出すじゃん。〔職員が〕全部電卓で〔検算を〕やっちゃうからね。「〔金額が〕違うじゃないか」と。なんて言うの、警察のさ、あの事情聴取と一緒だよ。〔前掲Mさん〕

時間や金銭の使い方に関して、これほど細かい手続きや指導がなされる理由については容易に推測可能である。例えば、限られた入所期間内で入所者に可能な限り多くの貯蓄——アパートへの転宅資金、転宅後初回給料日までの生活費等に充てる——をさせるため、自立に向けた支援に関する公的な諸経費を公正・公平に支給・貸し付けるため、「就労自立」退所後の生活においても多かれ少なかれ必要となる自己管理能力を身につける訓練のため、等々。回答者たちの多くもまた、センターにおいて規則に則った細かい手続きや指導がなされる理由について、職員から右記のような説明を受けたり推測したりして、おおむね理解はしていた。しかし、先のTさんのように、そうした理由を理解していなかった人もいるし、理解はしていても、管理・指導の対象とされること――自己管理能力を欠いた存在と見なされることに反感を抱いていた人もいた。

「二つ三つのガキじゃねぇんだ」と〔職員に〕俺言ったの。んな金銭出納帳とかナントカさ。「ふざけんじゃねぇ」と。〔前掲Mさん〕

回答者の全てがセンター内での管理や指導に対し、このMさんのように明確に反感を持っているわけではない。しかし、センターにおけるこうした管理・指導は、入所者を、それに耐え従える人と耐えられない人とに選別し、後者を「住み込み」であれ「自主退所」「無断退所」であれ、早期退所に仕向けていく機能を実質的に果たしているといえる。

「就労自立」に向けたプレッシャー

まあ、アオられるよ。仕事が見つかるまで。就職すればさ、今度は、「いくら貯まった、出納帳出せ」、ね。「アパートだ」。だからね、あそこにいる間はね、気なんかね、休まるね、時なんかない。一から十までさ、もう神経ピリピリピリピリ使っているわけ。今度、あの、〔館内の各部屋についているインターホンが〕「ピンポーン」って鳴るとさ、「あ、誰だ、俺かな、そっちかな」。番号と名前を言う〔呼ぶ〕んだよね。だから、俺なんか三階だから、「三」なんだよ。三〇〔サンマル〕どっかなんだよ。「三〇〔サンマル〕」って言うと「あっ、俺かな?」とかさ。〔自分が呼び出されるのではないかと〕もうピリピリピリピリするの。仕事見つからねぇ人間だと特にそうだ。で、中にはさ、もう五回も六回も〔面接に〕行ってさ、見つかんないで期限切れになってさ、出されちゃう人もいるし。〔前掲Mさん〕

これまでに提示したデータの端々からもうかがえるように、入所者は、センターが想定している「就労自立」に向けてひたすら「努力」することを要求される。

〔面接を何社か受けて〕もうだいたい雰囲気わかったから、これはダメだなっていうのわかったから、もうあきらめちゃったというか。〔それでもハローワークには毎日通っていたのは〕行かないとうるさいから。だから〔ハローワークの閉まっている〕土曜日・日曜日が楽しみなのね。〔職員にとやかく〕言われないから。〔平日の日中にセンターに居ると職員から〕言われるの。「何してるの?」って。〔前掲Lさん〕

入所者は、職員から直接に「就労自立」に向けたプレッシャーをかけられるだけではなく、間接的にもプレッシャーを感じている。第2節でも述べた通り、センターの居室は相部屋であるが、入所時期、退所時期は人によってまちまちであるため、ひとつの居室の中でも絶えず人が出入りしている。したがって、個々の入所者は、同室者が「就労自立」あるいは「自主退所」「無断退所」といったかたちで退所していく姿を日々目にしながら生活を送っている。

〔自分で住み込み就労を見つけて退所すると決めたことを同室者に話したときの反応は、まあしようがないかなっていう感じだったんですか？〕ええ、もう。結局、みんな周りも、自分が切羽詰まっちゃっている人が多かったんですよ。４カ月いた人でも、〔アパート入居の資金が貯まらないまま〕出されちゃうっていう話があったりとか。みんな、〔自分のことで〕切羽詰まっちゃってるから、かえってそっちのほうで。まあ人のことはしようがないなっていうふうになっちゃってるんでしょうっていう感じで。手一杯みたいな感じになっていましたね。みんなやっぱりだから、アップアップしていましたね。〔前掲Cさん〕

他の入所者のこうした姿も、入所者を「就労自立」へと駆り立てるプレッシャーとして機能している。

5 都市下層の再選別とその意味

以上、自立支援センターにおいて要求される「就労自立」コースから入所者がふるい落とされていく過程について、検討してきた。ここでそれらをあらためて整理しておく。

まず、自立支援センターへの入所は、それ以外に事実上選択肢がほとんどありえない状況下で十分な情報も得られないまま選び取られるものであり、そもそも「自己決定」などとは呼べない行為である。

また、再就職の過程においては、労働市場における年齢制限、日雇、パート、住み込み就労の禁止といったセンターから課される制限、センター入所者に対する差別によって、入所者の再就職の可能性を厳しく限定されている。その結果、そもそも労働市場において周縁的な位置にある中高年者がまずふるい落とされる。

次に、形式上の再就職はできても実質的に日雇と大差ない不安定な仕事にしか就けない層が、センターからの実質的な安定就労を断念する形で「自主退所」あるいは再度路上に戻る蓋然性の高い「住み込み就労」へと流し込まれる形でふるい落とされていく。そして、ともかくも通勤・貯蓄が可能であるような仕事に就けた層のうちでも、職業適性上問題のある仕事に就いてしまった層が、できるだけ離職を抑制しようとする施設の指導方針のもと、「無断退所」のようなかたちでふるい落とされていく。また、この全過程を通じて、施設での短期間での「就労自立」に向けた生活管理・指導、プレッシャーに耐え切れない層がふるい落とされていく。

そもそも野宿者は、労働市場における選別と排除の結果としての失業を直接的な契機として野宿へと追いやられてきた人びとである。自立支援システムは、そうした人びとに生活保護の代わりに労働市場へと再参入するチャンスを与え、主体的に「野宿から脱却させる」ことによって野宿者を減少させることを狙った施策である。しかし、それは、あくまでも労働市場に再参入する〝チャンス〟を与えるだけのものであって、全ての入所者に「就労自立」を保障するものではない。むしろ自立支援システムは、現状では、野宿者の再選別装置になっている。すなわち、野宿者をいったん路上から掬い上げたうえで、二つの層――労働市場からまだ労働力とみなされ、かつ、労働条件や職業適性上の問題があったとしても従順に働き続けられる層と、そもそも労働市場から労働力とみなされないか、せいぜいが使い捨て可能な労働力としかみなされず、かつ、そうした状況に耐えられない層――に選別し、後者を再度路上へと切り捨てていく再選別装置に。

東京都がこの自立支援システムに関して「自助努力」と「自己責任」を強調し、原則的に一人一回のみ利用可、という制限を設けているのは、センター入所者のうち、ある程度の人数が再度路上へと戻ることをあらかじめ計算に入れてのことだろう。東京都にとって野宿者は、もはや単に強制的に排除することも放置しておくこともできず、かといってかつてのように山谷という特定地区に封じ込めて日雇労働市場に吸収させておくこともできなくなった人びとである。自立支援システムは、そうした人びとに〝住所さえあればまた仕事に就けるかもしれない〟という淡い期待を与えておいて、その内「就労自立」できなかった人びとを路上へと再度切り捨てる。「自助努力」と「自己責任」の強調は、この切り捨てに際して、システムの問題（生活保護から事実上切り離しての、就労に特化した支援の不十分さ）や、その背後に横たわる（不安定化の度合いを増し、失業者・野宿者を生み出し続けている）労働市場の問題を、「就労自立」できなかった野宿者個々人の資質や努力の問題へとすり替えていくためのレトリックにほかならない。

しかし、自立支援システムにおける選別によって再度路上に切り捨てられたからといって、そうした人びとの身体が消えてなくなるわけではない。

こうした状況の中、東京都は二〇〇四年に、「自立支援システム」を補完する新たな「ホームレス対策」として「地域生活移行支援事業」の開始を宣言した［東京都二〇〇四b］。これは、「ホームレス」のテントの多い五公園（新宿中央公園、戸山公園、隅田公園、代々木公園、上野公園）で起居する野宿者を対象に、二年間、民間アパート等を月額三〇〇〇円で貸し付けるという事業である。ある意味では、自立支援センターを通じた野宿者の「数減らし」の破綻が、こうした新施策を招き寄せたともいえる。ただし、この事業では、アパート入居後六ヶ月間は公的な臨時就労が希望者に提供されるが、それ以降は民間労働市場での再就職が想定されている。しかし、本章で検討した様に、たとえ施設でなくアパートに住所があったとしても、そもそも労働市場から排除された結果として野宿に至った人びとのうちで再就職できる層は限られてくるだろう。

「自立支援システム」以降のあらたな「ホームレス対策」がもたらす、都市下層のさらなる選別と重層化の過程については稿を改めて検討したい。

参考文献

今川勲、一九八七、『現代棄民考　山谷はいかにして形成されたか』田畑書店

稲葉剛、二〇〇二、「希望を託せる支援システムの構築を！　東京における自立支援事業の現状と課題」『Shelter-less』13、五六〜六三頁

岩田正美、一九九五、『戦後社会福祉の展開と大都市最底辺』ミネルヴァ書房

藤井克彦・田巻松雄、二〇〇三、『偏見から共生へ　名古屋発・ホームレス問題を考える』風媒社

北川由紀彦、二〇〇二、「〈ホームレス問題〉の構成　東京を事例として」『解放社会学研究』16（1）、一六一〜八四頁

――、二〇〇五、「単身男性の貧困と排除　野宿者と福祉行政の関係に注目して」岩田正美・西澤晃彦編『貧困と社会的排除　福祉社会を蝕むもの』ミネルヴァ書房、二二三〜四二頁

中村光男、二〇〇二、「Tさんの賃金未払い事件」『Shelter-less』15、六二〜三頁

なすび、二〇〇三、「「ホームレス自立支援特別措置法」成立後の行政動向と問題」『寄せ場』16、一七一〜八〇頁

路上生活者問題に関する都区検討会、一九九六、『路上生活者問題に関する都区検討会報告書』

特別区人事・厚生事務組合、二〇〇四、『更生施設・宿所提供施設・宿泊所・路上生活者対策事業施設事業概要』

冬期臨時宿泊事業検討会、一九九八、『冬期臨時宿泊事業検討会路上生活者実態調査報告書』

東京都、二〇〇四a、『ホームレスの自立の支援等に関する東京都実施計画』

――、二〇〇四b、「ホームレス地域生活移行支援事業がスタート！」http://www.fukushihoken.metro.tokyo.jp/press_reles/2004/pr0216.htm　［二〇〇四年二月一六日］

東京都福祉局、二〇〇一、『東京のホームレス　自立への新たなシステムの構築に向けて』

湯浅誠、二〇〇二、「東京の自立支援事業」寄せ場・野宿者運動全国懇談会『全国各地討議のための基礎資料』一二一〜九頁

4　国境を越えた「囲い込み」
――移民の下層化を促し、正当化するロジックの検討に向けて

山本薫子

1　何が問題なのか

現在、世界全体で移民の数は増大している。国連の統計によれば、二〇〇二年現在、世界全体で一億七五〇〇万人の移民がおり、これは一九七五年と比較するとほぼ倍の規模にあたる。移動先別の移民数を見ると、欧州へ五六〇〇万人、アジアへ五〇〇〇万人、北米へ四一〇〇万人となっており（域内移動を含む）、いわゆる開発途上国から経済先進国への移動がその大半を占めている。[★1]
そして、より良い暮らしや将来の展望に期待しながら移動した人々が移住先において安価な労働

★1　United Nations Population Division, "*International Migration Report 2002*".

力、不安定な法的身分、社会保障からの排除などといった状況に置かれている事実については学術研究の蓄積のみならず、市民運動やジャーナリズム、映像製作を含む幅広い視点から多くの指摘がなされてきた。

ではなぜ彼ら彼女たちはわざわざ下層を《目指す》のか。国際労働移動については、貧困や経済的格差を背景に、より豊かな生活・収入を目的として途上国から先進国への出稼ぎ労働が行なわれているとされる。一九世紀に欧州から「新世界」へ、あるいは欧州から米国へ向かった移民の行動については、主に経済格差がプッシュ要因として働いている、とみなされてきた。しかし、送り出し国の経済発展が進行する一方で、国際労働移動の規模は年々拡大している。また、出稼ぎ労働の送り出しと、受け入れとの双方を担う国もある。こうした状況に向き合う際に、単に経済格差や賃金の高低だけではなく（それらが重要な要素ではあることに依然として変わりはないが）、移動に際してどのようなネットワークが形成されているか、移民は海外出稼ぎに対してどのような価値付けを行なっているか、検討する必要があるだろう。

筆者は、日本を含む先進国の移民労働の多くの現場で出身国・地域別の「住み分け」が生じていることと、移民同士が形成するネットワークの存在に着目する。従来のネットワーク研究では、移民が独自の社会関係を形成し、社会的資源を蓄積していくことによって上昇を遂げていく（目指す）という、プラスの側面に主に焦点が当てられていた［広田、一九九七］［田嶋、一九九八］。マイノリティ社会のネットワークは、外部の圧迫から、成員を物理的、心理的に保護するといった役割も担ってきた。しかし、ネットワークの負の側面として、個人の突出を押さえ込んだり、一定の価値の内面化とそれに沿った行動を求めることもある。特に、外部との接触が希薄な場合、ホスト社会との相対化が困難で、その社会における他の選択肢や価値を知る手がかりに乏しくなる。

以下では、一九九〇年代以降の先行研究等で指摘されてきた外国人労働者内部の階層化の議論を、都市下層である「寄せ場」で就労・生活する外国人の実態に照らし合わせてみた場合に、どのような齟齬が生じてくるのか、横浜・寿町の事例を提示することによって検討する。これは、寿町が一九八〇年代以降、他の「寄せ場」と比較すると相対的に外国人の流入が活発な地域であったことによる。そして、質的調査に基付いたデータを用いながら、外国人内部の最下層が決して日本の最下層に位置付くわけではないこと、彼ら彼女たちの多くが就労先や住居確保の際、同じ国・地域出身者とのつながりを活用していることを指摘する。その上で当事者による寿町への移動および寿町での就労・生活に対する意味付けとその背景を明らかにする。これらを踏まえた上で、日本社会において最下層と見なされてきた地域への移動を外国人がなぜ、どのようにして選び取っていくのか、という問いへの手がかりとする。

問題としたいことは、ホスト社会において最下層とみなされ、保障等から排除された「使い捨て」の労働力となる（である）ことを、彼ら彼女たちがどのように内面化しているか、だけではない。本来、可変的である「エスニシティ」に基付いてネットワークを形成し、雇用、生活環境を獲得するという行為が、移民労働者を結果的に、ホスト国内部の下層労働に組み込みこんでいくのではないか。にもかかわらず移動の根拠が当事者の自発性であると判断されることで、背後にある貧困や不平等、搾取などの実態と、それらを生み出す構造的要因とを、不鮮明化させはしないか。こうした問いを軸に、現代の国際労働移動において「エスニシティ」に対する認識がどのように作用しているのか、そのことが資本主義による安価な労働力の確保という観点からどのようにとらえることが可能であるかを検討するための予備的考察としたい。

2　外国人労働者内部の階層化に関する議論

「エスニック／ナショナル」な属性による序列化

一九八〇年代以降の日本において、外国人労働者による出稼ぎが大きな社会問題として注目されて以降、彼ら彼女たちの労働、生活、教育等に関する調査が進められ、一定の学術的蓄積もなされてきた。自明のことではあるが、一言で「外国人」といっても、国籍・出身地、民族、世代、ジェンダー、職業、学歴等の異なる人々である。しかし同時に、ホスト社会においては、アノニマスで、いつでも代替可能な労働力として底辺に位置づけられてきた存在でもある。そして、日本社会で彼ら彼女たちが割り当てられるポジションというものは、それぞれが有する属性のうち、特定のいくつかを基準にして（ときに当事者による自己認識とは異なる枠組みによって）定められたものである。その際、特に「エスニック／ナショナル」な属性が多く用いられてきた。そして、外国人労働者内部の階層化について論じられる際、各集団はそうした属性を基準としてグループ化されてきた。

下平好博は日本国内で「単純労働に従事する外国人を国籍別に位置づける」作業を行ない、「労働市場のなかでもっとも恵まれた立場」を順に示している。

①定住者ビザあるいは配偶者等ビザをもつ日系人
②興行ビザで働くフィリピン人
③就学ビザや留学生ビザでアルバイト就労ができる中国人

そして、「不法残留者」のなかでは、タイ人、イラン人よりも、滞日年数の長いバングラデシュ人が労働市場のなかでより恵まれた立場にあると「推測」している〔下平、一九九九、二四七頁〕。

下平による分類は厳密にいうと国籍と在留資格の組み合わせによるものであるが、このように在留資格や出身国の差異によって単純就労の外国人の間に階層化が進展しているとみなされる背景には、国籍や「エスニシティ」別に在留資格の取得状況が異なる現状がある。かつて日本との間にビザ相互免除協定を有していたバングラデシュ、パキスタン、イランから出稼ぎに訪れた若年男性たちは、比較的早期に日本の単純労働市場に参入することが可能であった。しかし、協定が停止[★2]された後は、滞日人口の減少によって出身地域別のネットワークは弱体化し、加えて多くが超過滞在であったため社会的資源に乏しく、その基盤は脆弱であった。

倉真一は日本経済の不況にともなって滞日イラン人の就労・生活状態が悪化したと述べている〔倉、一九九六〕。また、ニューカマーのなかでも、特にイラン人が最下層に置かれていた、よって景気後退の波を最も被りやすかったとの指摘もある〔駒井、一九九五、三二九〜五八七頁〕〔町村、一九九九、一七八〜九頁〕。ほかにも、一九八〇年代の飯場の事例として、「奴隷部屋」を思わせるほどの劣悪な就労環境に置かれたイラン人労働者に関する報告がある。そこでは日本人を頂点として韓国人、フィリピン人の熟練労働者が位置づき、その下にイラン人の一般（非熟練）労働者という序列が示されている〔山岡、一九九六、一二八頁〕。しかし、先に触れたようにビザ相互免除協定が廃止されて以降は国内のイラン人人口は減少の一途を辿り、二〇〇一年一月現在で「不法残留者数」は四三三五人と、最盛時四万人（一九九二年）の十分の一近くとなっている。法務省入国管理局の統計では、二〇〇二年以降の「国籍（出身地）別不法残留者数」からイラン人の項目は消え、「その他」に含まれている。

もし、外国人労働者のあいだに以上のような階層化が進展しており、イラン人が最下層に位置づけられているのだとしたら、日本社会の最底辺と見なされてきた「寄せ場」で就労・生活する外国人のなかに、多くのイラン人が含まれていると予想される。そうした事実が散見されない場合、どのような理由によるのか。また、イラン人とは別の国・地域出身外国人の「寄せ場」での就労や一定の集住が見られた場合、その事実に対して右記の階層化、序列化の議論からはどのような説明が可能なのか。

「エスニック・ネットワークの強さ」は外国人の就労を有利にするか

下平好博はポルテスらの論を参照しながら、外国人労働者の就業分野を決定し、外国人の労働市場での地位を決める重要な要因として以下の四点を挙げている。

①在留資格、②来日時期、③性差の違い[★3]、④エスニック・ネットワークの強さ

このなかで下平は、「合法的な在留資格をもつエスニック・グループほど「ニューカマー」を支援する「オールドタイマー」の強固なネットワークが形成されている公算が高」いこと、外国人労働者がこうした「エスニック・ネットワークを使って求職活動を行い、また職場集団を形成し、有利な就職情報を互いに交換し合う」ことを指摘している〔下平、一九九九、二四六頁〕。

★2　バングラデシュとパキスタンは一九八九年に停止、イランは一九九二年に停止。

★3　下平の仮説はあくまでも労働市場での地位に限定したものだが、出身国・地域ごとに男女比の偏り（イスラム圏諸国出身者の多くが男性であるなど）があっても、外国人女性が「接客業」に多数従事し、「倫理的に問題があろうとも」それが彼女たちに「恰好の」就労機会を与えているがゆえに地位が上位だと見るのは果たして妥当だろうか。下平の論では「倫理的に問題」なのは外国人女性が日本で風俗産業を含む「接客業」に従事することであり、そういった特定の産業に外国人女性が従事する構造が、どのような形態で、なぜ生まれているのかという視点を欠いてはいないか。また、賃金だけでなく雇用主との関係（契約や借金など）を含む雇用条件までも含んだ考察を行なわず、単純に外国人女性は労働市場で恵まれた存在であると断定することはできないのではないだろうか。

ここでいう「有利」とはどのような意味で用いられているのであろうか。単純に賃金の高さを指しているのか、それとも他の雇用条件や生活環境をも含めたものなのか。その多くが短期でより高額の収入を得ることを望んでいる当事者の意識レベルにおいてとらえるのか、それとも日本社会の階層構造に照らし合わせてとらえるのかで、同じ対象を前にしても評価は異なるだろう。

また、「エスニック・ネットワーク」概念についても注意を払う必要がある。樋口里華らが指摘しているように、滞日外国人に関する研究では安易といえるほど「エスニック・ネットワーク」を多用した記述や説明がなされるが、実際には「社会関係が成立した状況を指す概念」として用いられることが大半であり、その成立プロセスや個人に基盤を置いたネットワークのありようについて論じられることはなかったといっていい［樋口他、二〇〇四、九二～三頁］。

本来「エスニシティ」と「ナショナリティ」は異なるものである。しかし、現代の国民国家による伝統や歴史の「創設」、国語の統一など国民化教育を通じて「共通の民族と自覚する国民」をつくり出している状況と照らし合わせたとき［Anederson, 1991］［グラック他、二〇〇三］、現在の日本で使用している「エスニック・ネットワーク」という概念の厳密さに疑念を持つ必要があるのではないか。なによりも制度化されているという意味で可視的な「ナショナリティ」と違って、「エスニシティ」の自覚や意識といったものは、あくまでも状況に応じ可変的である。したがって、制度のようにすでに成立したものとして描くこと自体が不適当なのである。言ってしまえば、日本人から見て外国人同士のつながりを総称し、そこですでに成立している関係の要因として見なしうるものを「エスニック・ネットワーク」として、一種のマジックワードのごとく、厳密な検討を欠いたまま、呼び表してきたのではないだろうか。

以下では、横浜・寿町の事例を取り上げ、外国人人口増加の経緯や就労・生活の状況、当事者たちの寿町に対する認識について実証的データを基に明らかにしていく。なお、寿町の外国人については一九九〇年代の事例を中心に議論を進める。これは、実態として、一九九〇年代末以降寿町の外国人人口が激減したという状況に因るところが最も大きい。また、超過滞在者および寿町の外国人に関する調査はこれまでにたびたび行なわれてきているが、対象者の属性が持つ困難さなどから大規模で体系的かつ継続的な調査はほとんどなされていない。本章で使用するデータについては以上の点で限界を持つことは確かであるが、それを補完するものとして参与観察法、インタビューなどに基づく質的データの活用を行なっている。

3　「寄せ場」の外国人は「外国人労働者の最下層」か

経緯：横浜・寿町への流入

東京・山谷、大阪・釜ヶ崎と並んで、日本の三大「寄せ場」のひとつに数えられる横浜・寿町は、第二次世界大戦後の接収期を経て一九五〇年代後半から日雇い職安の移転と前後して、簡易宿泊所（ドヤ）が「猛烈な勢いで」建設され（一説には二〇軒近くが新築された年もあったという）、ドヤ街として形成された［田中、一九八五、二五〇頁］。寿町が他の「寄せ場」と比較される際に挙げられる特徴のひとつとして、ドヤ経営者の大半が在日コリアンであるという事実がある。一九八〇年代後半以降の韓国人労働者の流入の要因が、ドヤ主との関連で語られることは多かったが、高鮮徽が指摘するように、実際には個別の出身地ネットワークなどを中心としたつながりによって人の移動がなされていたと考えられる［高、一九九八、一五九〜六〇頁］。では、どのような経緯で寿町は外国人労働者に知られ、多くの外国人労働者が寿町に集ったのか。

横浜・寿町における外国人人口が、数値として把握されるようになったのは一九八九年からである。その前年、一九八八年からおよそ一年間、寿町で日雇い労働者として建設・港湾荷役労働に就労していたフィリピン人男性、レイ・ベントゥーラは、当時の生活を日本においては数少ない、外国人労働者による手記として発表している。そのなかで描かれている世界は寿町のなかの小さなフィリピン・コミュニティである。★4 就労現場では、特に港湾荷役作業で多数の韓国人労働者に交じって働く場面も出てくるが、寿町という地域に韓国人が多く生活しているといった光景はこの段階では見られない。高によれば、韓国人労働者が寿町で本格的に就労を開始したのは一九八八年以降だという。むろん、それ以前も在日コリアンの親戚を頼って短期出稼ぎ目的で来日する韓国人、特に済州島出身者はいたが、自らドヤの一室を借りるなど寿町のなかに入りこむ例は稀であった。その背景には、住居や就労先までまとめて面倒を見る親戚の後支えがあった、と高は推測している〔一九八八、一五九頁〕。

表1を見ると、一九九一年から一九九四年の期間が外国人人口増加のピークであったことがわかる。また、表2からは、一九八八年前後を境として寿町で多数を占める外国人労働者がフィリピン人から韓国人へと変化したことが指摘できる。短期間で高収入が得られる場所として、パスポートの提示も必要なく「不法」滞在であっても部屋を借りることができる場所として、寿町の名は、日本人が思っているよりも、外国人労働者とその故郷に知られている。高は寿町の存在が、済州島の一地域であるK邑出身者から済州島全域の出身者へ、そして済州島だけでなく韓国人全体へと広がっていったこと、それによって寿町での就労者も同様に出身地域の広がりとともに拡大していったことの二点を指摘している〔高、一九八八、一五九〜六七頁〕。

一九八〇年代後半から急増した寿町の外国人労働者は、その国籍で見れば、韓国人とフィリピン人が大半であったが、当事者たちは自らを「国」ではなく、むしろ「町・村」のレベルでアイデンティファイし、それに基づいた交友関係を営んでいた。彼ら彼女たちを寿町に結びつけたネットワークもそうした地域主義的色彩の強いものであった〔山本、一九九八b：二〇〇〇a〕。そしてこのことは寿町における外国人の就労についても大きく影響を与えていた。

★4　ただし、固定的な「フィリピン」コミュニティではなく、出身地ごとにグループ分けされた小コミュニティが形成されている。

表1　寿町人口（総人口、外国人、生活保護受給者）

年	総人口（人）	外国人（人）	総人口に占める外国人比率（%）	生活保護受給者（人）	総人口に占める生活保護受給率（%）	非外国人人口に占める生活保護受給率（%）
	a	b	b / a × 100	c	c / a × 100	c /(a − b) × 100
1984	5653			2675	47.32	
1985	5694			2424	42.57	
1986	5718			2238	39.14	
1987	6004			2250	37.48	
1988	5967			2270	38.04	
1989	6151	533	8.67	2341	38.06	41.67
1990	6362	814	12.79	2199	34.56	39.64
1991	5334	1146	21.48	2291	42.95	54.70
1992	6476	1059	16.35	2590	39.99	47.81
1993	6205	932	15.02	3188	51.38	60.46
1994	6331	1083	17.11	4129	65.22	78.68
1995	6340	651	10.27	4672	73.69	82.12
1996	6248	465	7.44	4835	77.38	83.61
1997	6401	424	6.62	4904	76.61	82.05
1998	6495	377	5.80	5274	81.20	86.20
1999	6678	309	4.63	5440	81.46	85.41
2000	6429	222	3.45	5511	85.72	88.79
2001	6589	223	3.38	5621	85.31	88.30
2002	6559	205	3.13	5738	87.48	90.31
2003	(6279)	150	(2.39)	5850	(93.17)	(95.45)

［出所］　総人口（一九八四年〜二〇〇二年）、外国人（一九八九年〜二〇〇二年）は寿福祉センターによる調査に基づく（毎年一二月末実施）。外国人人口に関する調査は一九八九年から開始。総人口（二〇〇三年）、外国人（二〇〇三年）は横浜市福祉局寿生活館の調査による（二〇〇三年一一月一日実施）。

〔註〕寿福祉センターによる調査は簡易宿泊所管理人（帳場）による調査票記入に基づいている。「外国人」の定義については、「在日ではない新来外国人」という大まかな定義が共有されており、行政的な外国人登録とは異なる内容であることに注意。「外国人」であるか否か、の判断も各管理人に委ねられているため（たとえば通名使用の在日コリアンは「日本人」と見なされるなど）、数値に関しては正確に実態を反映したものとはいえない。なお、寿福祉センター調査と寿生活館調査では対象区域が異なる（寿福祉センターは簡易宿泊所と周辺アパート対象、寿生活館調査は簡易宿泊所のみ対象でアパート等は除外）ため、二〇〇二年までの数値と二〇〇三年との比較はあくまでも参考程度のものである。

労働：就労機会の減少と「戦略」としての「エスニシティ」

寿町で就労・生活する韓国人一二三人を対象に高が一九九二年に実施した調査によれば、男性の就労先は圧倒的に建設・港湾労働に集中している（鳶職、土方、沖仲仕など）。これに対し、女性は飲食店勤務（厨房・ホール）、清掃などのサービス業が多い。収入（月収）を見ると、一一七人中四〇万円以上が三一人（うち女性〇人）、三〇万〜四〇万円が三三人（同三人）、二〇〜三〇万円が三〇人（同一一人）、二〇万円未満が二三人（同一一人）と職種差のため相対的に男性のほうが高収入であり、バラつきはあるものの、四〇万円以上の高収入者が全体の四分の一以上と多いことが指摘できる〔高、一九九八、一三四〜四九頁〕。ただし、このデータはバブル景気の余韻がまだ残る時期のもので、その後の長期化した不況のもとで外国人労働者が同様の稼ぎを手にしていたかどうかは疑問である。

筆者が一九九七年に実施したインタビューでは、外国人労働者の口から賃金引下げの経験がたびたび語られているし、同時に就労機会の減少や失職が目立つようになる〔山本、一九九八a：

表2　寿町の外国人口（国籍別、性別）

	年	1992	1993	1994	1995	1996	1997	1998	1999	2000	2001
韓国人	男性	612	505	665	374	255	234	197	179	142	106
	女性	197	190	141	139	79	57	60	53	38	31
	子ども	26	29	18	20	7	5	7	4	2	1
フィリピン人	男性	131	109	106	75	74	74	63	45	29	40
	女性	41	43	58	14	5	20	14	10	8	8
	子ども	1	3	6	2	3	1	0	0	0	1
タイ人	男性	21	14	45	17	20	3	9	1	0	
	女性	24	30	43	7	18	26	19	11	0	
	子ども	0	3	1	0	3	2	2	0	0	
中国人	男性				0	1	0				19
	女性				0	0	0				13
	子ども				0	0	0				0
台湾人	男性				1	0	1				
	女性				1	0	1				
	子ども				1	0	0				
その他	男性	6	6	0	0	0	0	5	5	1	3
	女性	0	0	0	0	0	0	0	1	1	1
	子ども	0	0	0	0	0	0	1	0	1	0

［出所］寿福祉センターによる調査結果をもとに山本が作表。

［注］単位＝人。数値は毎年12月末現在。2002年以降は国籍、性別等による外国人人口の調査は行なわれていない。

中国人（1992年～1994年、1998年～2000年）、台湾人（1992年～1994年、1998年～2001年）、タイ人（2001年）は項目として設定されておらず、「その他」に含まれる。

一九九八b］。むろん、このような景気の低迷による影響は寿町の外国人のみが直面した事態ではないのだが、こうした状況に彼ら彼女たちはどのような対処を試みたのか。故郷を持つ出稼ぎ外国人の場合、現在いる場所で稼げなくなった、もしくは稼ぎにくくなった場合に、選択肢のひとつとして帰国という手段がある。しかし、一九八〇年代以降に来日し、就労している外国人の多くは、自分自身の自己実現というよりは、家族の扶養を目的としている。したがって好景気に沸く日本で就労を始めたつもりが数年で不況に直面し、給料も減額され、仕送りも先細りになり、常に摘発を警戒する不安定な立場に置かれながら、しかし帰国にはなかなか至らない。

寿町について限定してみれば、不況にともなう雇用機会の減少といった危機を、外国人たちはネットワークの拡大によって乗り越えようとした。先述したように、もともと韓国人、フィリピン人ともに出身地域へのこだわりが強く、就労先やドヤの斡旋・紹介、その他生活情報にいたるまで同町・村出身者のなかで行なう傾向にあった。一九九七年ごろまでは寿町内に韓国で放映されたテレビ番組を録画し、貸し出すレンタルビデオ・ショップが複数あり、その経営者・顧客ともに済州島、釜山、ソウルなどの出身地別で住み分けがなされていた。それほど地域中心のネットワークが築かれていたのである。

しかし、一九九〇年代後半からの全体的な外国人人口の減少にともなって、そうした強固に地域にこだわるネットワークだけでは、就労機会の獲得のみならず、寿町での生活にも不便となるため、出身国・地域に関するアイデンティティの「戦略」的な読み替えがなされていく。つまり、これまでは済州島出身者だけに限定していたネットワークを拡大するためにも、自らを「韓国人」と名乗ることによって釜山やソウルの出身者とも関係を持つことが可能となるように。こうした「戦略」については、早期に人口が減少したフィリピン人のほうが早い対応が見られていたようだ。寿町のフィリピン人はルソン島出身者が多いといわれてきたが、そうした多数派地域の出身ではない男性は、生活維持のために自ら意図してマジョリティ・グループと関係を持とうと努力していることを筆者に語ってくれた。

フィリピン人の友人は大勢いますよ。いや、同じ出身地ではないです。フィリピンから来たということだけが共通点です。〔中略〕フィリピンでは地方によって言葉も違うので、同じ出身地同士なら同じ言葉で話せて、よりいっそう分かり合えるということはあります。〔中略〕でも、今は日本で生活しているのだし、他のつながりもないので、彼ら〔主要地域出身者〕と友人になりたいと思っています。★5（〔　〕内は筆者、以下同様）〔山本、一九九八b、六七頁〕

むろん、こうしたネットワークを「戦略」的に活用できる者ばかりではない。自由労働市場である寿町において最大の武器となるのは、優秀な労働者としての肉体とスキルである。港湾労働の機械化が進み、さらに景気が冷え込んだことによって労働力需要そのものも低下した。この結果、経営者らは常に一定数の優秀な労働者を確保するために「寄せ場」を利用せず、別の方法を採る。これは外国人に限らず、日本人労働者においても同様の現象であり、実際、一九九〇年代後半には、早朝の「寄せ場」を訪れても、大勢の労働者はいても手配師は一人として姿を見せない。むろん、公設の日雇い職安等で供給される雇用は非常に少ない。では、日雇い雇用がまったく行なわれていないのかというとそうではなく、通りを一本曲がれば、店舗の前などにバンが横づけされ、そこに労働者たちが集まってくる。「寄せ場」ではない、すでに決められた別の場所で毎朝、同じ労働者が同じ経営者の車へと集まってくる。こうした「寄せ場」機能の衰退ともいうべき現象は、労働者としての能力が高い者だけが生き残り、それ以外の者は雇用されることが極めて困難となる状態をもたらした。これは外国人にとっても同様であり、結果として長期に失業（アブレ）を余儀なくされる者、ドヤ代も払えず野宿に至る者も見られた［山本、一九九八b：二〇〇〇a］。

このように、どのような労働者として就労し、いくら稼ぐことができるのか、ということは、ある意味で、「寄せ場」という日雇い労働者の街で生きる人々の「価値」を決める絶対的基準となりうる。そして、そこで文字どおり生き残るためには体力やスキルのみならず、職の斡旋や情報提供などをもたらすネットワーク、そしてそれに出会う場が必要となってくるのだ。

★5　フィリピン人男性Aさん（三〇歳代）。インタビューは一九九八年二月実施。使用言語は英語。本章中の発言箇所は筆者による翻訳である（以下同様）。Aさんは一九九七年に来日、直後から寿町で就労。インタビュー時は、建設・土木、港湾労働に「アルバイト」として従事していた。

生活：「まるで母国にいるよう」な空間を形成する寿町

横浜・寿町が外国人労働者の間で知られる存在となっていったのは、単に日雇い労働の市場として就労機会を得られるから、という理由だけではない。これは特に韓国人に関して顕著であったが、外国人を対象とした一定規模の「エスニック・ビジネス」の展開が見られたことが、他の「寄せ場」では見られなかった寿町の特徴として指摘できる。先述したように、もともと寿町および隣接地域には在日コリアンが住民として、また飲食・小売業等の経営者として存在していたが、一九八〇年代末から韓国人労働者が急増したことによって、彼らを対象とした韓国食材店、韓国料理店、飲み屋、カラオケ、レンタル・ビデオ店などが次々と軒を連ねていった。そして、こうした店舗には寿町在住者のみならず周辺地域からも韓国人が集まってくるようになる。

筆者がフィールドワークを開始した一九九六年の寿町は、まだ韓国人向けの店舗がいくつも見られ、道を歩くと自然にハングル文字の看板が目に入り、韓国語の話し声が耳に聞こえてくるといった状況であった。当時、インタビューした韓国人女性（寿町外に在住）の一人は寿町を訪れる目的を「買い物と友だちに会うため」と述べ、また別の韓国人男性は「韓国語だけで通じるし、まるで韓国のよう」と自身が生活する寿町について語っていた［山本、一九九八b：二〇〇a］。

こうした同郷・同国出身者とのやり取りを通じて、寿町の外国人たちはそこでの生活に必要な情報を得るのであり、逆にいえば、そうしたコミュニティから疎遠であったり、排除されていたりした場合には、他の手段（日本人住民とのつながりなど）を講じない限り、生活は困難なものとなりかねない。総じて、在日外国人の親戚等とも特に親密ではなく、日本人に知人の少ない寿町の外国人たちは、同郷・同国出身者を中心とした周囲の狭い人間関係に依存しがちであり、何年間日本で生活していても、寿町とその近辺、そして就労現場以外をほとんど知らない者も珍しくはない。これは、むろん、彼ら彼女たちが自らの滞在資格の「不法」性を強く意識し、摘発等を警戒して必要以上に出歩くことを避けている側面も大きい。しかし、現代日本の大都市にいながら、面積にしてわずか三〇〇平方メートル程度の範囲内で就労、生活のほぼすべてが完結するという状況は、非常に希少であり、その意味でもいかに寿町の外国人たちが、同国・同地域出身者との関係形成によって生活を成り立たせていたかが指摘できよう。

こうした出身地の共通性を介したネットワークの形成・広がりは、彼ら彼女たちの生活支援、人権保障等に関心を持つ支援団体、労働組合等とも連動していく。というよりはむしろ、各支援団体の外国人スタッフが同国出身者からの相談にのる、援助を行なうといった活動を進めていくなかで、寿町の外国人が形成している既存のネットワークとつながりを深めていく、といったほうが正確だろう。特に、カトリック信者が大半を占めるフィリピン人については、キリスト教会とのつながりが物質的のみならず、精神的なレベルにおいても非常に強く、シスターなど教会関係者への信頼は大きい。

寿町の外国人たちとつながりを持つ支援組織は、主に三団体が数えられる。寿町のフィリピン人に対する支援活動から端を発して一九八七年に結成された「カラバオの会」(寿町)、もともとは日本人労働者を対象とした活動が中心であった労働組合「神奈川シティユニオン」（川崎市）、カトリック教会の外国人支援組織である「横浜教区滞日外国人と連帯する会 フィリピン・デスク」★6（川崎市）の三つである。各団体の活動内容と寿町の外国人との関係形成については、すでに拙稿［山本、二〇〇〇b］にて論じており詳細は省くが、知見として指摘しておきたいことは、当事者である寿町の外国人から見た場合、各団体の活動やスタッフによる支援は、あくまでも同郷者とのつながりの一部としてとらえられている、ということである。逆に言えば、外国人にとって日本での自らの位置づけは、哀れみや救済の対象などでは断じてない。支援団体やそのスタッフによる援助や情報の提供が求められるのは、特に福祉・医療・労働問題など日本の制度・法律の知識や日本語を使っての交渉が必要な分野であり、その際も「自分たちが脆弱な存在だから助けられる」のではなく、同じ韓国人（あるいはフィリピン人）だから同郷の者から手助けしてもらう、という理解がなされる。これらに加えて、外国人主体の互助活動の試みも見られる。実際に、寿町や周辺地域の外国人のなかで、それぞれの出身地ごとに互助を目的としたグループがつくられたことも（一時的ではあるが）ある。超過滞在という法的滞在資格の不安定さの一方で、外国人たちは自らについて「支援の必要な無力な存在」としてではなく、より自立的な存在であると認識し、自負している［Yamamoto, 2000 : 131］。

「寄せ場の外国人」となる選択

以上、寿町の外国人をめぐる就労・生活の状況について述べた。そもそも彼ら彼女たちを寿町に結びつけたものも同郷の知人・友人等を介した関係性の存在が大である。寿町で生活する外国人が寿町を訪れた経緯には大きく分けて二種類ある。知人等を頼って入国直後に寿町へやって来る者、そして来日後、他地域での就労等を通じて寿町の存在を知り、移動してくる者である。

前者の場合は、来日前から「仕事が見つけられる場所」として寿町を認知しており、寿町を訪れる目的は就労機会の獲得である。先述したように、一部の外国人の間では、日本人以上に寿町の存在はよく知られている。たとえ超過滞在者であっても容易に就労機会と住居を見つけることができる場所として、そして同じ国・地域出身の者たちが大勢いる拠点として、外国人たちは「コトブキ」を見なしているのである。もうひとつのルートで見た場合、そこでの寿町の認識はさらに外国人特有のものと映る。著者がかつてインタビューを行なったフィリピン人男性は、来日後しばらくは関東地方の他地域で建設労働に従事していたが、ある現場で出会った別のフィリピン人から寿町について聞き、「より多く稼ぎたいなら寿町へ行け」と言われ、寿町への移動を決意している。

★6 「横浜教区滞日外国人と連帯する会」は二〇〇二年に活動を停止したため、その下部組織である「フィリピン・デスク」も解散した。その後、「フィリピン・デスク」主要スタッフはフィリピン人支援を目的とした別の市民団体を設立し、活動を続けている。

寿町に来る前は、あまり寿町のことを知りませんでした。横須賀で鉄筋工の「アルバイト」をしていたときに、寿町に住んでいるフィリピン人と現場で一緒になって彼から聞きました。彼が建物の上のほうから「おおい、フィリピン人！」と大声で呼びかけてきたのです。それで、午前一〇時の休憩のときに「どこから来た？」とかそういうことを話しました。そのとき、彼が寿町のことを教えてくれて、「稼ぎたいなら来いよ」と言われました。どれくらい稼げるのかと尋ねたら「だいたい〔日給〕一万四千円だが、自分は二万円稼いでいる」という答えでした。そこで寿で働くことにしました。★7［Yamamoto, 2000：126］

彼の場合、実際に移動前と移動後を比較すると収入も増加しており、寿町での就労は収入面での上昇をもたらしたといえるだろう。むろん、収入のみが階層を決定する要素ではない。外国人の寿町への移動は、日本人労働者と同様に社会的「転落」ととらえるべきなのか、それとも日本人とは別の文脈のなかで理解すべきなのだろうか。

日本人が寿町に対して抱いているイメージ、内在している偏見について、当然ながら多くの外国人は知らないまま寿町を訪れている。しかし、実際に寿町で生活するなかで日常的に接する日本人の状況、高齢者、身体障害者の相対的な多さと野宿者の姿などを目にすることは彼ら彼女たちに驚きと、そして戸惑いの念を抱かせる。あるフィリピン人男性は寿町の光景を見たとき、「豊かだと思っていた日本にこんな場所があるなんて」と非常に驚いたという〔山本、一九九八〕。

寿町に外国人が日雇い労働者として参入した時期は、すでに日本人労働者の高齢化が指摘され始めた一九七〇年代から一〇年以上が経過していた頃で、生活保護受給率も四割程度と他地域と比較すると高かった。その後バブル経済の崩壊とともに生活保護受給率は急増していく（一七二頁、表1）。相対的に若年であり健康な外国人労働者から見ると、寿町は高齢者や障害者が多く、そうした人々こそ「この先どうなっていくのかと可哀想に思う」対象と映った〔Yamamoto, 2000 : 127〕。若年の外国人労働者が寿町の高齢者、特に単身男性に対して抱く印象は、哀れみ、同情の念が大半だが、そこには「自分もいつかこうなってしまうのでは」という危機感はさほど見られない。あくまでも、自分たちとは別の生き方の結果として見なしており、したがってそこには軽蔑もないが、シンパシーもない。

しかし、外国人労働者自身が、いかに自らを寿町の日本人と切り離して見なしていても、周囲のまなざし（それは雇用主、地域住民、そして支援団体も含むものだが）は両者を切り離してはいない。むしろ、外国人が「より多く稼ぐために自ら望んで来た」という寿町は、日本の都市下層、最底辺の「寄せ場」としてとらえられており、そこで就労・生活することは、日本社会の文脈では、「低

★7 フィリピン人男性Bさん（三〇歳代）。インタビューは一九九七年八月実施。使用言語は英語。Bさんは一九九〇年に来日、一九九四年から寿町で就労・生活。インタビュー時は、「顔づけ」のとび職として働いていた。

賃金で搾取される底辺の外国人労働者」となるのだ。

寿町の日本人住民の多くが、ときに自嘲を込めて、「落ちて、落ちて、たどり着いた先が寿町だった」と呟くのとは対照的に、豊かな好景気の時代にやってきた外国人労働者たちは、自らの意思に基づいて、より高給を得ようと移動した先が寿町であった、という自己認識を抱いている。しかし、客観的に判断して、寿町の外国人が「寄せ場」労働者として優れて恵まれた環境にあるわけではなく、特に超過滞在であるために医療保障からも排除され、労働災害に遭っても十分な保障が受けられるケースは少ない［石山、一九八九］［カラバオの会、一九九三］［矢野他、二〇〇三］。

確認しておきたいことは、日本で就労・生活する外国人のなかでも最下層の外国人が「寄せ場」に来ていたわけではない、ということである。そもそも、寿町の存在を知り、寿町で就労・生活を開始できること自体、一定の資金力、体力、人脈などを資源として有しないと実現することはできない。先述のように、むしろネットワークにつながっているからこそ寿町を知り、訪れ、就労・生活を開始することが可能だといえるだろう。むろん、寿町での就労は容易なものではない。特に、一九九〇年代以降の長期不況によって日雇い労働求人の絶対数が減少するなかで、雇用を維持し続けることができるのは、外国人のなかでもむしろ「強者」であるといえるだろう。逆に、そうした資源を十分に有せずにいる外国人は「寄せ場」からはじき出されてしまう。これは日本人についても同様だが、雇用を確保できないことは、結果として野宿を余儀なくされる。あるいは、より条件の悪い労働現場へと向かうのだ。[★8]

移住（外国人）労働者と野宿者に対するそれぞれの支援活動の経験から矢野まなみらが指摘しているように、最も脆弱な労働者である層は最も「人目のつかないところで仕事をしている」ゆえに不可視である［矢野 他、二〇〇三、一六頁］。むしろ、超過滞在者が都心の「寄せ場」において可視的存在であること、集住し、「エスニック・ビジネス」の展開が見られ、特に日本人労働者との衝突なども発生しないという状況は、彼ら彼女たちがこの社会において決して最下層ではない、という事実を示しているのではないか。

4　外国人労働者の下層への「囲い込み」――雇用と居住の一体化

ここまで見てきた寿町の事例から確認することができた事実は以下の通りである。

①日本社会の最下層と見なされてきた「寄せ場」において、一九八〇年代後半から一九九〇年代にかけてフィリピン人、次いで韓国人の就労および集住が見られた。

★8　むろん、最終的に「食い詰めた」ときに残された選択肢として帰国という手段が出稼ぎ外国人には残されている。その意味では、日本社会にとって外国人労働者を「非合法」の存在に置き続ける限り、労働力としての彼ら彼女たちの再生産にかかるコストをその母国へと外部化することが可能であり続けるのだ。

②外国人の階層化に関する従来の研究で最下層とみなされてきたのはイラン人であるが、寿町でイラン人の就労・集住は見られなかった。
③寿町への移動についてフィリピン人、韓国人ともに「より高額の収入を得るため」と認識しており、加えて韓国人にとっては「エスニック・ビジネス」の利用やネットワークの結節点的要素を持つ地域ととらえられている（寿町外の韓国人を含む）。
④右記③で示した外国人の寿町に対する積極的な意味付けは、寿町内で生活する日本人の意識とは異なるものである。
⑤寿町の外国人は就労以外日本人との接点は希薄であり、就労先や住居の確保、各種生活情報や医療についても町内の同国出身者とのネットワークによって解決しようとしている。
⑥日本人を含む外国人支援団体・ＮＧＯの活動についても、寿町の外国人は同国人とのつながりの延長としてとらえている。

しかし、当事者たちの意識とは別に、日本人が寿町を見た際に認識することは、安価な二流労働者である外国人が下層労働市場へ組み込まれていく状況でしかない。一九九〇年代前半に寿町の全人口に占める外国人割合が最大となったとき、「このままだと寿町は外国人スラムになる」と危惧する声も聞かれたが、そこでは、外国人労働者は日本人の「寄せ場」労働者と同様、あるいはさらに下層に位置付く存在とみなされていた。

加えて、日本で置かれている社会的不自由こそが彼ら彼女たちを、結果的に、寿町へつなげる要素となっている。超過滞在であるために自らの名前でアパートを借りることができない、資格外就労であるためになかなか雇用先を確保できない、などといった問題の解決策は、寿町へ来れば容易に見つけることができた。そして、寿町の外国人たちが依存し、活用している関係性は彼ら彼女たちの生活を支えるものではあるが、他方、「まるで母国のよう」とも思えるような完結した環境に居ることによって、外国人たちは日本社会との接点を希薄なものとしていく。労働と消費以外、日本人との接触もたいしてないまま生活を続けている者も珍しくはない。

こうした状況を、就労と雇用が一体となった下層への「囲い込み」であると述べることは早計だろうか。マイノリティである外国人の「囲い込み」というと、古くは「居留地」や「租界」と呼ばれる外国人の集住地域があり、現在でもさまざまなレベルでとらえることが可能であるが、[★9]本稿ではあくまでも単純労働者としての外国人に焦点を絞る。また、就労と居住を一体化させた労働力の確保は、特に移民、外国人に限ったことではなく、労働者の住居保障については寮や社宅などのように福利厚生として付与される場合もある。しかし、ここでは特に、①雇用主の手配がなければ独力での住居の選択・確保が困難であり、②一般の住宅街と離れている、あるいは他の住民が日常的に立ち入らないような地域に集住する（させる）ことによってその労働者たちの存在が知られにくく、外部との接触が希薄、という状態に限定したい。

「合法」的な外国人という安定した地位にあると見なされることの多い南米日系人の集住につ

いても、住宅街から不可視化しつつ労働力としては確保するという一種の「隔離」としてとらえられる。一九九〇年代以降、神奈川県や愛知県などでは、公営住宅への外国人、特に日系人の集住が見られている。公営住宅は民間の賃貸アパートなどよりも低家賃であり、外国人であることを理由とした入居差別などもないことが利点として挙げられるが、一方で入居の比較的容易な住宅（倍率が低いなど）は交通の便が悪い場所に立地していることも多い。丹野清人は、愛知県豊田市の事例として、空き室の多い団地を抱えていた住宅都市整備公団が法人事業者への賃貸を開始したことで労働者の住居確保が必要な請負業者のニーズと合致し、それによって地域の労働市場への日系人労働者供給システムが成立したという指摘を行なっている［丹野、二〇〇三、二一一〜二一二頁］。つまり、単なる個人の居住地選択という枠を超え、まず特定の雇用関係に組み込まれたうえで、かつてなら会社の寮への入居であったものが公営住宅に代替したのである。

そして、一部の公営住宅では、外国人の集住やそれにともなう地域・近隣住民との生活上のトラブルが「問題」としてクローズアップされてきた［都築、一九九八］。一見すれば、それらは国際化の過程、あるいは文化の相違などを要因としてとらえられるかもしれない。しかし、そこでの対立や敵対は、都心部から地理的に隔たった地域に、高齢者や低所得層と移民が、社会的にも、「隔離」されるなかで起きていると見なすほうが正しいのではないか。一九九九年現在で全人口の七・四％を移民が占めている（国立統計経済研究所調査）フランスでは、低所得者向けの住宅（適正家賃住宅　ＨＬＭ）、特に郊外のＨＬＭの問題は、移民問題と同一に語られることもあるほど移民の集住が見られる。フランスでは民間機関によるＨＬＭも建設されているが、そうした民間事業体の多くが移民労働者を雇用する企業とつながりを持っており、用地代などが安価で済む郊外のＨＬＭに移民の入居が集中しているという指摘がある。愛知県の事例と同様に、まさに「公的援助を受けた社宅」であり、移民の集住がその雇用と結びついて人為的になされていることがわかる。そして、フランスでは移民第二世代の若者による非行が移民の集住による治安の悪化として受け止められることも多く、地域住民の反発が移民排斥に結びつく傾向にあることも報告されて

★9　第七六回アカデミー賞でオリジナル脚本賞に選ばれるなど話題となったソフィア・コッポラ監督「ロスト・イン・トランスレーション」（原題"Lost in Translation"、二〇〇三年・米国）では、東京都心の高級ホテルに滞在する米国人たちが描かれているが、主人公たちは繊細な心理レベルにおいていくつかのディスコミュニケーションに遭遇するものの、「安全」と「快適さ」を保障された空間で言葉の壁を意識することなく過ごしている。アカデミー賞受賞後、撮影で使用された高級ホテルには滞在の希望が米国から多く寄せられたという。一時滞在である旅行者は特別な例かもしれないが、東京都港区近辺には外資系企業に専門職として勤める欧米人が家族とともに生活する高級マンションや、欧米からの輸入食材が並んだ高級スーパーマーケットがある。ほかにも、六本木や青山などには「異国にいる疎外感」を感じさせない、欧米外国人対象に特化したサービスを行なうレストランやバーもある。こうした状況を、一種の「租界」とみなすこともできるかもしれないが、このような空間で消費可能なのは外国人のなかでも欧米出身者、主に白人で高所得のエリート層と限定されている。同様に、サービス対象者を限定した内容のレストランやバーは沖縄など米軍基地近辺にもあるが、こちらの利用者は白人ビジネス・エリートではない。

いる〔石井他、一九九六、五四〜六〇頁〕。

ここで指摘すべきは、外国人や移民の集住に対し周辺住民から反発が生じ、両者の間に対立や混乱が起こったとき、外国人の行動の原因や双方の理解困難（不可能）の要因を独自の「伝統」や宗教などに帰してしまうことがたびたびあるという点だ。★10 ホスト社会において相対的に低所得地域に外国人が集住し、貧困や犯罪、暴力、ホスト社会が是とする「生き方（主に、マイノリティの立身出世）」を遂げようとしないことが、外国人ゆえの「文化」に収斂されていき、雇用問題のみならず福祉や教育など制度的要因との関係が十分に検討されないまま、マジョリティ・マイノリティ間の理解不可能、そして外国人に対する処遇が正当化されてしまう危険をともなう。

5　「自由な個人」の「積極的な選択」に基づく国際労働移動とは

ここで改めて問い直さなくてはならないのは、多くの外国人労働者が、超過滞在という不安定身分で下層労働者として就労してきたことの実態もさることながら、そうした環境に自らを投じるといった状況を生み出しているものは何であるのか、という点である。これは寿町のみに指摘できることではなく、いわゆる南北経済格差のもとで、より多くの収入を求めて国外（欧米、アジアの先進国が大半であるが）へ出稼ぎに赴く多くの労働者たちに同様の事象である。むろん、再三指摘しているように、日雇い労働者の賃金の高さは彼らにとって魅力的なものとして映っており、短期間での出稼ぎを前提に考えた場合、より高賃金が支払われる雇用を求めて移動することは、合理的選択という見方もある。しかし、「当事者の意思による下層への移動」という言説がはたらくことによって、移民が安価で代替が可能な労働力を担っている（担わされている）構造的要因を不鮮明なものとしかねない。

そして、もうひとつ指摘すべきことは、過度に「エスニシティ」を強調することの危険性である。マジョリティには見えにくい固有のネットワークによって労働者同士がつながりを築いており、その内部で雇用や生活環境の大半がまかなえている、と見える状況は「われわれには計り知れないつながりのもとに、彼らは動いている」という解釈をもたらし、「エスニシティ」や文化

★10　フランスでヒットした映画"Chaos"（邦題「女はみんな生きている」、コリーヌ・セロー監督、二〇〇二年・仏）では、HLMを想起させる郊外団地で生活するアルジェリア移民家族が社会的上昇を遂げるための努力をせず、しかし要求や消費欲は大きく、男尊女卑的で人権意識にも疎いことが主人公である家族の娘の視点から批判的に指摘されているが、その際に宗教や「伝統文化」などが主な要因として示唆されている。それゆえに移民家族の状態は不変のものとして描かれ、自立と社会的上昇を目指す娘は家族との関係を絶つ。また、日本の公営団地における日系ブラジル人と近隣住民のトラブルでは騒音やゴミ出しマナーについて日本人側から苦情が寄せられることが多いが、ブラジル人の行動や「陽気な国民性」などを「日本人の常識とは違う」ものととらえ相互理解や交流を最初から試みようとしない住民も少なくない。（NHK「難問解決！　ご近所の底力」二〇〇三年一一月一一日放送より）

を不変的、固定的なものととらえる素地を生み出しはしないか。

ウォーラーステインは、資本主義内部における社会生活が「別の編成」とされたことによって、労働力の再生産が民族集団内部で行なわれるようになり、さらに特定の民族集団が特定の職業・経済的役割に組み込まれていく際、宗教、言語、「価値」、日常の生活様式などいわゆる固有の「文化」と呼ばれるものによってシンボライズされ、職業・経済的役割の階梯が「伝統」の名の下に正当化されるようになったことを指摘している［Wallerstein, 1983=1985 : 104-109］。彼の指摘は直接に二〇世紀末以降の国際労働移動についてなされたものではないが、主に先進国において特定の産業分野での就労（特に低賃金、下層労働）に特定の国・地域の出身者が集中することによって、彼ら彼女たちの「エスニシティ」や宗教、「伝統文化」が一種のシンボルとして就労や生活の状況を体現するかのように語られていくことは、階層や低所得すらも「文化」の一形態とみなし、社会的抑圧を正当化する根拠となりうる。

特定の国・地域出身の移民は自ら航空チケットを購入し、先進国における特定分野での就労を目指すが、実態としてはその多くが肉体労働やサービス代替労働に従事している。さらに生活・行動範囲が限定されることによって、ホスト国マジョリティとの労働市場外での接点がほとんどなく、社会的・地理的両面から隔離されている。こうした状況を、先進国の資本主義の側から見れば、安価な労働力が一定の空間内に住居とセットされた状態で確保されており、かつ再生産の拠点そのものは海外に置かれているためコストがかからない。特に、滞在が「不法」である者については福祉サービス等の対象から排除することも可能である。

このような状態に身を置くために国境を越えて移動し、さらに一定期間とどまり続けることを、単なる経済的利益だけでなく当事者に納得させるものはなにか。また、特定の産業分野において低賃金労働を担っている労働者が、特定の国・地域出身であることや彼ら彼女たちの就労・生活状況の相対的貧困を、ホスト国のマジョリティに納得させるものはなにか。一見、「自由な個人」と見なされる人々が、最良であると納得して「積極的な選択」を行なったにもかかわらず、結果としては労働力など彼ら彼女たちの資源が、低賃金や無保障の状態で利用されるだけだったり、当人意識においては上昇と位置づけられる移動が、ホスト社会の文脈では実質的な下層へ向いている、といったギャップは、国際労働移動以外の場面でも見られることである。問題は、そこでどのような論理あるいはイデオロギーによって、当事者は自らの状態を納得し受け入れるのか、さらにそうした論理、イデオロギーは彼ら彼女たちの自発的とみなされる行動により利益を被る社会や資本によって、いかに利用されてきたのか、という点ではないか。

先進国を中心とした受け入れ国の政策の多くは、実際のところ、在留・就労資格の認定において、移民の出身国・地域や「エスニシティ」による偏りを有している。本来は可変的であるはずの「エスニシティ」が、宗教や「伝統文化」などと結び付けられることによって、なにか絶対的で不変のシンボルであるかのように見なされる傾向は、特に移民・外国人に対する理解不可能の理由として、欧州での移民排斥などに見られるようなゼノフォビア（外国人嫌い）を生み出す素因ともなりうる。

そもそも南北経済格差などのもとで選択肢はあらかじめ限定されており、底辺労働者と「なる」ことを目指す国際労働移動というものは、「自由な個人」の「積極的な選択」としてとらえることは適当でない、という意見もあるだろう。[★11] しかし、当事者の認識では「ベスト・チョイス」（もしくはそれに準じる）とされたものが、なぜ実態としてはそうならないのか。そのギャップには何が作用しているのか、今後検討していくためにも、当事者の「自由な個人」としての自覚、そして「積極的な選択」を行なったという自認に重点を置いた議論が必要だろう。特に、「自ら選択し決断し、行動した」ゆえに、その結果がたとえ不利益を及ぼす状況であっても当人の責任とみなすロジックが、国際労働移動における「不法労働者」や「不法滞在者」を保障から切り捨て圧迫する状態をいかに正当化してきたか、考察するうえでも重要であると考える。

★11　実際、日本における女性外国人労働者、特に性風俗を含む対人サービス業に関わる女性に対しては「労働者」としてではなく、「被害者」というカテゴリーによる把握がたびたびなされている。

参考文献

Anderson, Benedict., 1991, *Imagined Communities : Reflections on the Origin and Spread of Nationalism* (Revised Edition). London and New York : Verso.

青木秀男、一九九三、「外国人労働者と都市下層」中野秀一郎・今津孝次郎『エスニシティの社会学――日本社会の民族的構成――』世界思想社、二一六～四七頁

――――、一九九六、「都市下層の構造と動態――横浜・寿地区を事例として――」『日本都市社会学会年報』第14号、九三～一〇八頁

――――、一九九九、「寿町」『場所をあけろ！――寄せ場／ホームレスの社会学――』松籟社、二八二～五頁

C・グラック他、二〇〇三、『日本はどこへ行くのか』講談社

花田勝爾、一九九七、「外国人労働者とカラバオの一〇年」『寄せ場』第10号、九一～八頁

樋口里華・稲葉奈々子・丹野清人・樋口直人、二〇〇四「ネットワークは国境を越えて――帰国したイラン人労働者が不動産開発を始めるまで――」『九州国際大学国際商学論集』第15巻第3号、九一～一〇五頁

広田康生、一九九七、『エスニシティと都市』有信堂

法務省入国管理局編、二〇〇三、『平成一五年版　出入国管理』

石井由香・稲葉奈々子、一九九六、「住宅問題―居住の長期化のなかで―」宮島喬ほか『外国人労働者から市民へ――地域社会の視点と課題から――』有斐閣、四一～六四頁

石山永一郎、一九八九、『フィリピン人出稼ぎ労働者――夢を追い日本に生きて――』柘植書房

カラバオの会、一九九三、『新版　仲間じゃないか外国人労働者――取り組みの現場から――』明石書店

高鮮徽、一九九八、『20世紀の滞日済州島人――その生活過程と意識――』明石書店

駒井洋編、一九九五、『外国人定住問題資料集成』明石書店
倉真一、一九九六、「景気後退下における在日イラン人」駒井洋『日本のエスニック社会』明石書店、二二九～五二頁
町村敬志、一九九九、「グローバル化と都市――なぜイラン人は『たまり場』を作ったのか――」奥田道大『講座社会学４　都市』東京大学出版会、一五九～二一一頁
Portes, Alejandro (ed.), 1995, *The Economic Sociology of Immigration*. New York : Russell Sage Foundation.
斉藤弘子、一九九四、『韓国系日本人――マリア・オンマの軌跡を追って――』彩流社
下平好博、一九九九、「外国人労働者――労働市場モデルと定着化――」稲上毅・川喜多喬『講座社会学６　労働』東京大学出版会、二三三～七一頁
Stevens, Carolyn S., 1997, *On the Margins of Japanese Society : Volunteers and the Welfare of the Urban Underclass*. London and New York : Routledge.
田嶋淳子、一九九八、『世界都市・東京のアジア系移住者』学文社
田中俊夫、一九八五、「ことぶきドヤ街形成史」川瀬誠治君追悼文集編集委員会『ことぶきに生きて――川瀬誠治君追悼文集――』二四一～五七頁
丹野清人、二〇〇三、「ブローカーの社会学――ピンポイント移住と『地域労働市場』――」『現代思想』第三一巻第六号、青土社
都築くるみ、一九九八、「エスニック・コミュニティの形成と『共生』――豊田市H団地の近年の展開から――」『日本都市社会学会年報』第16号、八九～一〇二頁
Ventura, Rey, 1992, *Underground in Japan*. London : Jonathan Cape.（＝松本剛史訳『ぼくはいつも隠れていた――フィリピン人学生不法就労記――』草思社、一九九三年）
Wallerstein, Immanuel. 1983, *Historical Capitalism*. London : Verso.（＝川北稔訳『史的システムとしての資本主義』岩波書店、一九八五年）

山本薫子、一九九八a、「横浜・寿町の外国人労働者をめぐる差別の構造」（慶應義塾大学大学院修士論文）

――――、一九九八b、「外国人労働者をめぐる就労・生活状況の変容――横浜・寿町を事例に――」『解放社会学研究』第一二号、五七～七一頁

――――、二〇〇〇a、『アーバン・エスニシティ』再考――ニューカマーのカテゴリー化問題をめぐって――」『年報社会学論集』第一三号、二〇三～一四頁

――――、二〇〇〇b、「ニューカマー外国人と支援団体との関係形成をめぐって――横浜・寿町を中心に――」『日本都市社会学会年報』第一八号、一〇一～一七頁

Yamamoto, Kahoruko, 2000, "Newcomer Migrant Workers in the Underclass: A Yokohama, Japan Case Study", *IJJS: International Journal of Japanese Sociology*. 9 : 121-36.

山本薫子、二〇〇四、「現代都市下層の再編と地域社会の変容――横浜・寿町における生活誌記録――」『現代日本社会に於ける寄せ場の実態』（平成一一年度～平成一四年度科学研究費補助金（基盤研究（A（1））研究成果報告書、研究代表者　田巻松雄）、五七～六九頁

山岡強一、一九九六、『山谷――やられたらやりかえせ――』現代企画室

矢野まなみ・なすび、二〇〇三、「グローバル化と国境を越える自由――カネの移動とヒトの締め出し――」『インパクション』第一三六号、一〇～二九頁

5 女性野宿者とストリート・アイデンティティ
——彼女の「無力さ」は抵抗である

文貞實

1 抵抗の場所

この場所（location）に居続けたいと強固に抵抗することは困難である。なぜならば、この場所はストリートであり、公園であり、広場であり、駅であり、市民社会の管理する閉じられた場所（home）に通じるからである。この場所の所有権を市民社会が声高に主張するとき、この場所からの小さな呟きはかき消されてしまう。それでも、ときとして、そのような場所からの呟きが「場所の政治性」を問う契機を生み出す。[★1]

一九九〇年代以降、市民社会に出現した「野宿者問題」は、バブル崩壊後の日本社会の経済・

社会変動の末端の蠢きとして捉えられた。そして、「野宿者」を「ホームレス」「路上生活者」ということばに変形させ、その内実を微妙にずらしながら、その存在を否認する側も、その存在を「新たな都市問題」というかたちで承認する側も、いずれの場合もこの場所から遠い地点で「野宿者」を対象化していた。政府が用意した「自立」プログラム[★2]による対象化は、労働市場から排除されたひとびとを再び労働市場へ再登記するための技術と、少しばかりの休暇とを与えることで、彼らをふたたび労働者として再発見し、その有用性を示し、労働市場の矛盾を補完することを意味した〔東京都福祉局、二〇〇一〕。「野宿者問題」をめぐっては、「自立支援事業」が政策としてとりあえず生まれ（「ホームレスの自立の支援等に関する特別措置法」：二〇〇二年法律第一〇五号）、その動きに対して、野宿者を支援する運動側も肯定・否定を含めて議論してきた。[★3]そして、当の野宿者も

★1　ここでいう「場所の政治性（the politics of location）」について考えるとき、「ラディカルな開放の空間としての周縁を選択すること」〔hooks, 1990 : 145-153〕における「周縁（margin）」／「周縁性（marginality）」の議論が示唆的だといえる。フックスは「抑圧的な構造によって押しつけられる周縁性と、抵抗の場として選択される周縁性――ラディカルな開放と可能性のロケーションとして――を区別している」〔hooks, 1990 : 153〕。このフックスの空間認識は理念的なものではなく、政治的な行為実践であり、自分の場所を見つけ、そこに身をおくための痛みや困難さを引き受けること、生きた経験の場、沈黙を強いられる場において語ることや自己表出と実践について語る場／抵抗の場としての「周縁（margin）」の選択の可能性を呈示している。

★2　東京都の自立事業に関する検証は〔北川、二〇〇三〕を参照のこと。

とりあえずその自立支援事業に参加するようになった。そのすべてが、とりあえずという限定的な行為だった。ところが、実際には多くの野宿者が、そのとりあえずという限定的な判断すらせず、小さな呟きとともにこの場所にとどまっていたことにわれわれは気付いていただろうか。[★4]

考えてみれば、自立支援事業の対象者として浮上するまで、野宿者はあらゆる場所でことばを奪われ、排除されてきた。彼ら彼女らに意見を求めることもせず、野宿者を消費社会・資本主義社会のひずみのスケープゴートや悪役にすることで、「野宿者問題」を「消費社会の敗者」「公共空間の安全性」の問題にすり替える瞬間、彼ら彼女らは沈黙し、何も語らず、何も行動しないといえる。そのような問題のすり替えは、とりもなおさず個々の野宿者の存在を徹底的に否認することに他ならない。今日の野宿者をめぐる状況は、野宿者を社会的に排除するだけでなく、社会的に配慮するという二重の包囲網によって、ことばを奪い、身動きできない状況をつくっているといえる。結局のところ、われわれはこの場所で、野宿者の沈黙や何もしないという行為が指し示す「問い」を議論してこなかったのだ。

そこで、本章では、この野宿者の沈黙や何もしない行為の意味を考えてみたい。具体的に、本章で取り上げるのは女性野宿者のストリート・アイデンティティの実践である。

ここで、何もしないという行為は、具体的には、自立支援事業について無関心であること、公園からの排除に対して諦めること、パートナーの暴力に対して無力であること、支援者の集まりやボランティアの声かけに余計な話をしないこと、テントのなかでじっとしていることに現れる。

一見すると、それらは彼女が野宿生活で学んだ事柄のようにみえるが、実際には、彼女らは野宿生活に至る以前からそのように何もしないことで、夫の暴力や雇い主の暴力を回避し、また家族の抑圧や労働市場の収奪から逃れてきたといえる〔文、二〇〇三a：二〇〇三b〕。彼女らは、野宿生活に入った後も家事労働の搾取や市場経済を支える低賃金労働に折り合いをつけること、諦めること、抗することで、「資本主義体制の安全弁としての主婦」〔大越、一九九六〕の役割を放棄することの不可能性を示している。しかしその一方で、彼女はこの場所で「女である」こと、公園で「主婦である」ことを引き受けることで、再び労働市場へ回収しようとする社会的・政治的な要請を微妙に迂回させ抵抗の可能性を示している。★5

★3　例えば、「ホームレスの自立の支援等に関する特別法」（法律第一〇五号）の成立については、『Shelter-less』No.14（二〇〇二）や『Shelter-less』No.18（二〇〇三）の特集「国の基本方針」における各運動団体・支援者等の論考を参照のこと。

★4　東京の野宿者への質的な聴き取り調査の結果によると、聴き取り対象者は①就労自立層（自立支援センター入所者）②野宿継続層（路上で仕事を確保している層）③中間タイプ（自立支援事業による就労の可能性が不透明で迷っている層）に分類される。いずれの層も、遠い将来の不透明な可能性よりも、とりあえずいまの生活の安定性を求めていることがわかる。調査結果では野宿者は積極的に自立支援事業に参加しないことを表明しているわけではなく、むしろ、その多くは、失業や住居を失った経験から、再び現在のテント生活と仕事、そして仲間を手放したくないという生存戦略的な選択が働いていることが指摘されている。〔田巻、二〇〇四〕〔北川、二〇〇四〕

2　ストリート・アイデンティティの実践

「名づけられていることに気づかぬまま、名づけられるという状況がある。この状況は、わたしたちすべてが最初に置かれている状況、ときには最初のさらにまえにある状況ですらある。わたしたちは名称によって社会的に構築されるが、この社会構築は、わたしたちが気づかないうちにおこなわれている。事実、社会的に構築されている自分とは逆のかたちで、自分のことを考える場合もある。だから社会的に構築されている自分に、いわば出会うと、びっくりしたり、愕然としたり、嬉しく思ったり、ときにはショックを感じるほどに驚く。そしてこのような出会いが語っているのは、名称が、その名称のもつ人には無関心のまま、言語上の構築力をふるっているということだ。」［Butler, 1997 ＝ 2004 : 49］

本章では、公園や駅、あるいは商店街の露地で生きている女性野宿者たちとその周辺にいる男性野宿者たちへのストリート・インタビューをとおして、彼女らのストリート・アイデンティティが、つねに権力作用に巻き込まれるなかで「偶然的に構築されるアイデンティティ」［Laclau, 1990］として矛盾的な言説の実践・行為の実践として展開していることについて考えてみたい。★6そのまえに、問題の整理として、路上で生活する女性野宿者のストリート・アイデンティティの生成と彼女らにつねに要請されるジェンダー・アイデンティティとの関係性について考えてみよう。

そもそも、ここでいうストリート・アイデンティティとは何か？　と厳密な定義を求められる場合、本稿ではその答えを十分に差し出すことはできない。しかし、女性野宿者のストリート・アイデンティティの実践とは何か？　と問われたら、彼女が自立支援事業について無関心であること、支援者の質問に黙すること、パートナーの暴力に対して無力であることによって、結果的

★5　今日、日本におけるフェミニズム／ジェンダー研究は欧米から翻訳された理論的な枠組みの構築から、より実践的な問題関心へと移っているとされるが［江原・金井、一九九七］、実際は竹中恵美子らの日本の労働市場における女性の不安定労働の分析［竹中編、一九九一：二〇〇一］以外に、女性労働の階層分化や女性の貧困化を射程においた実践的研究は少ない。とりわけ、都市下層社会を対象とする実践的な問題分析はほとんど無視されてきた領域である。経済的・社会的に特権的な地位から発せられるフェミニズム／ジェンダー研究の言説空間では、部品工場での単純労働や深夜の弁当工場での長時間のパート労働や飲食店や風俗店（サービス産業）などの低賃金労働のひとびとや、そのような底辺の労働市場からさえ追いたてられているひとびとの生死を賭けた日常実践は、依然として高学歴の上・中産階級の「名前のない問題」［Friedam, 1977=2004］の後ろに置き去りにされている。結局のところ、フックスが批判するようにアカデミックな領域内に留まるフェミニズムの言説はすべての女性の抑圧を問題にしている素振りを示してきただけだといえる［hooks, 1984=1997］。本章に登場する女性野宿者たちがストリートで「ジェンダー・アイデンティティ」を強固なものとして表出する一方で「労働者・アイデンティティ」を放棄するという「取引」を繰り広げている事態の説明を今日のフェミニズムの言説に求めることは困難なのかもしれない。

に社会的な有用性から遠ざかる位置を確保していることをその答えとして示す。

ストリート・インタビューのなかで発せられる彼女の「無力さ」や彼女の「何もしない状態」が、彼女に居場所をつくり、彼女に社会的な役割を新たに付与するように、彼女の「無力さ」は「力がない」という意味での「無力さ」を指し示しているのではない。男性野宿者のように、体力がない、テントをつくり仕事を探す能力がない、仲間をつくる力がないというような実体的な意味での「無力さ」を意味するのではない。ここでいう彼女の「無力さ」はそれ自身の意味するものとは別のものとなって生成されるといえる――意図されない偽装。例えば、野宿者をめぐる福祉行政、支援者、そして研究者からみれば、彼女の「無力さ」は、自立支援事業の対象として特権的な位置を与えられ、参加／応答を要請されるのに対して、彼女が躊躇し、立ち止まることは、それ自体が不適切な言説であり、矛盾した行為である。にもかかわらず、彼女の「無力さ」をめぐる解釈に変更はなされない――意図されない共犯関係。こうして、女性野宿者をめぐるストリート・アイデンティティを構成する条件が整備されていく。とりわけ、ここで共犯関係を用意するのはストリートで産出されるジェンダー・アイデンティティにかかわる事柄である。

今日、ジェンダーをめぐる言説やエスニック・マイノリティをめぐる言説のなかでアイデンティティの公理が溶解している。[★7]アイデンティティは矛盾にみちたものとして分裂し、戦略化している。名付けられる側、アイデンティティを問われる側に位置付けられる側は、ぎりぎりの生存戦略としてアイデンティティをめぐる攻防を繰り広げている。ストリートでの彼女たちは、ことばを奪われる一方で、執拗に反復される質問と要請に対して応じることを強いられている。そのような要請に対して、彼女たちが「女である」「主婦である」ことを語るとき、この場所で「女である」ことの意味が発見され、「主婦である」ことの意味が再認される。このことは、「女である」こと

★6　ここでいう「偶然的に構築されるアイデンティティ」については、人類学者の田辺繁治がラクラウを引用しながら、次のように整理している。「すべてのアイデンティティは偶然的に構築されるアイデンティティであり、その構築過程にはつねに権力が刻印されている。（……）その第一の理由は、偶然的なアイデンティティとは脅威にさらされたアイデンティティであり、それに矛盾、対立、敵対するものを抑圧することによってのみ自身を構築することが可能になるからである。第二に、構築されたアイデンティティは同質的な点のようなものではなく、さまざまな要素の分節されたセットだからである」[田辺、二〇〇二、二〇頁]。田辺はタイにおける「エイズ患者・ＨＩＶ感染者」というアイデンティティがタイ国家の医療政策や社会的な無関心や差別感情を自らの表象の構築に転換するなかで生成される過程に着目し、権力関係のなかにおける実践をとおして生み出された表象としてのアイデンティティを分析している。実は、ここで田辺が注視しているのは「アイデンティティ化」（identification）という社会的過程である。それは、ひとびとが二項対立的、矛盾的な言説実践にまきこまれ召喚されていくなかで、いかに個々の行為主体が行為遂行的に応答していくかを分析する概念として位置付けられている。[田辺、一九九九：二〇〇二]

★7　狩谷あゆみは日本社会におけるマイノリティ＝「在日韓国朝鮮人」を研究する研究者が「在日」をどのように表象してきたかを分析するなかで、「在日」アイデンティティを必要とする側、解釈する側の問題性に言及し、つねにアイデンティティを問われる側と問う側、あるいはアイデンティティを呈示することを求められる側と必要とする側の位置の転倒が必要だと指摘している。[狩谷、二〇〇一]

が指し示す社会的なポジショニングをめぐっての、ぎりぎりの、生きるための戦略としてのジェンダー・アイデンティティの生成を意味する。

本章に登場する野宿者の語りは、筆者が関わったNPO・H会（女性野宿者のグループホーム）のアウトリーチ活動でのストリート・インタビュー調査に協力してくれた一四名の女性野宿者のストリート・インタビュー記録（二〇〇〇年四月から一二月）、および山谷周辺でのフィールドワークの記録（二〇〇〇年から二〇〇三年）を中心に構成したものである［文、二〇〇三a］。

Mデパートの横道でリアカーをひくおじさんに会う。

「このへんで、女のひとで野宿しているひと知りませんか？」

「もう時間が遅いかなー駅にも二、三人いるけど。そうそう、えーと、あっちのN商店街のほうで寝ている人がひとりいたな」

「ありがとうございます。これ……」といって、煙草を一箱、お礼に差し出す。

「あー悪いね」

「おやすみなさい。気をつけて。最近は物騒だから」

「大丈夫、おれはむこうのほうにちゃんとねぐらあるからさ。これ〔煙草のこと〕ありがとね」

おじさんが教えてくれた商店街をめざす。店じまいのシャッターが降りた店先にダンボールをもったひとたちがひとり、ふたりと集まっている時間だ。寝ているひともいる。そっと、近づいては「声かけ」をするボランティアと一緒に女性野宿者の姿を探す。★8［東武線A駅周辺／二〇〇〇年一二月二六日］

ここでいうストリート・インタビューとは、従来のインタビュー調査のように、調査対象者と決められた日時に約束を交わし、ある程度構造化された質問項目に沿ってインタビュー調査をおこなうこととは違い、それは偶然、ストリートで出会い、別れて、また再会を繰り返すなかでのインタビュー実践であり、そこで語られたライフストーリーの記録である。また、ストリート・インタビューは、彼女のストリートでの経験や体験の〈現在〉と彼女の人生のなかでの〈現在〉とが重なる場を起点としたライフストーリーでもある。★9

ここで、ベルトーの「社会科学において、ライフストーリーは、インタビューの特別な形態から生まれており、ナラティヴ・インタビューは、研究者（あるいは学生でもありうる）が、あとで〈主体〉（調査対象者／インタビュー対象者／語り手）と名づけられる一人の人に、生きられた経験の全部あるいは一部を語るように依頼したなかでおこなわれる」という指摘を思い起こせば、公園や駅

★8　文中に登場する女性野宿者は仮名とし、また、引用する箇所での［　］には筆者のストリート・インタビューにおける語り手の世代・野宿歴、インタビュー日時等を記載した。

での野宿者のストリート・インタビューは、ひとりひとりの野宿者の〈社会的－歴史的なリアリティの個別の断片〉が、彼ら彼女らの〈社会的世界〉〈状況のカテゴリー〉を表出するから重要なのでなく、むしろその〈断片化〉されたライフストーリーが、別のもうひとりの人生を「繰り返し」再現することを確認するなかで、その再現されたライフストーリーが社会的なメカニズムへの接近の可能性を示すという点で重要だといえる［Bertaux, 1997=2003:31-33］。

筆者は、山谷周辺でのフィールドワークをはじめた一九八〇年代後半から今日まで、野宿者を対象に厳密な調査方法を駆使して聴き取りをおこなってきたわけではない。いつでも、その場で、その瞬間の野宿者の語りを解釈／構成してきたといえる。★10

しかし、誰もが、おそらく、野宿者に向き合うとき、野宿者の語ることばの重なりあいや、ひとりひとりの職業移動についての語りの集積に注目するとき、ひとりひとりの野宿者の日々の「行為の実践（炊き出し、仕事、空き缶集め、仲間つくり、テント小屋つくりなど）」の小さな差異性や共同性を見出す瞬間に立ちあうことになる。そして、彼ら彼女らの話を聞く以前に自分自身がつくる、野宿者を了解するフレームの誤りを、率直に認めざるえない。★11そして、野宿者のライフストーリーからたったひとつのドミナント・ストーリーの構築を期待する自分自身に気付いた瞬間から、彼ら彼女らへのストリート・インタビューが新たにはじまるといえる。

筆者が女性野宿者へのストリート・インタビューの過程で注目したのは、第一に、それぞれのライフストーリーの「空白」の部分である。ひとりひとりの〈断片化〉された人生の語りのなかに反復して現れる「空白」は、彼女たちのライフストーリーの大きな特徴だといえる。ストリート・インタビューの一瞬の場面に指し示される彼女の人生の「空白」は、他の誰かの人生にも反復される「空白」として、彼女への暴力の痕跡（社会的・経済的・政治的な文脈のなかで）として指し示される。彼女らのストーリーのなかで、「空白」は埋められるものとして、あるいはどのようにしても埋められないものとして、二重の意味を担う。★12 第二にストリート・インタビューのなかで展開されるジェンダー・アイデンティティを賭けた攻防である。★13 そこに、彼ら彼女らの「どのような権力の発動のしたで男性として、女性として主体化され、構造化されていくのか、というジェンダー化された権力作用の問題」〔大越、一九九六〕が見出される。

★9　ストリート・インタビューで語られた女性野宿者のライフストーリーの内容の多くは、野宿生活（ストリート・ライフ）についての〈現在＝現実〉であり、また、野宿前のひとりひとりの人生のなかでの出来事の〈現在＝記憶〉であるといえる。インタビューの瞬間はそのふたつの〈現在〉が交差する瞬間でもある。このことから、ストリート・インタビューの過程で、インタビューそれ自体が「構築する現実」〔桜井、二〇〇二〕を彼女らのストーリーに前もって密輸することを避けなければならない。

★10　ベルトーのライフストーリーの定義を借りれば、それは「生きられた経験の断片をナラティブの形態で描写」することになる。〔Bertaux, 1997=2003 : 35〕

3　ストリートで「女である」こと

ケイコさんの野宿エリアは東武線A駅周辺である。ケイコさんとその友人の女性野宿者が駅前の階段やMデパートの入り口にいると、次々と日雇い労働者が現れてさりげなく缶紅茶、アメ、コンビニエンスストアーのおにぎり、煙草などをおいていく。ときどき、駅を利用する中高年の女性や観光客がお金をおくこともある。昼間、駅にいる限りは食べ物には困らないようにみえる。ケイコさんら女性野宿者のなかには、二人とか数人で行動をともにしているひとも少なくない。少しばかりのお金があれば、仮眠や暖をとるためにマクドナルドやドトールにコーヒーを飲みにいく。そして、人生経験が豊かな「先輩たち（元野宿者の女性や都市下層の女性たち）」が野宿生活のレクチャーをしてくれる。

N商店街でケイコさんと偶然会う。同行していたボランティア団体のスタッフのことをよく覚えていて、むこうから声をかけてくれた。ケイコさんの連れはオレンジ色のスーツを着た厚化粧の年配の女性だった。わたしたちがケイコさんと立ち話をしていたら、ケイコさんの連れが古めかしい三つ揃いのスーツを着た高齢の男性に声をかける。「あら、社長さん、ひさしぶりね」。耳元で何か話して笑っていた。「昔の知り合いなの。このへんで商売してたんでね。ふふふ」。ケイコさんの連れの女性はT区の方に住んでいる。肝臓が

悪く生活保護で生活しているという。毎日、彼女は、ここにきて、ケイコさんら野宿して

★11 「インタビューの場で人びとが語るストーリーは、支配的な語りに対抗的な、自分のコミュニティで流通するモデル・ストーリーなのである。そのストーリーがモデル・ストーリーであることは、あらかじめ情報を集めているインタビュアーであれば了解できるものである。そのため、まったく新しいストーリーの登場とまでいえないであろう。内在的契機とは、そうした個人的経験の語りが生成してくる契機のことである」[桜井、二〇〇二、二八六頁]というように、インタビューの場でのモデル・ストーリー(レイジングやゲイ解放運動、被差別部落の経験の語りから生まれる「語りのちから」)は、支配的な文化のマスター・ナラティブ(ドミナント・ストーリー)に対抗するアイデンティティ形成の過程で語られるストーリーである以上、インタビューを形成するものはモデル・ストーリーを権力作用として産出していることに無自覚ではいられない。

★12 彼女たちの語りのなかの「空白」について考えるとき、それは「慰安婦」ハルモニたちの語りの「語れない記憶」や「語らないこととしてある」ことに重なる。「(……)完全に完結した物語として、証言として問題化するとき出てくる問題。(……)それは、言い換えれば、まだ語れない、語ることのできない、あるいは語ってしまった場合生きていくことができなくなってしまうようなもの。私はこうやって生きてきたのよ、私はこういうふうに生きているのよという自分のからだのなかでの正当性の根拠を失う可能性のある部分は、話せない、語れない。語ってしまった場合、生きること自体がなくなってしまう、失われてしまう。」[李、一九九八、一三頁]

★13 丸山はジェンダー化された「ホームレス問題」へのアプローチをとおして、そこに立ち現れる女性野宿者の日常的な実践のなかに、権力作用への抵抗からも零れ落ちてしまうような女性野宿者の「生の営み」を読み取ろうとしている。[丸山、二〇〇四]

いるひとの面倒をみている。商売の関係で、昔からの知り合いがこのあたりには多く、そのうちのひとりが、ケイコさんらにおにぎりやお茶とかをときどきもってきてくれているという話だった。「わたしの具合が悪くて来られないときとか、面倒見てくれる社長さんもいるの」「わたしは、いつも言っているのよ、この子にね。いい人が来たらぱっと立ち上がりなさいって。一緒についていくのよ。そうしたらしあわせになれるってね。そういうときに、すぐ立って一緒にいけるように、ご飯とか食べさせているの」そういう彼女自身がアパートの隣人とそりが合わず、しょっちゅう喧嘩しているので、毎日、出てきているという。「ほかにもね、こっちにときどきバイトしにね〔バイトの内容は不明〕」。さっき声をかけた男性が戻ってきたので、彼女はそのひとと連れだって一緒にいってしまった。〔ケイコさん、五〇歳代、野宿歴二ヶ月／二〇〇〇年六月一一日、N商店街〕

ケイコさんの父親は結核で家は生活保護だった。中学時代から一〇年間は新聞配達の仕事をして、それからダンボール製造会社に勤めて結婚退職し、四〇歳代のはじめに離婚〔夫は酒も煙草もやらないひとだったが、口やかましく拘束するタイプでときどき殴られていた〕。その後、地元の便利屋に住み込みで働いていた。その便利屋の社長に借金があるので、郷里には帰れない。先日、郷里の友人に電話をいれたら、まだ自分のことを社長が探しまわっているため、戻ってきたら駄目だといわれた。見つかったら何をされるかわからない。社長はヤクザの姐さんで、働いていたときも竹刀で殴るなどの暴行もあったという。それで彼女は東京に逃げてきた。ケイコさんの両親は三〇年前に他界。ケイコさんには東京にひとり姉がいて、上京のおりに連絡をとったが相手にしてもらえなかった。その後、ケイコさんの居場所はストリートになった。ここストリートにはあれこれ心配してくれる先輩がいる。夜まわりで声かけしてくれる支援者がいる。

ケイコさんは、数日前、N通りの鞄屋さんの前で寝ていたら、なんだか焦げ臭いにおいがしたので起きてみたら、毛布の端が真っ黒に焦げていた。毛布をめくると煙草の吸殻があった。隣に寝ていた女のひとも、そういうことが二、三度あったという。怖いので、昨晩から寝場所を変えて、いまは同じ通りの薬屋さんの前に寝ている。

「そんな怖いことあって、もうそろそろ野宿はやめたほうがいいんじゃない？」

「この前、F市〔郷里〕に電話入れたよ。まだ、当分帰ってこないほうがいいっていわれたよ」

「誰に？」

「F市の知り合い」

「あの何でも屋の姐さん〔顔に傷があるしぐさ、やくざの姐さんだという〕がいて、まだ危ないっていうんだ。姐さんはね、やくざのダンナでも棍棒でむちゃくちゃ殴って、三ヶ月も入院させて、刑務所入るくらい怖いひと。お酒飲んで暴れると大変なことになるよ」

ケイコさんの話では、その姐さんが怖くて、郷里にはまだ帰れないという。

「でもね、正月あたりに帰るつもり。こっちは怖くてもういや」

「でもね、気が変わったらまた、戻るかも」

「ひとりは怖いでしょ、そういう危ないことあったなら、区役所とかに相談にいかないの？」

「このあいだ、T区役所〔?〕のひとが来ていろいろ話を聞いて帰ったけどそれだけだよ」

「面倒みてくれる男のひといないの？」

「男はうそつきだよ」

「〔この間も〕女物の洋服とか靴下とかあるから、持ってきてあげるっていわれたから、日曜日の朝一〇時に駅で待っていたんだけど、一日中待っていたけど、来なかったよ」

「月曜日も待っていたけど来なかったよ」

「そのひと、知り合いだったの？」

「声かけてきたんだよ。A区の方にいるんだって、自分も役所に面倒をみてもらっているから〔生活保護〕、あまり贅沢はさせられないけど、あんたひとりくらいの面倒ならみられるから、アパートに来ないかって。この前から何度も誘われたんだよ」

「そのひとと一緒に暮らすの？」

「……」

「でも、ひとりがいい」［ケイコさん、五〇歳代、野宿歴二ヶ月／二〇〇〇年一二月二六日］

はじめて、路上で出会ったときのケイコさんは、男物のジャンパーに男物の運動靴、紙袋と茶色の鞄ひとつという身なりだった。一見すると男性野宿者のようにみえた。それが、半年後には婦人物のジャンパーを羽織り、髪の毛もさっぱりカットして、「女」の格好をしていた。野宿をはじめたばかりのケイコさんは、野宿の危険を回避するために男物を身につけていたが、その後、周囲の先輩たちのアドバイスに従って「女である」ことを資源化して、野宿生活のなかで生きる技法を学んでいった。しかし、女性野宿者が路上で生き抜く技法を創造することは容易ではない。男性野宿者たちの多くが、公園の炊き出しに並ぶなかで情報を収集し、空き缶集めや引越しバイトの仕事を見つけ、仲間をつくりテントを張って、生活の糧を生み出す生き抜く技法を学ぶのに対して［山口、一九九七：二〇〇二］、彼女たちがひとりで生きていく方法は限られている。寝る場所と食べ物を確保するために多くの場合、「パートナー（男性野宿者）」を見つけるか、「仕事（日雇い・売春）」をはじめるかである。

オキヨさんが「赤ちょうちん（仕事）」の話しをしてくれた。

S寺周辺の場合、大きい地回りの売春組織とは別に、フリーのひとや少人数の売春グループが存在するという。小さな売春グループは二、三人の男性と五、六人の女性のグループ（これは、地回りの下で組織されている？　なかにはヤクザの姐さんが仕切っているのもあるらしい）で構成されている。そういうリーダー層が組織化しているタイプに対して、フリーの女性野宿者たちの場合は、K通り、Rビルや H通りなどで立っていると、地回りに「ショば代（一万五千円相場）を払わないとヤキをいれられる」ので、そういう表通りを避けて商売をする。「地回りのヤクザの若いもんがチャリンコ乗って見回りしている」から、気をつけているという話だ。だが、一方で、フリーのオキヨさんも「もぐりの女性」に対しては厳しい意見がある。その若い女性はS寺付近のN町商店街のなかのT薬局の前で週に一、二度「商売」をしているという。「ほら、あそこの壁の前にいるよ。おとなしそうな女でしょ」「あのバカ女はちゃんとU市に住んでいて、ちゃんとした暮らしをしてるんだよ。お金もあるのにやってるんだ」「すごく性悪おんなだよ」［オキヨさん、五〇歳代、野宿歴五年以上？／二〇〇〇年六月一一日］

上京前からオキヨさんは水商売をずっとしてきた。両親とは早くに死別し、唯一の肉親だった弟が二〇歳代で水死。それから天涯孤独の人生だ。二年前からS寺周辺で野宿。そのまえは西武線I駅のほうにいた。そのまえのまえの人生は「空白」だらけである。彼女は「仕事」の話をよくしてくれた。あと、野宿生活における健康維持の秘訣やいかに身体を清潔にしているかについて、いつも持ち歩いている新品の下着を見せながら具体的に語ってくれた。

ストリート・インタビューの場面では、ケイコさんの家出の理由やオキヨさんの上京の理由は決して語られない。それらは彼女の語る人生の「空白」として残される。彼女の人生の記憶は「空白」の連鎖である。しかし、彼女のストーリーの「空白」は、社会的・経済的な文脈のなかで読み替えられるとき、「家族の不幸」、「病気」、「結婚の失敗」、その後の「水商売の経歴」によって容易に埋め込まれてしまう。そして、彼女たちをサポートしようとする側（支援者団体、ボランティア、研究者、行政）は、彼女たちの人生の「空白」をカテゴリー化し、そのカテゴリーにそって社会的に登録し管理しようとする。彼女たちの「人生」には、「売春のおそれ」「夫の暴力」「住み込み先からの解雇」などの事柄が列挙され、彼女の人生の記憶は、売春防止法やDV防止法の拡大解釈のもとで、生活保護、緊急一時保護の対象として、さらに自立支援事業の対象として書き換えられていく。

オキヨさんが「仕事」の話を続ける。

「この仕事しているといろんなことあるよ。ここは千円しかくれないケチもいるしさ」

現在のオキヨさんの商品価値は三千円から五千円。でも、うまく客がみつかれば、旅館にいき風呂にはいれる。所持金があるときは、Mビルの食堂でご飯を食べたり、深夜喫茶で一晩中過ごしたりして暖をとる。一方、地回りのヤクザに見つかればショば代だけではすまされない。さらに、だんだん年を重ねていくと身体もしんどくなり、商売どころか、相手に殴られたり、お金を奪われたりするほうが多くなってくる。オキヨさんもそのへんの辛さが身にしみている。

オキヨさんは、野宿しているものが「赤ちょうちん（商売／売春）」するのは悪いことではないという。「みんなやっているんだから（生きていくために）」。「商売／売春」は生きていくための非常手段だという。しかしその一方で、オキヨさんは家があるひとが「商売／売春」することは許さない。それはしてはいけないことだという。家があるひとは妻であり母である役割をちゃんとこなさなければならないという。オキヨさんは、自分の居場所があるものがこちらのテリトリーを侵すことが許せないのではなく、「商売／売春」するもぐりの女性が許せないのだ。このことは、彼女自身が家のある「女」に要請されている義務・規範を遵守するべきだと思っていることを示している。そして、逆説的に、そのような義務・規範を放棄している場所で生きるものが女性野宿者であり、また女性野宿者は、「無力である」からこそ非常手段を行使することが許される存在であるというストリート・アイデンティティを表明しているといえよう。しかし、その同じ場所で、オキヨさんの行為の実践（売春という仕事）、言説の実践（「野宿者の非常手段である」）が別の局面を生み出している。それはつねに女性野宿者自身がジェンダー・アイデンティティを繰り返し補強している局面である――まさにそこにドメスティック・イデオロギー[★14]の名のもとで社会的に排除され、その先で福祉的な配慮のもとにふたたび回収される位置にいることを確認するかのような反復化されたストーリーが見出される。

本章では、「野宿者である」事柄よりも、「野宿者であり、かつ女である」ことが示す事柄を問題の中心において考えてきた。日本社会のなかで「野宿者である」という事柄が示す内実は、フォーマルな労働市場からの排除、市民社会からの排除を意味する。しかし、その一方で男性野宿者は、「野宿労働者」として路上から飯場にむかう日雇い労働者として、または廃品回収を生活の糧とする労働者へと、自己の位置をずらしながらインフォーマルな労働市場の周縁に接合している。彼らはつねに労働市場の中心と周縁で「労働者」であることを要請されている。彼らは労働市場の周辺へ周辺へとその位置をずらしながらも、つねに言説の実践においても、「労働者」であるポジショニングを確保しようともがいている。[★15] しかし、女性野宿者は、男性野宿者のように労働者としての位置の変更をしない。彼女たちの位置は「野宿者」であることを引き受ける瞬間も、

★14　竹村和子は、第一波フェミニズムの時期（一八六〇－一九二〇年）、資本主義の台頭と中産階級の性規範の合致するこの時期、ドメスティック・イデオロギーが「女」を構築したと説明する。「男に公的領域。女には私的領域（ドメスティックな領域）を振りあて、さらに女を家庭のなか（ドメスティック）のまともな女と、家庭のそとで働くいかがわしい女、また敬意を払うべき国内（ドメスティック）の女と、敬意を払わなくてもよい国外の女に分断するものである。（……）わたしはドメスティックという語に『家庭』と『国内』の二つの意味をこめて、もうひとつの呼び名『ドメスティック・イデオロギー』を使いたい。」［竹村、二〇〇〇、一二頁］

それ以前からも、なんの変更もなされない。彼女たちにはつねに「女である」ことが要請されている。野宿者のストリート・アイデンティティが、ジェンダー・アイデンティティの構築をより強固なものとして実体化しているようにみえる。ストリートで彼女たちが自分たちの生活を語るとき、彼女たちはつねに社会的に構築される（要請される）ジェンダー・アイデンティティに応じることを求められ、さらにいま、制度的に構築される（命令される）ホームレス・アイデンティティを受け入れることを条件（取引）に、この社会に回収されることを二重に要請されている。しかし、ストリートで「女である」ことを引き受ける瞬間から、公園で「主婦である」ことを引き受ける瞬間から、彼女らの語りは、彼女自身に要請されるジェンダー・アイデンティティから横滑りしていく。

4　公園で「主婦である」こと

野宿「初心者」は、ほんの少しの身の回りの衣類が入った鞄を掲げて、京成U駅の階段付近やS像の付近など、比較的公園の入り口に集まる。その多くは男性で、飯場から戻ったばかりのひと、地方都市から東京に出てきたひとなど様々だ。少しずつ慣れてきたら、煙草を片手に情報を収集しだす。炊き出しのことや仕事のこと、ブルーシートのこと、テント村のことなどがわかってくる。隅から隅まで読み尽くしたスポーツ新聞に顔を埋めて声をかけてくれるのをじっと待つか、自分からビールを片手に仲間に入れてもらうか（テント小屋には地代＝ショバ代もある。テント村を取り仕切っている〝ボス〟が仕事の斡旋もテント小屋の場所も決める。彼らは「不動産屋」、「ハローワーク」、「手配師」、「自治会長」でもある）。女性野宿者の場合も、はじめはU駅からMデパートへ、そして動物園の前のベンチやS像の周辺、テラス側など入り口付近に立っているときに声をかけられたというひとが少なくない。彼女たちとパートナーとの出会いのきっかけは、最初に声をかけてくれたひとにただついていったという話が多い。

ストリート・インタビュー当時のU公園内のテント村には、小さなグループがいくつかに分散しており、それぞれに男性のリーダーがいた。公園内で野宿している女性にインタビューを試みると、たいてい、次のような場面が展開する。同じ規則のもとで反復されるひとつのパターンといってもよい。そしていつも、同じような答えが返ってくる。

★15 たとえば、近年の野宿者を対象とした実態調査結果によると、多くの男性野宿者が現実的な選択として（年齢や職歴に応じた）元の仕事（建設日雇い労働）、もとの居住場所（ドヤ・宿舎など）へ帰ることを望みながら、その一方で、自立支援事業に乗っかれるような「就労自立」を選択している。［都市生活研究会、二〇〇一］［大阪市立大学都市環境問題研究会、二〇〇一］［基礎生活保障問題研究会、二〇〇二］

「あそこの誰々に聞いてもらって（許可をもらって）」

「あの大きな木の下、時計があるところの赤い帽子のひと、ほら、こっち見ているでしょ。あのひとに聞いてもらって。いいなら、話してもいいよ」。まるで、目の前の女性たちがひとりでは「何もできない」「存在すらしない」存在であるかのように主張され、彼女らを代表する・彼女らの権利を所有すると確信しているような男性が現れる。

「あんたらどこのひと？」

「山谷のほうで活動しているボランティア団体です。女性のかたが多いと聞いて、何か困ったことはないか、相談にのれればと、まわっています」といいながら、ボランティア団体のインタビュー調査の趣旨を書いたビラを見せる。このときのわたしたち（筆者とグループホームのスタッフ）はグループホームへの入居希望女性をリクルートしにきている。応対に出た男性にはそのようなことは話さない。このとき、わたしたちが話したい相手は女性たちだからだ。

「ボランティアかい？　仕事がないんだよ。そんなことよりも、仕事探してきてよ。お金ないんだよ。みんな困っているのがわかるでしょ。だからさ、こうしてここにいるんだろ」

「むこうのひとのダンナは今日は仕事に出ているから。こっちは責任あるんだ」

それから、最初に声をかけた女性の方を見ながら、「あそこのジャンパーのひとがダンナさん。あっちに聞いてみな」。ダンナさんと言われたひとに近づいて、同じような説明をする。

しかし「ダンナさん」は始終無言のままだった。リーダー格のひとが割ってはいると、「まーいいさ。いいことしているんだよね。でも、細かい話はなしだよ。みんないろいろあるんだからね」

「あの、もうここが長いんですか？　責任者なんですか？」

「ひとがいろいろ増えてくると、問題もいろいろあってさ。だからね、こっちが、掃除とか食事のこととか、仕事のこととか面倒みたり、相談にのってあげないと、みんな仲良くやっていけないだろう」

リーダー格の男性の許可がおりる。そのやり取りを少し離れた場所でみていた彼女の「夫」は無言でうなずき、彼女もそれを合図と受け止めて、わたしたちをテントに招く。

ようやく、彼女は語りはじめる。

彼女の最初のことば――

「ここにくる前の話は、なしよ。〔そういうと、しーっと人差し指を口にあてる〕」〔二〇〇〇年五月七日・U公園〕

ストリートでアウトリーチ活動をする支援者たちが女性野宿者について知りたいことはたくさんある。いま、この瞬間、目の前にいる彼女について知りたいことは、今のテント生活で困っていること、不自由なことはないか、体のことなど、相談にのれることはなにかということ。そして、自立支援事業や女性野宿者のグループホームへの関心である。支援者たちが彼女に聞きたいこと（求めること）は、現在の野宿生活の「困難さ」「暴力の犠牲」そして彼女自身の「健康上の問題」「働く意志」であり、そして、最も重要な事柄は、彼女のストリートからの脱出（自立支援事業の対象になること）の意思を確認することである。だから、支援者たちは執拗に彼女のライフストーリーの「空白」を彼女のことばで埋め込めようとする。

アネさんはインタビューの途中で、「ここに来る前の話はなしよ」と三回繰り返した。この場所は昨年の一一月からだ。今のパートナーと暮らしはじめて三年目。パートナーは真面目で働き者、月に一五日は建設の仕事に出ている。ここに来る前は別の場所で野宿していたという。パートナーが手ぶらだったので、自分がブルーシートや日常品をあれこれ持ち込んで、今の場所に引っ越してきたという。

「先のこと考えていますか?」

「将来のこと? 主人が死んだら考えるといったら考えるかな。もし、生活保護なんか入るなら、主人と一緒なら考えるけどね無理でしょ。そういうとこは。仕事のこと? これといってやりたいこともないしね。少し、〔ここから〕パートとか出たいと思っているけどね。食堂とかの皿洗いとかね。今まで働いてきたんだから、今は少しばかり休んでいる

〔状態かな〕。働いていた時分は人間関係が難しかったから……」〔アネさん、五〇歳代、野宿歴六ヶ月／二〇〇〇年五月七日、U公園〕

U公園のブルーシート層の〝夫婦〟では、男性が日雇い労働で女性を養っているというタイプが比較的多かった。ストリート・インタビューのなかで女性たちは「専業主婦」として位置付けられていることに十分自覚的である。そして、男性野宿者のほうは、彼女に食事の準備も何もさせず、女性をそばにおくこと、〝妻〟を所有すること自体に価値を見出している。女性野宿者のほうはといえば、無力な〝主婦〟になることで、この場所を確保している。ジェンダー・アイデンティティを担保に「女である」こと「主婦である」ことを身体化・道具化している。

さらに、彼女たちが語るストーリーは、社会的な文脈における身体化されたジェンダー・アイデンティティの奇妙な捩れを示すだけではなく、従属化されるホームレス・アイデンティティをめぐる曖昧さをも示す。社会的な文脈からすれば、あらゆる意味でU公園のテント村の女性たちは〝主婦〟であるとみなされよう。一般的には、〝主婦〟というカテゴリーには、女性が「家事労働（unpaid work）」をおこなうという意味以上の内容を含み、そのような自分の労働力を自由に所有・使用できない搾取された地位（社会的地位）に規定されることを意味する。そして、女性がそのような社会的地位に同定されるのは、女性たちに対する暴力や不安が彼女らに〝主婦〟というトラウマを与え続けていからだと説明される〔Mies, Werlhof, Thomsen, 1991 = 1995〕。しかし、女性野宿者が公園で〝主婦〟になるというとき、これらの説明だけでは不十分である。ここでいう〝主婦〟とは、野宿生活の戦略的な状況についてのひとつの名指しである。だからこそ、労働市場から最も遠いこの場所で、夫や家族のいる場所（home）から最も遠いこの場所で、自己の労働力を放棄することではじめて〝主婦〟になる。彼女たちは何もしない場所を見つけ、そこにとどまることで、その上で〝主婦〟になるといえる。

U公園のBグループのなかで一番年少のキクちゃんは、いつもにこにこと笑顔が絶えない、苦労を口にださない陽気なひとだ。キクちゃんは二年前に現在のパートナーと知り合う。それまでは〝夜の仕事〟をしていたという。現在のパートナーはそのお店で偶然知り合った一年先輩の同郷のひとだ。キクちゃんはここにきてからは、何も仕事をしてない。のんびりしている。自分は留守番役で、何もしなくていいといわれているという。

「食事〔の準備〕は?」「片づけ、食器洗いくらいかな」

ご飯の準備も何でもパートナーがやってくれる。「普段はすごくやさしいひと。酒飲むとちょっと手を出すときもあるけどね」。キクちゃんのパートナーは、「昼間、ちょっとわたしがここで留守番していないと、目を皿のようにして探し回るくらい、わたしのこと心配してくれている」。そして、心配のあまりに手を出す。でも、キクちゃんは今が一番だという。

「ここに来てからの、体調とかどうですか？」

「前は仕事していたから、いろいろ大変だったけど、今は何もしていないから太ったくらいよ」

「男運がずっと悪かったけど、今はしあわせよ」とキクちゃんは笑って答えてくれた。［キクちゃん、四〇歳代、野宿歴二年／二〇〇〇年六月一〇日、U公園］

この場所で、彼女は〝主婦〟という役割／位置を押し付けられたのではない。〝主婦〟という役割を積極的に引き受けているのだ。この場所で〝主婦〟になることは、労働市場における有用な労働者から最も遠い場所に位置することを意味し、それは、彼女の「空白」が示す困難な状況からの解放を意味するからだ。[★16] そして、この場所は、彼女にとって、「少しばかり休んでもいい」「何もしなくてもいい」という状況を手に入れる抵抗の場所となる。

★16　フックスが指摘するように、「女性が仕事を通じて解放される」という言説の裏側を知りすぎている労働者階級の貧しい女性たちの多くは、経験的に、仕事が個人的な地位の達成でもなければ、解放的なものでもなく、むしろ、「搾取された非人間的」なものであることを十分に自覚的である。［hooks, 1984=1997：145-146］

5 生きる場所

……わたしが名付けた周縁性とは、まさに、ただ言葉のなかに見出されるだけでなく、あるひとの生き方やその生きる中での習慣のなかに見出されるカウンター・ヘゲモニックな言説の産出のための中心的な場所（location）としての周縁性である。したがって、わたしは、ひとが失えばいい――中心に移動する側で諦めたり、あるいは放棄したり――と思うような周縁性について話しているのではなく、そのひとがそこにとどまりたい、あるいはすがりつきたいと思うような場について話しているのだ。なぜならば、その場所がそのひとの抵抗する能力を育てるからである。そのような場所が、オルタナティヴな新しい世界を見たり創ったり、想像するラディカルなパースペクティブの可能性を提供するからである。［hooks, 1990：149-150］

女性野宿者へのストリート・インタビューは偶然の出会いとその後の再会のうえに成立している。ストリートでの不連続のインタビュー調査は非常に不確実で曖昧なものである。インタビューのなかでは、インタビューアーが期待するような女性野宿者の語る野宿生活の困難さやパートナーの暴力、野宿前の生活史のなかでの「空白」を埋めるようなライフストーリーは語られない。ストリート・インタビューの過程で、彼女たちに対して予め了解可能なストーリー（ジェンダー・

アイデンティティに回収される、あるいは抵抗しているようなストーリー）を求めても、彼女たちの語りは「女である」こと、「主婦である」ことを語ることで、「女である」こと、「主婦である」ことを引き受けることで、それらの了解可能なストーリーを微妙にずらしている。彼女たちのライフストーリーの「空白」やストリート・アイデンティティの不安定性は彼女たちが野宿以前から学んだものの延長上にある。彼女たちのストリート・アイデンティティはジェンダー・アイデンティティによって予め排除されたものである（誰からか？　パートナーから、支援者から、あるいは、彼女たちのライフストーリーの「空白」を埋める作業のなかで）。しかし、彼女がそれを引き受けるとき、ストリート・アイデンティティが生成されるといえる。

彼女たちを何も決定できない状況に追い立てながら、彼女たちに何かを選択することを求めるような社会的な暴力の包囲網に対して、あるいはその過程で彼女たちのジェンダー・アイデンティティを設定するすべてのものに対して、彼女は労働市場から横滑りすること、福祉市場の対象になる意志を表明しないこと、自らの存在を無効化して徹底的に「無力である」ことを示すことで批判的に応答しているといえる。このことは、「野宿者」として、さらに「女」としての抑圧的な構造を押し付けられていることに十分に自覚的であることを示している。

彼女が少しでも働く意志を表明したら、少しでも家族のことを話したら、そうしたら、彼女たちを搾取してきた場所、彼女たちを囲いこんできた場所へ連れ戻され閉じ込められることを彼女は知っている。だからこそ、彼女がこの場所にいたいと思うことや、この場所にとどまりたいと思うことを積極的に表明できなくても、ちょっと立ち止まって、少しやすんで、何もしないでいる、という「無力さ」を示すことで、はじめて自らの主体性を表明しており、自分自身を肯定している。

フックスは「女」をめぐる「場所の政治性」に言及するとき、彼女の困難さ、苦しみ、痛み、そして闘争の先でたどりついた場所を「周縁（margin）」と呼び、その場所にとどまることは、それ自体がその場所を選択するという意味で政治的な行為であると同時に、その場所が中心の外部に位置をもつことで地理的な行為として——その「周縁」を選択する行為自体が中心からの抑圧的な構造から規定されたものではなく——ひとびとの抵抗としてラディカルなポジショニングを問う契機とした［hooks, 1990 : 153］。本論でも、この場所にとどまる彼女の「無力さ」の表出をその戦略的な行為実践をひとつの抵抗として位置付けよう。なぜならば、この場所が、彼女が踏みとどまる、彼女にとってのぎりぎりの生きる場所だから。

参考文献

Bertaux, D. 1997, *Les Récits De Vie : Perspective Ethnosociologique* ; Nathen, Paris.（＝二〇〇三、小林多寿子訳『ライフストーリー――エスノ社会学的パースペクティブ』ミネルヴァ書房）

Butler, J. 1997, *Excitable Speech : A Politics of The Performative*, New York&London. : Routledge（＝二〇〇四、竹村和子訳『触発する言葉』岩波書店）

李静和、一九九八、『つぶやきの政治思想』青土社

江原由美子・金井淑子編、一九九七、『フェミニズム』新曜社

Friedan, B. 1977, *The Feminine Mystique.* ; New York.（＝二〇〇四、三浦冨美子訳『新しい女性の創造』大和書房）

hooks, b. 1984, *FEMINIST THEORY : from margin to center*, South End Press.（＝一九九七、清水久美訳『ブラック・フェミニズムの主張』勁草書房）

――― 1990, *YEARNING: race, gender, and cultural politics*, South End Press.

基礎生活保障問題研究会、二〇〇二、『名古屋市「ホームレス」聞取り調査等に関する最終報告書』

狩谷あゆみ、二〇〇一、「『誰』がアイデンティティを必要とするか?」中根光敏・編『社会的排除のソシオロジ』（広島修道大学研究叢書第122号）広島修道大学総合研究所

北川由紀彦、二〇〇三、『東京都「ホームレス対策」の何が問題とされたか：自立支援システムを中心に』『現代日本社会に於ける寄せ場の実態』（平成一一年度～一四年度科学研究費補助金（基盤研究（A）（1））研究成果報告書［課題番号：一一三〇一〇〇五］研究代表者田巻松雄）

―――、二〇〇四、「野宿生活構築の契機とその背景についての一考察」『Shelter-less』No.20 新宿ホームレス支援機構

Laclau, E. 1990, *New Reflection on the Revolution of our Time*, London ; Verso.

Liebow, E. 1993, *Tell Them who I am ; The lives of Homeless Women*, The Free Press（＝一九九九、吉川徹他訳『ホー

ムレスウーマン』東信堂）
Mies, M. Werhof, C. V. Thomsen, V.B. 1991, *WOMEN : The Last Colony* ; Zed Books.（＝一九九五、吉田睦美・善本裕子訳『世界システムと女性』藤原書店）
丸山里美、二〇〇四、「ホームレスとジェンダーの社会学——女性ホームレスの日常的実践から」平成一五年度京都大学文学研究科・行動文化学科専攻社会学選修　修士論文
文貞實、二〇〇三a、『山谷の「社会空間」分析——都市空間／野宿／ジェンダー——』（平成一一年～一三年度科学研究費補助金（基盤研究（C）（2））研究成果報告書［課題番号：一一六一〇二一六］研究代表者文貞實）
———、二〇〇三b、「野宿とジェンダー」『Shelter-less』No.19 新宿ホームレス支援機構
———、二〇〇四、「『寄せ場』の変容と女性野宿者『現代日本社会に於ける寄せ場の実態』（平成一一年度～一四年度科学研究費補助金）（基盤研究（A）（1）研究成果報告書［課題番号：一一三〇一〇〇五］研究代表者田巻松雄）
野宿者・人権資料センター、二〇〇二、『Shelter-less』No.14 野宿者・人権資料センター
———、二〇〇三、『Shelter-less』No.18 新宿ホームレス支援機構
大越愛子、一九九六、『フェミニズム入門』筑摩書房
大阪市立大学都市環境問題研究会、二〇〇一、『野宿生活者（ホームレス）に関する総合的調査研究報告書』
桜井厚、二〇〇二、『インタビューの社会学——ライフストーリーの聞き方——』せりか書房
桜井厚編、二〇〇三、『ライフストーリーとジェンダー』せりか書房
竹村和子、二〇〇〇、『フェミニズム』岩波書店
竹中恵美子編、一九九一、『新・女子労働論』有斐閣
———、二〇〇一、『労働とジェンダー』（現代の経済・社会とジェンダー第2巻）明石書店
田巻松雄、二〇〇四、「野宿生活を脱すること、野宿生活を続けること」『Shelter-less』No.20 新宿ホームレス

支援機構
田辺繁治、一九九九、「自己統治の技法――北タイのエイズ自助グループ」『上智アジア学』17号
――、二〇〇二、「日常的実践のエスノグラフィ――語り・コミュニティ・アイデンティティ――」田辺繁治・松田素二編『日常的実践のエスノグラフィ』世界思想社
都市生活研究会、二〇〇一、『平成一一年度　路上生活者実態調査』
東京都福祉局、二〇〇一、『東京のホームレス：自立への新たなシステムの構築に向けて』
山口恵子、一九九七、「野宿者の生きぬき戦略――野宿者間の相互作用を中心として」『現代日本社会に於ける都市下層社会に関する社会学的研究』（平成七年度〜平成八年度科学研究費補助金基盤研究（A）研究成果報告書［課題番号〇七三〇一〇六八］研究代表者田巻松雄）
――、二〇〇二、「現代社会における都市雑業の展開――新宿、隅田川周辺地域の事例より――」『「寄せ場」に関する社会学的研究』（平成十年度〜平成十三年度科学研究費補助金基盤研究（B）（2）研究成果報告書［課題番号一〇四一〇〇六二］研究代表者中根光敏）

猥雑な身体

女性

寄せ場は日雇い労働市場である。だから、そこでは、日々、日雇い労働者の「身体」が売買されている。年老いて使えなくなった労働者の「身体」は遺棄され、また新たな労働者の「身体」がそれに替わる。ドヤ街（簡易宿泊所街）はそのような「身体」を囲い込む場所でもあった。そのような寄せ場の特異性について、ずっと以前からうんざりするほど多くの事柄が語られてきたのに、セクシュアリティ（性に関する社会的な言説や知の実践）について語られることはめったになかった。寄せ場のセクシュアリティは政治問題から分離され抑圧されてきた。

なぜだろうか？　山谷には、仲良く連れ添って銭湯や飲み屋に出かける男性カップルがいた。家族経営の小さなドヤには、小花を散らした女物の傘を好んだ新聞配達員のおじさんがいた。現金仕事から帰ってきたら、ちょっとドヤでお風呂に入り、薄化粧をして一杯飲み屋に行く労働者がいた。釜ヶ崎では、二畳のドヤの部屋で一緒に寝起きし、リアカーで廃品回収する男性カップルもいた。越冬の時期、たき火を囲んだ運動家の傍らに小さな赤ん坊を抱いた支援者がいた。山谷の商店街の自動販売機の前には、男たちと車座になりワンカップで陽気に騒いでいる女がいれば、炊き出しに並ぶ男たちの中には、夫に殴られ片方の耳が聞こえなくなり、さらに片方の足を引きずるようになった女がいた。多くの場面で、労働市場の問題、野宿者の問題について議論が浮上しても、寄せ場のセクシュアリティは沈黙させられ、周縁に追いやられてきた。しかし、個々の彼ら彼女らの猥雑な身体は労働市場に抗して、まぎれもなく、ここに存在している。

＊

「蝋燭？」

「燐寸？」

「いやいや、懐中電灯だね」

「で、いくら？」

「五〇〇円っていう話だけど」

「いんや、三〇〇円だ。イシダさんが言っていたのを、ちゃんと聞いたから、間違いないさ。」

「なんの話？」

「なんでもない」とキムラさんがいうと、みんなは一斉に目をあわせて黙りを決め込んでしまった。私がその場を離れると、また、こそこそと相談しだす。

「じゃー、試しに行ってみるか？　三人で千円だせば文句ないよね」

「そうだな……」

相談している三人は懐中電灯をもって裏山に探検に行く少年たちではない。六〇歳をとうに過ぎたおじいさんたちである。そして、ここは裏山どころか、緑がまったくない、日雇い労働者の街、山谷である。彼らが相談していたこの場所は、その山谷のど真ん中にあるキリスト系ボランティア団体が運営する簡易宿所生活の高齢者のためのデイサービスである。そして、当時、私はそこのボランティア・スタッフであった。

彼らの話の内容が気になった私は、その日の午後、フジタさんを捕まえて、問いつめる。「今朝の話、何？　よからぬ相談していたでしょ。キムラさんたちと。賭け事のこと？　それとも……」

「なんでもないさ。賭け事はやめたし、わたしらお酒を飲まないの知っているでしょ？」

「そうだけど、気になるもの」

「……」

「わたしが話したっていわないでくれる？　わたしはあんまり乗り気じゃないしね」

「うんうん、絶対に誰にも言わない。シスター（デイサービスの責任者）にも秘密にするから……」

フジタさんによると、最近、T公園の便所に若い女が出没していて、おじさんたちが二、三人集まって、ひとり数百円出せば、ほの暗い便所の奥で、箱に乗った女がぱっとスカートをあげて、秘所を見せてくれるという話だった。

あっけにとられた私は、「何？　フジタさんも行ったの？」と詰問した。

「いんや、みんなが話していたから、まー、雑談していただけさ……」

公園で秘所を見せる女、それを見に行く男たち。年老いた労働者たちは「労働者」の誇りも何もとっくに放棄して、その代償に生活保護を受け、最後のときを待っているだけだ。そんな恐ろしく退屈しきった日常に、ちょっとした裂け目が現れる瞬間、男たちはそわそわしだし、なんだか生き生きとしている。

彼女の猥雑さは、寄せ場で活動するカトリックの支援団体のシスターからみればやっかいな存在である。支援団体や男たちに助けを求めるのでもなく、ただ、そこにいて、彼女自身の身体を無防備に曝しているだけだから。

＊

「ほらね、あたしはこういう生活しても〔野宿生活〕、きれい好きだからね。パンツは履き替えるよ。ほら、〔鞄のなかには真新しい下着が二枚はいっていた〕。商売〔売春〕するにはちゃんとしておかないとね」。気丈に応えるアサさんだが、別れを惜しんでか、商店街のはずれまでずっと見送ってくれた。

雑踏の中で、彼女は立ち止まって途端に動かなくなった。すると、通行人の何人かの肩がぶつかる。急ブレーキをかけた自転車の持ち主が「バカヤロー」と悪態をつく。夕闇が迫り、帰宅を急ぐひとびとの歩く速度はどんどん速くなってくる。それとは対照的に、彼女の動きはどんどん緩慢になっていく。いつしかその場にしゃがみ込む。しゃがみこんだ彼女の後ろ姿が長い影をつくる。影はいつのまにか路上に置かれた小さな石のように見えた。石の影。それは梃子でも動かない決意をもった影だ。いつしか、通行人にとっても、社会にとっても彼女はやっかいな存在となる。それでも、彼女はその場所を一歩も動こうとはしない。ちょっとでも動いたら、どこかに行かなければならないことを彼女は知っている。いつもそうしてきたから。だから、いまは、小石のように転がることがあっても、誰かにじゃまもの扱いされても、そこにいることを決心しているのだ。

＊

これまで、寄せ場をめぐる言説空間では、個々の労働者の「身体」について、その搾取、破棄、回収を問題にしてきた。そこで、前提となった身体とは「労働する身体」であった。この「労働する身体」の位置は、マルクスの労働価値説に従えば、交換価値をもつことによって規定される。だとすれば、寄せ場ほど、「労働」イデオロギーが浸透している場所はないといえる。寄せ場は、労働市場として、日々、日雇い労働者の「身体」に労働の価値を生産し、そこでは、「労働する身体」は「労働」する・しない「身体」に二分化され、後者は容易に廃棄される。逆説的に、寄せ場では、「労働する身体」から締め出された「猥雑な身体」が、寄せ場の「労働」イデオロギーの外部に位置することで、そのイデオロギーの危うさを問う側にいる。「恥部を曝す女」、「佇む女」は何もしない。どのような意味でも価値を産出しない代わりに、「女」の身体性＝部品化、石の影＝物化することで、誰にでも侵犯される危うさをもちながら、あらゆる「労働」イデオロギーの外部で、どこまでもやっかいな存在として立ち現れているのだ。

文貞實

Ⅲ　希望の境界

6　亡霊の声
――野宿者の抗いと抵抗[★1]

西澤晃彦

1　抗いと抵抗

野宿者は、組織・定住領域から排除されている。彼らを雇用するところはなく、入居できる部屋もない。見ることとさえ疎ましい存在として放置されたままである。野宿者にとって、生活保護も命綱にはなり得ない。福祉事務所は、自らが人権などという概念が無効な非人間となっていることを野宿者に思い知らせる場所であった[★2]。野宿者がそもそも組織・定住領域にいた人であったことは、再確認しておくべきだろう。彼らにとって、野宿者としての自己は、まずもって否定の対象として体験される。それゆえ、野宿生活には、強烈な自己否定の感情が伴われがちである。

存在することに疲れ果てた野宿者は、あきらめに支配され投げやりにもなる。彼らは、「檻のない牢獄」［西澤、二〇〇五c］の中で、剝き出しの生［アガンベン、二〇〇〇］——個が想定する主体としての潜勢力を否認された、ただ単に生きているだけの生の状態——へと彼らを無力化する磁場に捕われるのである。★3 だが、野宿者は、剝き出しの生への磁力に対し抗う。彼ら自身がかつてそれを否定的に見たものであったとしても食いつなぐためにする缶集めや雑誌集めなどの仕事が、あるいは、望んでそうなっている訳ではないにせよ生活保護を受給していないということすら、生きる意味を引き出す解釈実践の対象とされるのである。しかしながら、例外化され非人間化された野宿者たちによるそうした抗いは、その意味を他に読み取られることもなく、むしろ闇の中へと葬り去られていく。「公共的空間」が「自らの「行為」と「意見」に対して応答が返される空間」［斎藤、二〇〇〇、vii頁］であるとすれば、野宿者はそのような空間から完全に排除されているのである。

国民国家は、国民への総ぐるみの均質化を通じ、人間の独占を行なう。だが、そうした均質化は、均質化されざる部分を異質なものとしてかえって焙り出すことになる。それゆえ、人々をよき国民の方へと治療する国民化に並行して、非国民的存在の隠蔽あるいは抹殺の操作がなされる。そうして、よき国民によって生きられるホームの空間は、★4 逃げ場なく領土を覆い尽くすものとして感覚されるようになる。一方、よき国民のカテゴリーから排除された非組織・非定住・非家族の存在は、下層労働市場に委ねられ流動化することによって、ホームの空間から分断されたホームレスの空間へと封じ込められてきた［西澤、一九九五：二〇〇二：二〇〇五b］。マジョリティとの連続性を断ち切られ孤立した下層マイノリティは、そこにいてもいない、ありえないものとして亡霊化され、放置される。ようやくマジョリティの目に映るマイノリティの現実も、愚か者たちによる自業自得の結末として感受される。Z・バウマンが、「排除されることは、社会的な処刑ではなく、

★1 本章3節での社会的世界をめぐる記述は、［西澤、二〇〇五c］と重複することをお断りしておく。

★2 野宿者は、「住所不定」や六五歳未満であることを理由に生活保護申請を拒絶されることが多かった。これに対し、厚生労働省は、二〇〇一年になって、「住所不定」や六五歳未満であっても生活保護の適用を受けることができる旨を、都道府県などにあらためて文書で指導した。無差別平等の原則をもつ生活保護法からすればそれまでの対応は違法状態であったのであり、二〇〇一年まで厚生労働省はそれを放置していたということになる。ただし、このような指導が地方自治体の末端にまで充分に浸透するかどうかは疑わしい。現場における偏見は、相当に強固である。「住所不定」を表立って排除の理由とすることはなくなったとしても、「稼動能力」を恣意的に解釈しそれを方便として運用する排除が跋扈する可能性はあるだろう。名古屋市は、「林訴訟」において、「稼働能力」に限定しつつ排除の正当化を試みている［藤井克彦・田巻松雄、二〇〇三］。

★3 野宿者を剥き出しの生へと無力化する檻のない牢獄については、［西澤、二〇〇五c］において詳述した。檻のない牢獄は、現代世界のそこここに胚胎する棄民空間と通底している。渋谷望は、「グローバル化するネオリベラル的社会編成」のもと浮上した例外空間において人々を無力化しつつ管理する権力様式を、「強制収容所、難民キャンプ、仮設住宅、ホームレス、棄民、そして成長しつつある「第四世界」」に共通してみられるものとしている［渋谷、二〇〇三］。

★4 ホームの空間とホームレスの空間については、［西澤、二〇〇五d］を参照。

社会的な自殺の結果として示されるのだ」〔Bauman, 2000＝2001:86〕と述べたのはそういうことである。野宿者の増加はそうした隠蔽のメカニズムが機能不全に陥ったことを示すものではあるが、辛うじて視野に入る野宿者の悲惨は、無視すべきこととされるかあるいは彼岸のできごととして例外化されたままなのである。ホームの空間を無機的な風景としつつ、亡霊たちはホームレスの空間をさまよい続けている。

言葉が交される公共的空間にいない亡霊たちは、社会問題とされることはあっても、自ら社会問題を構築することができない。「ホームレス問題」とは何か。環境浄化を叫ぶ素朴な人々にとっては、自分たちの住む地域が不運にも巻き込まれた災禍が問題である。収容施設設置反対を叫ぶより賢明な人々は、行政の説明不足や強硬姿勢をターゲットにする。良心的なマスメディアは、情報の受け手が安心して悲惨を消費できる距離を保証しつつ、一般的な不況・失業報道の強化材料へと野宿者を脱色する。それゆえ、メディアの欲望は、数の上では極少数の「スーツ・ホームレス」を何とか探し出す方へと向いがちだ。[★5] 行政はといえば、増大する野宿者の量に対しもはや放置では済ますことができず、「自立支援」策を整備しつつある。だが、それは、声への応答ではなく、目に付くことへの反応であることに注意が必要である。あくまでも、問題の焦点は、剝き出しの生たる肉塊に向けられている。見えなくなることが、そこにおける解決であるのだ。排除とその帰結としての貧困は、どこにおいても問われることがない。現にある公共的空間においては、野宿者の抗いは、どこにもその痕跡を見出せない。

そうした中で、野宿者支援の運動は、例外化された野宿者を社会の問題として社会へと提示する勢力としてあり続けてきたといえる。中根光敏は、「野宿者（支援）運動の側からは「野宿生活をしている当事者が自らの意志に沿った形で野宿生活から脱出できるような選択肢の用意」を行政に対して働きかけ、行政の側からは「行政が用意する制度上の選択肢に野宿者を適合させることによって、野宿から脱出させること」を目的とした施策を打ち出すための活動がなされている」と運動と行政とを対比させ、「争点となるのは、行政によってなされる制度上の施策の中身以上

★5　書籍に限定されるが、トム・ギルは、「ホームレス」関連のルポルタージュのレビューを通じて、その多くが「スーツ・ホームレス」へと関心を集中させていく傾向をもつことを指摘している［ギル、二〇〇一］。「スーツ・ホームレス」を好んで取上げるマスメディアの性癖は、バブル経済崩壊以降の不況・失業報道の一環として作られた新しい現象ではない。三井信託銀行の行員であった野宿者・林光一を著者とする『ルンペン学入門〜放浪の詩〜』がオイルショック直後の一九七六年にベップ出版から出版されているが、ソフトカバーの芸能人本を主力とする出版社から出た本書においては、著者による野宿生活の記述の資料的意味は大きいにも関わらず、全体としておもしろおかしい破滅エリートの物語として編集されてしまっている。おもしろおかしく読まれたのであろう、それなりに売れたらしく、版を重ねてもいる。元エリートや元「社長」の破滅譚は、野宿者を析出する構造的な背景を隠蔽した上で、個人的な悲惨を距離を置いて楽しむ構図のもとで作られ続けてきた。こうした下層の人々に関する物語形式の登場と定着は、高度成長期を通じて下層地域集団が不可視化されるに伴い、集団を対象とするおどろおどろしい比喩による暗黒化の技法に代わって、個人を対象としたからかいの技法へと、言説による排除の操作が変容していったことを示唆している。この点については、検証作業が求められる。

に、野宿者自身の意志がどのように取り扱われるのかということである」と述べた［中根、二〇〇二、二〇頁］。しかし、「ホームレスの自立支援等に関する特別措置法」成立に前後して運動体と行政の間で様々な連携が始まったが、「自立支援事業」をめぐるそこでの議論の中で、「意志」は「争点」ではなくなってきているように見える。社会福祉行政は、「自立支援事業」を通じ、野宿者の「意志」をまなざすようになっている。例えば、東京都における自立支援センター事業や期限付き低家賃住宅提供事業においては、「自立」への「意志」を測定するテストの要素がはっきりと盛り込まれている。北川由紀彦は、東京都の自立支援センターについて、以下のように述べている。「自立支援センターの利用は、施設自体が不足している環境下でできるだけ多くの野宿者に利用のチャンスを提供するため、また、入所者に「就労自立」に向けた「プレッシャーをかける」ためという理由から、一人につき一回、要するに一生に一回に制限されている」［北川、二〇〇五］。二〇〇三年には「過去の自立支援センター入所時に就職実績のある者については再利用を認める」と緩和されたが、いずれにせよ自立支援センター在所時に生活保護なしに定職を確保し「自立」せねばならず、これに失敗すれば失格者として烙印づけられ再び外部へと放擲されるということだ。野宿者を例外化したままなされるこうした念入りな作業は、「ホームレス問題」を再び個人の欠格の問題に還元しつつ、例外空間を再構築・再画定する機能を担う［西澤、二〇〇五ａ：二〇〇五ｂ］。そこでは、「意志」が、むしろ決定的な判断材料となっているのである。そうすることによって、政策になじまない人々は、「意志」にもとづく「自殺」者であることが確定され、その放置もはっきりと正当化される。★6 不況の犠牲者というわかりやすい物語によって成立した一部の共感は、あらためて自立不能を宣告されたこの人々にまで届くものではなくなる。政策の遂行にあたって効率主義的に判定される「意志」と、運動において尊重されてきたゆっくりとかたちづくられる意志とは、もちろん別物であるだろう。だが、いかにその意味づけが異なるとはいえ、運動体が「自立」という成果を行政と共有することになれば、官僚制的な効率主義から距離を取り続けることは難しい。支援運動による、一人でも多くのいのちを救うという判断を根拠になされる行政との連携は、意図せざる機能への加担という難題を抱え込まされているといえる。★7 とりあえずここで言えることは、構築された「意志」なるものが、野宿者がみせる抗いの表象では全くないということである。

野宿者の生への抗いは、閉じられた公共的空間へと介入する社会的な抵抗へと繋がり得るものなのだろうか。★8 それが隘路であることは明らかだ。だが、そうした隘路を過程として捉え、抗いから抵抗へと展開する条件について考察することは、野宿者研究の課題の一つである筈だ。

ここでは、まず、2、3節において、主に野宿者の語りの解釈から、野宿者が剥き出しの生への還元に抗って自己を再構築する諸相について検討する。2節では、野宿者が、過去から自己の

★6 それればかりではなく、選抜の成果主義的な形式は、その敗者に野宿の境遇を納得づくで受け入れさせる効果をもつかもしれない。そうだとすると、それは、剥き出しの生へと敗者を誘導する仕掛けということになることになる。

内容となる要素を調達する個人的方法について述べる。３節では、野宿者が、そこに自己を位置づけることによって自己を再構築する、野宿者の社会的世界について述べる。そこまでが抗いという次元における議論であるとすれば、４節では、抗いが抵抗へと転化する、露呈という局面について検討していく。２、３、４節で述べる抵抗への過程のそれぞれの局面は、それぞれ都市に晒されているという条件のもとで可能になることも確認されるだろう。なお、ここでは、第一次的資料として、神奈川県下の都市において二〇〇一年二月に行なわれた野宿者へのアンケート調査[★9]の結果と、二〇〇二年の夏に神奈川県平塚市で行なったインタビュー調査の記録を用いている。そこから得られた知見は、野宿者の社会的世界に共通のものとして一般化するが、そのためにも適宜、他地域の野宿者についても触れることにしたい。ここでの記述は、個人や地域の個性記述ではなく、あくまでも層としての特性の記述を目指すものである。

2　過去への投錨

野宿生活へと投げ出されたその人は、否定の対象であった野宿者としての自己をそう易々と受容することができない。それゆえ、ひとまず個人的水準において、自己を再構築する戦術が多様に立てられる。以下に見るように、それらはどれも、過去における自己に根ざしたものというこ

とができる。たとえ現状が悲惨であったとしても自らの過去にほんとうの私を見ることができる

★7　例として東京都をあげたが、実際には都市への均質化圧力の強さは、首都あるいは帝都としての東京において顕著であると思われる（東京都の帝都的体質をめぐっては、［西澤、二〇〇二：二〇〇五b］でも触れた）。野宿者への排除のベクトルは変わらないにせよ、東京と他の大都市の「ホームレス対策」には相違点も多い。例えば、横浜市や川崎市の「自立支援事業」の場合、そこで設けられる施設は、東京都などに比べ、よりシェルター色の強いものになっている（「自立」の数字は稼げないかもしれないが、制度的な烙印づけは弱いと思われる）。同様に、支援運動と自治体行政との関係性についても、それぞれの歴史的な経緯もあり地域により異なるところが大きく、一概に言えないことは確かだ。

★8　寄せ場研究においては、抗いと抵抗を分離せずに議論を済ますことができた（済ませてしまっていた）。なぜならば、暴動という抗いを一気に抵抗にする集合的な行為が、そこにはあったからである。瞬間の中で圧縮され実現されていた過程の微視的な検討は不充分であったと思う。

★9　このアンケート調査は、神奈川県の委託をまず西澤が受けて、県下の当事者・支援団体と研究者・学生とで調査チームを結成し、二〇〇一年二月一一日から一六日にかけて、神奈川県厚木市と海老名市の相模川河川敷、平塚市、藤沢市、小田原市、相模原市、茅ヶ崎市において行なった。調査票もチームの協議により作成された。調査においては、まず、二〇〇〇年三月に神奈川県が行なった「平成一一年度神奈川県ホームレス実態調査」（目視調査）の結果から横浜市・川崎市を除く県下上位五市とその隣接地域を選び、そこでの資料と地元の支援団体の助言を参考に、依頼ビラの配布を兼ねて野宿者の所在確認をまず行ない（二月五日から一〇日の間）、野宿者の人数把握を試みた。その結果を地図に落として台帳の代わりとし、調査員が分担して実査にまわった。把握された人数は三九七人、回収票は二五一票であった。なお、調査結果については、神奈川都市生活研究会『神奈川県下野宿者調査中間報告書』（二〇〇一）にまとめられている。

のであれば、今のこの否定的自己はかりそめのものとして受け流すこともできるかもしれない。あるいは、記憶というよりも文化といった方が適切な、身体化された記憶が動員されることもあるだろう。それらもまた、過去に根をもつものである。

不本意な仕事しかない現状は、過去に就いた仕事へのこだわりを強めさせる。そこで、野宿者は、過去の職業生活において培われた紐帯がいまだ使えるものであることを確かめようとしたり、職業経験が生きているものであることを感じようとする。

廃品回収はテレビとか、テレビはもうほとんどなくなりましたけれどもね、あと、ラジカセ。自転車で。だって俺、目が悪くなっちゃったから。昔から車乗ってたんだけど、それもう置きっぱなしになって。週一、二回、月に八回ぐらいになるのかな。いろんなやつがいるんですよ。けんかになりそうになったりして。やっぱり縄張りがあるとか何とか言ってさ、けんかはしたくないから、こっちはラジカセ一台ね、それやって別れたけれどもね。こっちは汗水たらして、この暑い中ね、まわってね、そういうこと俺やりたくないからね。廃品はね、昔ね、仕事先の人に教わったんですよ。一緒に車にのっかって廻って。あの頃は結構なったんですよ。今は金にならないけど、あの頃は金になりましたよ。だから、廃品のやり方とかは知ってましたよ。日本通運やって。やっぱり人間関係で会社辞めたんだけど、色々あって。やめてからダンプカーの手伝いやったり。〔建築の仕事は、との問いに対し〕

まあ建設会社みたいなところにもいたか。それで、今。廃品はいろんな仲間のあれもあるから、いろんな人たちの範囲があるから手を出しちゃうとこっちもほらね、問題があるから。それで、あとはアルバイトをやって。アルバイトは昔の仕事関係の知り合いの人がもってきてくれて。全然無いけどね。昔いたとこの近くのペンキ屋さんの仕事とか。その知り合いも俺がここにいることは知ってるから。平塚は結構長いですよ。生まれは福島なんだけど、向こうで働いてたら友だちが川崎に行って。それで俺も川崎に行って。平塚はその後。家族は持ったことは無いです。〔Xさん、二〇〇二年八月一二日録音〕

Xさんは、建築・土木系の日雇い仕事に就いた経験を、意識の外に追いやろうとしている。一方で、Xさんにとっての大切な記憶は、自動車に乗って働いていた日々である。Xさんは粗大ゴミ集めの仕事を「廃品回収」と呼ぶが、そのような表象を回路として、現在の仕事はよき日々の記憶と関連づけられている。また、たまの「アルバイト」も、過去の社会生活を再確認するものとなっている。

Xさんに限らず、野宿者にとっての仕事は、記憶の保存という意味をもつことがある。日雇い仕事に執着する人々は、だいたいにおいてそうであるだろう。雑業を専らとする野宿者であっても、Xさんのようにそこに過去における自己を読み込む人はいるだろう。

だが、仕事をする、仕事ができるということが、自己の要素として唯一化することは――これはよくあることだ――、リスキーなことでもある。それは、仕事がない、仕事ができないことが、自己の喪失という事態に直結するということである。

野宿生活の長期化は、野宿生活の「生活の型」〔妻木、二〇〇三、二九～三〇頁〕が確立されることによって、雑業を中心として何らかの仕事をする人を増加させる。ただし、一定以上の長期化は、仕事の継続をやはり困難にするようだ。神奈川調査のデータでは、一年未満の無業率（前の月に雑業も含め仕事による収入が全くない状態におかれていた人の比率。なお、全体での無業率は五一・〇％であった）は五六・一％であったが、一年以上三年未満で五一・三％、三年以上五年未満で三二・四％と低下している。しかし、それ以上に野宿生活が長引けば、無業率は、五年以上七年未満で四七・一％、七年以上で五八・九％と反転して増加するのである。★10

しかし、仕事だけがかつていた場所への投錨を可能にする営みなのではない。例えば、マスメディアとの接触は、社会という拡がりの中にある自己への感覚を維持させる効果をもつ。ゴミの中から見つけ出したラジオや携帯テレビをつけっぱなしにする人がいるし、新聞を欠かさず手に入れて読むことを習慣にしている人もいる。野宿者に対し、少年による野宿者襲撃についての意見を求めれば、どこか客観化された「最近の親は……」とか「最近の若者は……」といった定型的とも言える話がよく返ってくる。日本人論になることも稀ではない。そこにおいて、野宿者は、当事者としての位置から離れ、一般的な社会悪について語っている。野宿者は、マスメディアと接することによって、彼らに門を閉ざした「社会」にではなく、かつては自らもそこにいた社会の拡がりを仮構して、そこに自己を解放して読み、聴き、観る、そうした言葉をいっとき手に入れることができるのだ。ただ、マスメディアとの接触を持続することは随分と面倒だし、テレビやラジオには電池代もかかる。日々食うことの切実さが増せば、当然それらは後回しになりがちだ。

あるいは、牢獄の同伴者となる家族を想像する策がある。ペットを飼い、あたかも家族のように扱う野宿者も多い。世話をする対象をもつことは、存在の意味を補填する関係の創出行為である。これもまた、檻のない牢獄における自己の再構築の試みとして見ることができるだろう。最も多く飼われている動物は猫だ。野良猫を自分のテントや小屋に連れ込んで毎日餌を食べさせる。厳しい冬をなんとか乗り越えさせてやろうとする。もちろん、野宿者にとって、餌代は結構な出費である。Yさんも次のように述べている。

★10　「型」が確立していく傾向については、東京都内四エリアを調査地とした都市生活研究会『路上生活者実態調査』（二〇〇〇）、大阪市内のほぼ全域で調査を行なった大阪市立大学都市環境問題研究会『野宿生活者（ホームレス）に関する総合的調査研究報告書』（二〇〇一）においても指摘されている。この二つの報告書においては、東京では最長カテゴリーが五年以上、大阪では三年八カ月以上となっているため、無業率の反転を確認できない。僅かに、東京報告書において、一層の長期化が無業化を促すことを示唆しているに過ぎない。

今は〔稼ぎが〕減ったねえ。手許には何も残らないですよ。毎日ご飯食うし。今んとこ、二万から二万五千てとこじゃないですかね。それから私は猫を飼ってるから猫の缶詰買わなきゃいけない。足りないんですよね。足りないときは借りてしまう。〔Yさん、二〇〇二年八月八日〕

ペットを飼うことは関係の創出行為であると述べた。しかも、その関係は具体的で、ひとたび反復されれば容易に放棄し難い。たとえ食を切り詰めなければならなかったとしても。

平塚で支援団体の「パトロール」（野宿者の健康状態などを尋ねてまわる。援助が必要なときには援助を申し出る）に参加した際、転倒して怪我をしたという青黒く顎を腫れ上らせ手をそこに添えていた男性に出会ったことがある。病院で医療保護を取って治療することをすすめたところ、「猫がいるから行く訳にはいかない」とのことだった。彼は、小さな掘建て小屋に数匹の猫を飼っていたのである。たびたび指摘されてきたように、「お上の世話にならない」という矜持を語る野宿者は多い。恐らくは、彼の言葉は、「お上の世話にはならない」ことを支援者に伝えるための彼なりの方便ではあるだろう。だが、そこにおける方便は、矜持を守るために彼が彼自身に向けて作り上げてきた言葉であるのかもしれないのだ。

猫よりも犬よりももっと安上がりにしかし高度な技術によって、動物を飼い慣らしている人もいる。Ｚさんは、猫嫌いのスズメ男でもある。彼とベンチに座って話していると、首をかしげながら物欲しげにスズメが集まってくる。隣に座る私のことなど目に入らないかのように、彼の肩に止まるスズメまでいる。

スズメもさ、毎日えさやってるとさ、だんだん慣れてきて肩のったりさ、足のったりするよ。半年以上えさやってんだもんな。俺はハトはだめ。カラスもだめ。猫なんかひどいよ。みんな猫を捨てていくでしょ。それで猫の子どもが随分いるんだ。昼寝しててパッと目を覚ますでしょ、するともうだめだ。もう猫が口開けてスズメ咥えてるんだ。もう、ここ来て五羽か六羽かやられた。目の前で。それで猫見るともう石ぶつける。［Zさん、二〇〇二年八月一二日］

ベンチに座る彼は、餌を細かくつぶし弾き飛ばす指先以外は身体を動かさない。身体を大きく動かすことをスズメが恐れるからだろう。その間も彼は淡々と話し続けたが、不思議なことに話し声に対してスズメは反応しなかった。私も、雰囲気を察して、身体をできるだけ動かすことなく話した。

愛する動物との関係は、当人の経験をもとに組み立てられた想像上の家族モデルではないだろうか。猫や犬やあるいはスズメとの関係はそれぞれの動物・鳥の特質によって内容を規定されるが、そうした関係の選択に生活史上の経験が関わっていると推測できないだろうか。例えば、スズメとの関係は、経験的な距離の思想を反映しているのかもしれない。ちなみに、Zさんは、児童福祉施設に育ち、人生の長い時間を全国の現場・飯場を渡り歩く建設労働者として生きてきた人である。スズメとの関係には、詰めても残る距離がある。匿名性も高い。だが、鳩や鯉とは違い、餌を投げれば食ってくれる訳ではないから、達成感は高いだろう。一方、猫を愛する野宿者には、継続的に面倒を見る特定の誰かがいる関係への親和性があるといえるのかもしれない。これらはもちろん推論に過ぎない。しかし、ある人がどのような動物を選び、どのような関係を作り、またそこにどのような親密圏を想像しているのかは、その人を理解する糸口になりうると思う。

この節で述べたいくつかの自己保存の個人戦略は、いずれも、野宿生活に何か誰かを引き込んでそこから過去を密輸入し、自己を解放する関係を作り出すものということができる。都市は、そのような密輸入が可能なほどの空隙を辛うじて彼らに与えている。岩田正美は、「「ホームレス」の人々の価値観が「世間」と同調的である」とし彼らは「まさに「その社会から」生み出されたものに他ならない」とした上で次のように述べる。「短期間ではなく、三年も四年も路上での生活を続けてきても、彼らはその「世間」への同調を捨てようとしない。彼らはいつも、自分を「世間」の方へ寄せながら、「あいつら」を語ることを好み、一様に「世間」を非難しない」［岩田、二〇〇〇、二六二頁］。ここまで述べてきたことを踏まえるならば、「世間」とは実はかつていた世界のことであり過去のことであると解するべきではないだろうか。彼らが「世間」を非難しないのは、今、彼らを排除している「世間」に準拠してそうなのではなく、生の根拠となる過去が手放されないでいることを示すものなのである。

3　社会的世界

前節で述べた個人的戦術は、生活史の多様性により個性化されたものであるということができる。一方、本節では、集合的水準において野宿者に自己の内容と形式を与えている、野宿者の社会的世界について述べたい。

野宿生活は過酷である。身体は急速に弱るし、生への執着も断ち切られそうになる。それでも、野宿者の多くが働く人でありあるいは仕事を求める人であることは、いくつもの調査報告が指摘するところである。一回の稼ぎはそれなりにある日雇い仕事の口を待ち続ける人もいるが、たまに声をかけられたところでそれで食いつなぐことは難しい。そこで仕事を作り出す人が出てくる。空き缶や銅線、雑誌や本を集めて業者に売る、都市雑業の発生である。しかしながら、これもまた割に合わない厳しい仕事だ。朝早くに起き出して歩きまわり、それで月平均三万円程度の金を作るのである。そのような生活に肉体的精神的に耐えられなければ、レストランの残飯から拾いをしたり、コンビニエンス・ストアの賞味期限切れの弁当を手に入れるなどしなければならない。日雇い仕事、雑業、拾い、こうした営為は適宜組み合わせられるが、建築・土木系の日雇い労働市場の大きさや雑業が成立し得る条件には地域差もあって、野宿者の食い扶持についての一般的傾向をはっきりと示すことは難しい。ただ、ここで強調したいことは、野宿者の世界においては限定づきながらも生きるための方法が複数あって、そうした方法を採ることの意味も、再構築された自己を正当化する文脈に沿って、それぞれが模索しなければならないということである。

缶は集めてる。食うためにね。夜廻る。〔缶ゴミが〕出る日があるからさ。今うるさいから、持ってっちゃだめだなんだかんだ言ってよお、だから、見つからないようにそーっとやってくんだけどよ。缶は平塚に屑屋さんがあるからそこに持っていく。初めのうちは恥ずかしくてよ、できなかったけどね。こういうとこ行って缶集めたらいいよって、集め方とか屑屋さんの場所とか〔野宿者から〕教えてもらって。慣れるまで時間かかったねえ。毎日行っているわけじゃないから、第何何曜日とかだからね。毎日毎日出てるならよお、いいけどね。第五何曜日なんて何も無いんだから、一週間。ある時は、週に二、三回出るけれども。やってる人多いから、みんな早く行かなきゃなんねえってね、先に先にやんなきゃね。誰かがやってれば他へ行くし。まあ、同じことやってる人と顔合わせたら挨拶くらいはするよ。「どうだ？」なんてね。でも、きついですよ。〔米の〕飯なんて食ったことないよ。遠いとこまで廻らないと。自転車で。〔高齢の〕俺なんか自転車で運ぶのが大変だもん。運ぶのが一番きつい。何にもやんないで、中には、コンビニ行って弁当もらってくるのもいる。われわれはそんなことできないから、自分のからだでね、動いてやってですね。それで食べてる。だから高いのは食えないわけ。やっぱり安いパンだの、冬だったら〔インスタント〕ラーメン食ったり今だったら焼ソバ食べたり、やってるね。だから、もう、栄養は傾いちゃってるね。〔Vさん、二〇〇二年八月六日〕

長く平塚に定住しつつ建設労働者であったVさんにとっては、缶集めは「恥ずかしく」「きつい」仕事である。それは不本意なこととして観念されている。一方、彼は、「コンビニ行って弁当もらってくる」他の野宿者を否定しつつ（彼らは「われわれ」の範疇から外される）、彼らとは違って食料を自分の稼ぎで買っているというそのことを根拠に、剝き出しの生から区別される生をまさぐっている。

一方、飯場暮らしの長いZさんは、かつてのような「いい仕事」を飯場の親方や手配師が持ってくることを待ち続けている。

ここにもさ、ちゃんとね、手配師って人がいて来て、仕事どうだって言うから、行ってもいいよって言うんだけど、まあ一日働いても六千円ぐらいにしかならないし、そこから朝昼晩の食事代ひいて、煙草分とかね、あとはパーだね。たいがい全部ひかれて何もないからさ。横浜とか東京とかからの業者が来るんだ。この辺の仕事はほとんどないわけ。去年の一〇月までは大井松田にいた。そこの親方が個人でやってる飯場に入ってたんだけど。そこを出て、平塚のあそこの地下道のとこ、雨降ってきたから雨宿りしようと思って、そこに入って、二月の二二日ぐらいまでいたの。それから、この公園にいい場所があったからね、ここでいいやと思って。なんだかずるずるこっちに今までいちゃった。九月か一〇月に入れば、仕事があることはあるんだ。また土方でもやろうかな。俺、まだ行くとこうんとあるし。声かけに来る人はいるから、作業着一式と下着と履物だけは揃えて用意してる。まだ俺はやり残したことがいっぱいあるから。なるべくならこれ以上ここには厄介にはなりたくないし。だから、一応俺は待っている。いい仕事が来るのをね。［Zさん］

しかし、たとえその自己規定が日雇い労働者としてのものであったとしても、実際には、彼は、コンビニエンス・ストアの売れ残り商品に依存して生きざるを得ない。その点では多くの野宿者と区別はつかない。だが、彼は、自分なりのものさしを取り出しつつ、そのものさしに沿って、他の野宿者と自分を差異化していく。

今は、飯なんか食ったり食わなかったりだから、ほとんど食事っていうのは、前はもらって食べていたんだけど、飲食店の裏口とか行って残り物とかもらってたけど、今はそういう店がなくなってきてて。あんまり人にさ、助けてもらうのは好きじゃない方だけども、六〇過ぎてるとどうしようもないからね。……今はもうだいたいあれだよ、コンビニとか。一応友だちに教えてもらってさ、やっぱりね、店によるのよ。人によるの。あ、この人だったら言い易いな、この人は言いにくいなってあるのよ。若いあんちゃんはだめ。やっぱり年寄りだね。そこがちょっと難しい。だからね、みんなコレをやってる〔こっそり持ち出している〕。朝さ、二時三時頃行って、倉庫に入ってる三日も四日もたったやつをとってくるのよ。俺はそうはいかない。ちゃんと行って、一日くらいのやつをもらってくる。〔Zさん〕

Zさんは、「三日も四日もたったやつ」を食わざるを得ない他の野宿者とは違って、「一日くらいのやつ」を手に入れることができる、世渡りの上手さを強調する。だが、コンビニ弁当の話よりも興がのるのは次のような話である。

道歩いててもさ、百姓がいるでしょ、で、悪いけどおじさんよ、これもらっていいかと言えば、どうぞどうぞって。大根とかみんなもらってきちゃって料理する。調味料っていうのが一番大事なんだよ。塩とかしょうゆ。塩としょうゆがあれば。道具もあるよ。別のところに隠してる。隠さないとみんなもっていかれちゃうからね。まあ、もっていかれたらもっていかれたでいいのよ。また探せばいいんだから。〔Zさん〕

「いい仕事」が来るまでの間に見つけた次のようなつなぎの仕事も、彼の自尊心を満足させるものである。

〔最近やった〕仕事は片付けとか。町場に行くとトラックの出し入れがあるでしょ、そういうのとか手伝ったりさ。まあ、一日でも仕事ありつけるとこがあればさ、家の片付けとかね。きれいにやったって五千円足らずだけど。歩いてて、見つけて、やさしい奥さんだったらやってみるし、あんまり顔のきつい人だったらもういいって。じっとしてるのが自分嫌だからね。仕事ないならないでさ、まあ、あっち歩いたりこっち歩いたり。歩くの好きだしさ。〔Zさん〕

彼のものさしは、人の顔を見極めたりうまく話を持ちかけたりする社交能力と塩と醬油を絶やさないような生活技術とを量っている。そのようなものさしが持ち出されることによって、他の野宿者との間の差異は確認されていく。社交能力と生活技術に価値をおきそこに向けて生を充塡させていくその構えは、児童福祉施設を出て以降、長い時間をひとり日雇い労働者として放浪してきたがゆえの思想であるといえる。

Zさんの自己保存の技術は巧妙であり、その雑業観もユニークである。彼には、こそこそと人に隠れてやる缶集めなどの雑業は自分にはふさわしくないとの認識がまずある。

〔缶集めなどは〕俺は絶対しない。ここ来て初めて見たよ。月曜日から土曜日までみんな夜中に缶集めに行くの。せっかく缶が〔資源回収の〕箱の中にきれいに整理整頓してて、それで持っていくんだよ。なんだよ、こんなことやってんのって。屑屋で、一袋三〇キロで三千円とか言ってるんだよ。〔Zさん〕

ところが、彼は、粗大ゴミを集めてきて「友だち」と「物々交換」するのだという。

……俺もさ、ここでもさ、長くいれば、友だち作ってさ。町場で粗大ゴミ集めてきて、友だちと物々交換。お金には換えない。俺は食料だね。いくらぐらいで売れるかなっていって、これだったら二、三千円だ、それじゃあって具合。金ないときは全部物でなんとかする。俺は金にはもう縁が無い。〔Zさん〕

結局のところ市場での価値を参照しつつなされるものであっても、彼にとっては、「物々交換」に踏み止まることの意味は大きい。彼は、それを通じ、事実上雑業に手を出してはいても労働者としての矜持を守ることができ、また冷酷な貨幣経済への包絡を心理的に免れることができるのである。

これまで見たように、野宿者は、それぞれの生きる方途の違いによって、やっていること、やらないことについて、肯定・否定の評価とそれを説明する論理を発達させる。そこでの論理は、かつてはそこに生きていた組織・定住社会の支配的基準を援用し、他の野宿者に否定項を見出してそれとの相対的比較でよりましな自己を再構築しようとする（Vさんにおける経済的自立へのこだわりはそれに相当する。仮に援用型とでもしておく）、あるいは、手持ちの代替的基準を持ち出して、他の野宿者を否定項としつつ自己を際立たせようとする（Zさんにおける社交能力と生活技術の誇示はそれにあたる。代替型としておく）方へと形式化される。そうした論理形式を通じ、他の野宿者と自己は差異化され、剝き出しの生から自己の生を区別することも可能になるのである。★11

岩田正美は次のように述べている。「インタビューの中で強い印象を受けたことの一つに、「俺」「（他のホームレスとしての）あいつら」「世間」という三つを仕分けた、彼らの語りがある。ここで当時者である「俺」は、他のホームレスである「あいつら」とは区別されたものとして、しばしば語られている。それは、「われわれ」＝「一般社会」対「かれら」＝「ホームレス」というような二区分でこの問題を見ようとする外側の視線に対して、「俺」は「ホームレス」という集団に一体化されない、と叫びたいこれらの人々の思いが凝縮されているかのようである」［岩田、二〇〇〇、二四七～八頁］。確かに、「俺」は、「あいつら」への埋没を恐れ、「あいつら」から距離をおこうとしている。しかし、重要であるのは、野宿者が「俺」という主体を確保しようとするとき、

「あいつら」という参照枠組を必要としているということなのだ。野宿者の社会的世界への参入は、否定的境遇を受け入れ、同じ境遇の者がいるということを認識することによって始まる。さらに、彼らは、野宿生活において距離の思想を共有し処世の術を習得することで、野宿者の社会的世界の中に深く組み込まれていく〔西澤、二〇〇五c〕。もちろん、その世界は、檻のない牢獄によって強く枠付けられたものとしてある。しかし、否定の対象でもあるその世界は、差異としての自己を取り出させる準拠枠となることによって、剝き出しの生への還元に抗するための最後の砦ともなるのである。もし、その世界が霧散すれば、彼らは全く孤立し簡単に無力化されてしまうだろう。野宿者の社会的世界は、そのようにして彼らの存在証明の要石となっているのである。★12

4 生の露呈：抵抗への社会過程

これまで述べてきたように、野宿者は、その営為のひとつひとつに生きる意味を引き出す解釈実践を伴わせながら、剝き出しの生への磁力に対し抗っている。しかし、彼らを排除する社

★11 援用型の方が一般的であると思われる。それでも代替型を取り上げ、援用型とあわせて分類しておくことは、今日の都市下層の性質を過去あるいは未来との比較を通じ把握するために意味をもつと思われる。

会が、そうした意味を受け取ることはない。果たして、野宿者の生への抗いは、公共的空間に介入し得るような社会的な抵抗へと連接し得るものなのだろうか。ここでは、排除に抗って社会へ、公共的空間へと貫入しその秩序を変成する営為を、特に抵抗として分節し論じたいと思う。「強者による支配を受容し屈服する弱者の日常のなかで醸成される」「ソフトな抵抗」〔松田、一九九六、一八四頁〕に着目することになるが、そうしたハードルを下げたかのような焦点移動を行なったところで、野宿者にとっての抵抗が困難なものであることには変わりがない。公共的空間は、同じ人間とみなしてはいない存在を締め出すために、がっちりと閂《かんぬき》をかけている。だが、後述するように、隘路であっても裂け目は唐突に現出するのであり、そして、その考察は都市の潜在的可能性を描き出す試みになるだろう。

　都市空間の社会秩序はいくつもの水準からなる。そうした水準の一つに、ある場所に居合わせた人々が物理的距離の近さゆえに生成させる相互作用秩序がある。ゴッフマンが論じた「公共の場所」における秩序がそれに当たる〔Goffman, 1963=1980〕。ゴッフマンによれば、公共の場所での他者との接触は、互いに互いの情報が不充分でありリスクが高い。そして、そのようなリスクは、そこに共在する人々に分ち持たれている。私が見知らぬ他者との接触を不安に思うように、その

★12　野宿者は、同じ野宿者の中から「いい人」を見極め、「仲間」カテゴリーを分節化し、そこに自らを位置づけようとすることもある。山口恵子は、新宿に野宿する「Kさん」の事例を取り上げ、彼におけ

る分節化の原理を記述している［山口、一九九九］。主に「本拾い」によって生活するKさんは、まず、「うじうじうじうじ」「いつまでも言う」、「一般人」と対比させつつ、昨日のことはさっぱり忘れるようなつきあいをする野宿者を「仲間とかはぜんぜん感じない」、「飲ましたり食わしたり」のない「一緒におるっちゅうだけ」の、しかし「仲間」であると述べる。その上で、彼は、野宿者を三つに分節する。本集め・本売りをやっていて親分子分集団を構成している人々も多い「飲み仲間」、野宿者支援の運動と関わる人々が中心の「つるんでる人間」、そして「誰ともつきあってない、ほとんどしゃべらない人間ばっかり」の独立した「一匹狼」である。本拾いをやっているKさんであるが、彼は自身を「一匹狼」であると規定し、つきあいの悪い「一匹狼」たちに親近感を持っている。彼は、泥棒であろうがヤクザであろうが、そして駅のゴミ箱を廻る本拾いであろうが、それが「仕事」であると強調し、「仕事」を止めて人にすがってしまったら「ほんとうのコジキ」になるのだという。山口の述べるKさんの事例は、野宿者の社会的世界から野宿者が自己を差異化していく内的な過程において、仲間の分節化が重要な位置を占めていることをよく示している。Kさんが持ち出す価値基準も、彼の言う「一般人」において支配的なものと連続的であり、彼もまた、それに沿って野宿者の社会的世界においてよりましな自己を確保しようとしていたと考えられる（援用型）。もちろん、そうはいっても、そこでの仲間カテゴリーは、野宿者の社会的世界を準拠枠としてそれを分割したものとしてあるのであり、野宿者の社会的世界から独立した社会的世界が自律的に形成されていく訳ではない。仲間とは、分節化された社会的世界のことである。だが、こうした分節化の試みも、やはり挫折に終わることが多い。既に述べたように、そもそも仲間集団の維持は困難だが、Kさんのような実際の接触が乏しい想像上の仲間においてもそうである。檻のない牢獄における野宿生活の苦難は、彼らが措定した自己を吹き飛ばしてしまうほどに、肉体と精神を打ちのめし続ける。山口によれば、Kさんも、その後に身体の調子を崩して仕事をする気力も失い、否定していた炊き出しの列にも並ぶようになった。そして、段ボールハウス村の火災後の総撤去を契機に新宿駅西口から姿を消してしまうのである。

他者もまた私との接触が不安であるのだ。相互に不安を感じあう事態は、不関与の制約を発達させ、それが様々な暗黙の了解、エチケットやマナーを結晶させる。公共の場所におけるいわゆるモラルなるものは、私的領域の防衛という自己愛的な目的が共有されることによって生み出されるものなのだ。

相互作用秩序は脆弱である。暗黙の了解は、了解を共有しない人々を説得することができない。秩序侵犯者をはねのける術がないのだ。野宿者もまた、相互作用秩序には組み入れられている。不関与の制約が支配する雑踏において、野宿者はそこにいてもいない存在としてある。だが、都市空間は、その密度ゆえに否応なしに関与を強いる接触を現実化し、ヴァンダリズム（相互作用秩序の破壊）の空間へと容易に変転する。野宿者は知らず知らずのうちに縄張りを侵してしまうし、感情を爆発させて野宿者を攻撃する無作法者も現れる。それなりに均衡した相互作用秩序は、そこにおいて崩壊する。★13

M・ダニアとH・モロッチが論じたように、ヴァンダリズムは、階級・階層関係や人種間、ジェンダー間の関係を統制している構造的秩序を表面化させる［Duneier and Molotch, 1999］。ダニアらは、黒人男性ホームレスが道行く白人女性に声をかけ逃げられるに終わるそこでの会話をニューヨークで収集し、その分析を試みている。ホームレスの話し掛けは、雑踏の相互作用秩序を破る無作法なヴァンダリズムである。話し掛けられた側は、苦痛を感じ、黒人男性ホームレスへのステレオタイプを強める。一方で、話し掛けた側においては、冷たい白人女性というイメージが維持され、それが一層話し掛けのヴァンダリズムを促すのだという。そこでは、ヴァンダリズムは、構造的秩序の産物であるとともに、それを再生産する出来事として把えられている。ダニアとモロッチによれば、ヴァンダリズムは従来言われてきた都市的な現象なのではなく、あくまでも構造的な現象として現れ出る。しかしながら、互いに異質なものがどうにも密度をもって共在せざるをえない都市的環境が、ヴァンダリズムの発生と無関係であるとはいえない。雑踏の相互作用秩序における不関与の制約が、構造的秩序に孕まれた敵対性の表出を抑制していることは確かだろう。だが、都市は、不関与の相互作用秩序を生成させる一方で、同時に、それを不安定なものに留め続けるのである。

中村智志は、一九九七年、新宿で、段ボールハウスの追い立てへの抗議集会を取材した折に、次のようなヴァンダリズムの光景を目撃する。

突然、叫び声が聞こえてきた。／「不法占拠のくせに、何が権利だ！　偉そうにやってんな馬鹿野郎！」／驚いて振り向くと、十メートル以上離れた場所で、ごくふつうの背広姿の若い男が顔を真っ赤にして体をぶるぶる震わせていた。／それまでも、電車賃を無心し

★13　リスクはどちらにもあるが、それを侵犯してしまうこと、侵犯されてしまうことによる危険が大きいのは野宿者の方である。

ようとした年配のホームレスを、「俺はサラリーマンだ」と怒鳴りつけながら激しく殴っていた若い男や、「おまえらなんか屑以下だ！」と暴言を投げつけた有名企業のビジネスマンの話は聞いていた。少年によるオヤジ狩りが、ホームレスの人を死に追いやった事件さえ発生している。この朝も、「シンナーですか。シンナーやってるんですか。シンナーやってるんでしょ？」と過剰反応気味に私に声をかけてきた中年女性がいた。それぞれが重たい「事件」である。／しかし、私は、そのどの例よりも、叫んだ若い男が支援者とホームレスの一団に対してとっていた距離が気になった。いつでも逃げられる安全圏。おそらくこの男も、日常生活において、ホームレスの人とは違った意味での抑圧や閉塞感に悩んでいるのだろう。はけ口を求めていた憤懣が、生身のホームレスとはふれない安全圏からマグマのように噴出したのである［中村、一九九八、二六七〜八頁］。

「馬鹿野郎！」という叫びや激しい暴力は、野宿者へのヴァンダリズムが否認の行為としてなされていることを示す。中村があげた例はすべて、強迫的に野宿者の存在を無にしようとするものだ。

同様に、襲撃も、構造的秩序に沿ってなされるヴァンダリズムであり、否認の行為であるということができる。★14

新聞報道から言葉を拾って述べれば、襲撃者にとっての野宿者は、「抵抗しない」「黒い塊」である筈であった。反撃を恐れての暴力の激化は、いくつかの報道において指摘されている。また、「からかおうとしてにらみ返されて腹を立て」、殺害に及んだとされる事例もあった。「反撃」や「にらみかえす」という行為は、もちろん人間のものだ。襲撃者は、野宿者に近づくことで声をもつ同じ人間であることをみてしまうがゆえに、野宿者を例外者の範疇に強迫的に埋め戻そうとするのである。狩谷あゆみが述べるように、襲撃は、「野宿者の可視化に対して、さらに野宿者の存在を不可視化させようという社会的欲望が表面化している現象」なのだ［狩谷、二〇〇二、四九頁］。

数多くの悲惨な事件を措くことなどできないにしても、しかし、野宿者へのヴァンダリズムは、檻のない牢獄に突然生じる亀裂の存在を示す。中村が「気になった」という物理的距離のあり方

★14 構造的秩序の水準において、襲撃は逸脱的な行為ではなく、むしろ支配的な正義に依拠した暴力であるとさえいえる。新聞報道を引いて述べれば、襲撃者において、野宿者は「やっつける」「退治する」存在とされており、それゆえに「殺してもいい」。「世直し」として語られることもある。島和博は、「横浜浮浪者殺傷事件」の加害者たちは「「正常な」市民社会の隠された意志をあからさまに、そして、いくぶんかは粗野なかたちで、実行したにすぎない」と述べる［島、一九九九、二五六頁］。これまで、同様の事件は、あるときは非行問題またあるときはいじめ問題、そしてわけのわからない若者たちの問題として、若者叩きの文脈で都合よく引用されてきた。だが、彼らの振舞いは、法秩序の水準において、確かに国家による暴力の独占に背く違法行為ではあったかもしれないが、よき国民たりえない存在を糾弾するよき国民の正義に従うものなのである。もちろん、襲撃者もまた社会的に批判はされてきた。だが、それは、相互作用秩序に照らして放っておくべき存在に余計なことを成したヴァンダリストたちへの負のサンクションとしての側面があったのではないだろうか。

は、やはり意味があると思う。ヴァンダリズムの遂行者たちは、彼岸にいる非人間を攻撃している筈であった。しかし、身体と身体の否応のない接触というできごとは、眼前の存在の声をまで感知させ「呼応可能性の内部」に「囚われ」させる［熊野、二〇〇三、二一七〜八頁］。彼岸の非人間は、そこにおいて、此岸の人間へと瞬く間に変身するのだ。「背広姿の若い男」は、物理的距離をおくことで応答を回避した。そして、逆に、野宿者を殺害した少年たちは、距離を詰め人間を見てしまったがゆえに強迫的に応答を否定した。そのように思われる。

もう少し穏当な実例をあげてみたい。以下は、雑業の現場での出来事についての話である。

何回もけんかしたことあります。「持ってっちゃだめだ」「ふざけんな」って。「警察呼びますよ」って。だから「呼んでくれ」って。ちょっと怖そうなあんちゃんだったけど、こっちがひるんじゃうと向こうが強気になっちゃうから、「ふざけんな、帰れ」って言った。仕事かなんか知らないけど、なんか用事があったのかも知らないけど、いなくなっちゃった。そういうとこでも今も行ってますよ。［Yさん］

運ぶときは目立つしね、持っていっちゃだめだって言われたりよ。警察に言うって言われたりね。「置いてけ」なんて言ってね。警察に訴えるぞって言うから、訴えてくれって言った。警察入った方がよっぽどいいから。泊まるとこもあるし、三度のご飯もちゃんとあるし、その方がいいからね。そしたら今度はそこまでやりたくないって言い出してよ。何でもいいから、俺なんか今は、泊まるとこがあってご飯食えるとこなんかないかなって思ってるからね。……この前も文句言ってきてさ、警察訴えるとかいうから、訴えろ訴えろって言ったの。そしたら警察に訴えるのに十円玉がいるんだと言ったから、十円玉やるから電話しなって言ったら、あきれたのかなんか、行っちゃった。警察って言えば俺がびっくりすると思ってるんだ。［Vさん］

「警察を呼ぶぞ」という脅し文句は、よき国民の閉域で唱えられる亡霊を追い払う呪文のようなものであろう。その文句を投げつけた人にとっても、野宿者は無力な肉魂である筈であった。しかしながら、密かに生を充塡させていた者たちによる「呼んでくれ」という返答は、そこにいる者が人間であるということを示してしまう。「十円玉がいるんだ」「十円玉やるから」などと会話が繫がれば、ますますそのことは明白になる。人間と人間とのやりとりの中に引き摺り込まれたよき国民は、そこにおいて言葉を失うのだ。暴力への恐怖が常に念頭にある野宿者にとって、生身を露出させ「呼んでくれ」と応じるその行為は、もはや危険を省みもしない窮鼠の声というべきものだ。応答が避けられぬほどの距離での否応のない接触にそうした声が伴うことによって、露出した身体は新しい意味を帯びて再現出するのである。

「ホームレス問題」においては、野宿者は不在のままであった。不在の筈の存在をめぐる公共的空間における議論では、ある問いが巧妙に隠蔽されたまま言説が空転している。そこにおいて隠されているのは、野宿者を生かすのか殺すのかという問いである。[★15] これに対し、そもそも公共的空間への参加を許されておらず、問題の構築過程一切に関与しようがない窮鼠は、牢獄の割れ目を通じ、私を生かすのか殺すのかという直裁な問いをぶつけるより他ない。あの「呼んでみろ」という言葉も、そうした問いと同系である。この問いに対し、生かすと答えるのであれば、人と社会の再定義が導かれ、公共的空間は再編されるだろう。殺すと答えるのであれば、「自殺」が「処刑」であることをあらわにするだろう——あのヴァンダリズムのように[★16]——。いずれにせよ、野宿者は、露出した身体に窮鼠の言葉を伴わせ露呈することで、公共的空間への外在的批判者としてようやく立ち現れることができる。そうして、日々の抗いは、社会的抵抗の次元へと移し変えられる。

しかし、繰り返し述べるが、抗いから抵抗への道筋はどうにも隘路なのだ。牢獄に穿たれた小さな穴は、速やかに修復される。野宿者は、リサイクル資源の保護を名目に雑業を犯罪化され犯罪者としてあらためて排除されたり、あるいは、植栽工事を理由にして公園から締め出されてきた。公共的施策において、野宿者は、不在のままに処理され続けている。だが、それでも、生にしがみつく人々の肉体がどうにもそこに残るのだ。

一九九六年、新宿駅西口において、東京都は動く歩道の建設を名目として野宿者たちの段ボールハウス群の強制撤去を行なった。だが、その後、「段ボールハウス村」は場所を移していっそう膨張し、一九九七年冬の火災後の「自主退去」まで持続した。強制撤去に抵抗して座り込んだ野宿者たちの振舞いにも、そして、何事も無かったように少し離れたしかし駅の改札口に程近いところに段ボールハウスを組み立て直した野宿者たちの行為にも、あの直截な問いが含まれていたと思う。野宿者は、いってみれば剝き出しの生たる肉体の集積に過ぎない人口量を起点としつ

★15　この問いは、内なる敵を滅ぼしつつよき国民のカテゴリーを絶えず画定していく国民国家の究極の政治的課題と呼応するものである。それは、排除の現場においては、誰を生かし誰を殺すのかという問題として現出してきた。

松葉祥一は、M・フーコーの「社会を防衛しなければならない」のレヴュー論文において次のように述べている。「講義のタイトル「社会を防衛しなければならない」は、敵国と戦うことによって、社会を防衛することを求めた近代初頭のスローガンであった。しかし、それは今、別の形で甦っている。そこでは、住民全体の福祉に配慮する権力であるはずの生-権力が、人種差別主義と結びつくことによって、社会を防衛するためには、敵国だけでなく、「狂人」、潜在的犯罪者、「異常者」、政治的に危険な人物を排除しなければならず、「敵を殺さなければならない」ことを求める。つまり、フーコーが「政治とは、形を変えた戦争である」という命題で言い表そうとしたことは、生-権力あるいは福祉国家という現代の国家政策のなかに、つねに人種の原理と戦争の原理が、したがって排除と殺戮の原理が働いているということなのである」[松葉、二〇〇二、一八二頁]。もちろん、そこでのフーコーのいう人種差別主義は、隠蔽・抹殺の対象を括り出すカテゴリー化の原理をすべて指しているということができる。

★16　もちろん、殺すという答えが集合的に連鎖していく事態を私たちは知っている。この連鎖が断たれる条件については別に考察されねばならない。さしあたって、[西澤、二〇〇〇a：二〇〇〇b]を参照。

つ、そこに社会的世界を生成させ自己を見出す。そして、道行く人々に対し露出してまなざしを凝着させ、声を絡めて露呈することで社会へと介入し得たのだ。実際、その後の報道の変質や「自立支援法」に至る政策の変更は——その内実の評価はどうあれ——、彼らの社会的露呈が大きく作用していたといえる。剝き出しの生への磁力に抗う者たちは、剝き出しの生の集積を起点に都市空間を媒体としつつ人間社会へと逆行することによって、自らの生を証し立てる。

引用文献

G・アガンベン、高桑和巳訳、二〇〇〇、『人権の彼方に――政治哲学ノート』以文社

Bauman,Z., 2000, "Social Uses of Law and Order" in David Gerland and Richard Sparks, eds., *Criminology and Social Theory*, Oxford University Press.（＝二〇〇一、福本圭介訳「法と秩序の社会的効用」『現代思想』青土社、29－7）

Duneier,M. and Molotch,H., 1999,"Talking City Trouble: Interactional Vandalism, Social Inequality, and the "Urban Interactional Problem", *American Journal of Sociology*, Vol.104 No.5.

藤井克彦・田巻松雄、二〇〇三、『偏見から共生へ――名古屋発・ホームレス問題を考える』風媒社

トム・ギル、二〇〇一、「「中流ホームレス」という錯覚――最近のホームレス・ルポを読む」、『寄せ場』一四号

Goffman,E., 1963, *Behavior in Public Places: Notes on the Social Organization of Gatherings*, Free Press.（＝一九八〇、丸木恵祐・本名信行訳『集まりの構造――新しい日常行動論を求めて』誠信書房）

岩田正美、二〇〇〇、『ホームレス／現代社会／福祉国家――「生きていく場所」をめぐって』明石書店

狩谷あゆみ、二〇〇二、「野宿者襲撃をめぐる問題構成」、中根光敏編『社会的排除のソシオロジ』広島修道大学総合研究所

北川由紀彦、二〇〇五、「単身男性の貧困と排除」、岩田正美・西澤晃彦編『貧困と社会的排除』ミネルヴァ書房

松葉祥一、二〇〇三、「歴史・人種・権力――フーコーによるブーランヴィリエの戦争論」、『現代思想（一二月臨時増刊）』青土社、31－16

松田素二、一九九六、「都市と文化変容――周縁都市の可能性」『岩波講座現代社会学18　都市と都市化の社会学』岩波書店

中村智志、一九九八、『段ボールハウスで見る夢――新宿ホームレス物語』草思社

中根光敏、二〇〇二、「社会問題の構成／排除――野宿者問題とは何か？」、中根光敏編『社会的排除のソシオロジ』広島修道大学総合研究所

西澤晃彦、一九九五、『隠蔽された外部――都市下層のエスノグラフィー』彩流社。

――、二〇〇〇a、「ユートピアとしての都市」、町村敬志・西澤晃彦編『都市の社会学――社会がかたちをあらわすとき』有斐閣

――、二〇〇〇b、「東京の銭湯」、『現代思想』青土社、28－11

――、二〇〇二、「帝都論ノート」、永野善子他『ポストコロニアルと非西欧世界（神奈川大学評論叢書10）』御茶の水書房

――、二〇〇五a、「貧者の領域」、『現代思想』青土社、33－1

――、二〇〇五b、「排除による貧困――東京の都市下層」、岩田正美・西澤晃彦編『貧困と社会的排除』ミネルヴァ書房

――、二〇〇五c、「檻のない牢獄――野宿者の社会的世界」、岩田正美・西澤晃彦編『貧困と社会的排除』ミネルヴァ書房

――、二〇〇五d、「ホームレスの空間」吉見俊哉・若林幹夫編『東京スタディーズ』紀伊国屋書店

齋藤純一、二〇〇〇、『公共性』岩波書店

渋谷望、二〇〇三、『魂の労働』青土社

島和博、一九九九、『現代日本の野宿生活者』学文社

妻木進吾、二〇〇三、「野宿生活：「社会生活の拒否」という選択」、『ソシオロジ』第48巻1号

山口恵子、一九九九、「見えない街の可能性――新宿で野宿する一人の「おじさん」の語りから」、青木秀男編『場所をあけろ！――寄せ場／ホームレスの社会学』松籟社

7 加害者と被害者を引き離す
——野宿者襲撃をめぐる言説

狩谷あゆみ

1　この世でいちばん速い音

この世でいちばん速い音がなんだかわかるだろうか？

夏の終わりの遠い稲妻の響きでも、駆け抜ける違法改造車のエキゾーストでも、嵐の空を吹き流される小鳥の歌でもない。そんなものよりもっと速い音だ。わかるはずがないだって？　おれだってそんなこと、あの音にぶつかるまで考えてもみなかった。

水のなかで爆発をきくような、くぐもっているくせに異常に鮮明でかん高い音。なんのまえぶれもなくでたらめなスピードで立ち上がり、聴覚神経を根こそぎ揺さぶって全身を別世界にもっていってしまう音だ。おれはそいつを池袋のライブハウスで初めてきいた。速度という特性がそのまま結晶化し、フロアを埋めるガキに音より速い弾丸となって突き刺さる。撃たれたガキはみな口をおおきく開け、よだれをたらしそうな顔で叫んでいた。

最高！

やつらはみんなバカで間抜けで、市場社会の負け組らしいが、感覚だけはやたら鋭い。カッコいいものとそうでないものを、カラスがゴミの集積場で餌をよるように嗅ぎ分ける。その音はちょっと不気味だが、それまでにきいたことのない断然カッコいい音だった。誰がどんなふうにつくったのか、その場にいたガキの一人として気にしなかっただろう。〔石田衣良、二〇〇二、九～一〇頁〕

石田衣良の小説『池袋ウエストゲートパークⅢ　骨音』の主人公マコトは、着古したジージャンとジーンズ、足元は赤茶色のウエスタンブーツ姿の通称シンさんから、ホームレス連続襲撃事件★1の犯人を捕まえて欲しいと依頼される。その事件というのは、池袋界隈で続発する襲撃事件にまぎれて、誰かがあちこちでホームレスの骨を折ってまわっているという奇妙なものだった。「ひとり目はすねとひざの皿、ふたり目は腰骨、三人目は肋骨を二本、四人目は肩と鎖骨をやられた。全員クスリをかがされて意識を失ったすきに骨をぶち折られている」〔石田衣良、二〇〇二、一八頁〕

仕事だよ。おれは最高の音を録るのが仕事なんだ。ホームレスのおやじなんていてもいなくても別にかまわないじゃないか。それにおれたちは誰も殺しちゃいない。ただ音の素材を借りただけだ。あんたたちだって、あの音をきいただろう。ホームレスの骨一本であの音が録れるなら、文句なしじゃないか。〔石田衣良、二〇〇二、五三頁〕

「最高の音を録りたい」というスライたちの欲望は、日常的に目にするホームレスの骨を折って、その音を音源とするという行為へと向かう。彼らは、ホームレスが社会にとって必要とされていないこと、仮に警察に捕まってもたいした罪にならないことをわかっていて、ホームレスの骨を折り、それを音源として使ったのだろう。そして、ホームレスの被害状況から明らかなように、その行為は次第にエスカレートしていく。タカシたちに捕まらなければ、ホームレスの首を折る→殺すというところまで行ったであろう。

★1 本章では、主に野宿者というカテゴリーを使用する。「野宿者」という言葉は、一九八三年に起きた「横浜野宿者殺傷事件」以降、日雇労働組合、支援運動グループなどによって、「浮浪者」という差別語に対抗して使用されるようになった。寄せ場では野宿することを「アオカン」と呼ぶが、野宿者という言葉はアオカンという状態に関する問題を構成するカテゴリーである。詳しくは〔狩谷、一九九七〕を参照されたい。尚、本章では、襲撃の被害者に対して使用された言葉が重要な意味を持っているという前提のもとに、「浮浪者」あるいは「ホームレス」という言葉をそのまま使用している。

野宿者襲撃は、各地の野宿者支援団体によって、その「事実」が報告されてはいるが、被害に遭った野宿者が殺されない限りは、マスメディアによって報道されることはない。筆者は、野宿者から、襲撃に関して次のような言葉をしばしば耳にした。「我慢にも限界があるからやってやる」「今度また来たらやり返す」と。しかし、怒りをあらわにした野宿者から、実際に加害者を捕まえたとか、反撃したという話は聞いたことがない。なぜなら、やり返せば「公共の場で寝ている自分たちが悪い」と、まるで襲撃に遭った野宿者に非があるかのように警察から扱われることを彼ら自身知っているからである。襲撃を防ぐ方法として野宿者が行なうことが可能な方法は、なるべく夜は起きて昼間に寝る、中が見えないようにダンボールで高く囲って寝る、なるべく人目に付かない場所を選んでひっそりと暮らす、一人で野宿せずに集団で生活する、などである。[★2]

野宿者襲撃が一般に話題となるきっかけとなったのは、一九八三年に起きた「横浜浮浪者殺傷事件」である。[★3] 当時、横浜を中心として活動していた寄せ場の労働組合や支援運動グループは、上記の事件によって表面化した野宿者襲撃を、野宿者に対する差別・偏見の問題であり、野宿せざるをえない状況を隠蔽していく社会の問題として告発していった。

その後、野宿者襲撃が再び社会的関心を集めたのは、一九九五年に起きた「道頓堀野宿者殺人事件」である。事件当初の報道によると、一九九五年一〇月一八日朝、大阪・道頓堀の戎橋から一人の男性が三人組の男たちに川に投げ込まれ、殺害された。事件後の警察の対応は早く、翌一九日には、二人の容疑者（殺人容疑）に逮捕状をとり、指名手配し、残りの一人を参考人として行方を追っていると発表した。二〇日には一人の容疑者を逮捕し、二一日には一人の参考人が出頭し、残りの容疑者一人も逮捕された。大阪ミナミの繁華街で、朝の通勤ラッシュ時に、多くの人々の目前で起こったこの事件を、マスコミは大々的に報道した。

Sさん（事件当時二四歳）と、Tさん（事件当時二五歳）は傷害致死罪で起訴され、事件後に二人と共に東京へ逃亡したYさんは重要参考人として警察へ出頭した。主犯格とされたSさんは、一九九七年一月二三日の一審判決で懲役六年の判決を受け、弁護人側が控訴した控訴審判決（一九九九年六月一一日）では懲役四年の判決を受けた。Tさんは、一九九九年五月六日の一審判決で無罪、検察側が控訴した控訴審判決（二〇〇〇年三月三一日）でも無罪判決を受け、確定した。★4

尚、第一審では国選弁護人がSさんの弁護を担当したが、控訴審ではルポ・ライターの北村年子を中心として発足した「野宿者襲撃事件を考える会」の依頼による弁護人が担当した。「野宿者襲撃事件を考える会」には、Sさんの友人・知人だけでなく、大阪・釜ヶ崎などで長い間、寄

★2　詳細は、［狩谷、一九九九a：一九九九b］を参照されたい。

★3　横浜野宿者殺傷事件とは、一九八三年一月一二日から二月一〇日までの間に横浜市中区の山下公園、松影公園、横浜スタジアム付近、マリナード地下街で、三人の野宿者が殺され、十数人が重軽傷を負わされた事件である。マスコミの言うところの所謂「横浜浮浪者殺傷事件」である。当時のマスコミ報道に関する分析、「浮浪者」という言葉に関する運動体、野宿者支援団体によるクレイム申し立てに関しては［中根、一九九三］を参照されたい。

★4　Tさんの裁判に関する考察については、［狩谷、二〇〇〇：二〇〇一b］を参照されたい。

せ場労働者や野宿者に対する支援活動を行なってきた人たちも多く含まれていた。

本章では、一九八三年に起きた「横浜浮浪者殺傷事件」に関する青木悦のルポルタージュ『「人間」を探す旅　横浜の「浮浪者」と少年たち』〔一九八四年、民衆社〕、『横浜「浮浪者」襲撃事件を追って——やっと見えてきた子どもたち』〔一九八五年、あすなろ書房〕と、北村年子の「道頓堀野宿者殺人事件」に関するルポルタージュ『「ホームレス」襲撃事件　〝弱者いじめ〟の連鎖を断つ』〔一九九七、太郎次郎社〕との比較を行なう。さらに、Sさんの第一審と控訴審との違いを、筆者がそれぞれの裁判を傍聴した際の観察記録から説明する。★5 本章では、二人のルポルタージュの違いと、Sさんの第一審と控訴審との違いを明らかにすることで、「道頓堀野宿者殺人事件」の加害者であるSさんに対する刑罰が、懲役六年から四年へ減刑されたこと、そして、「道頓堀野宿者殺人事件」に関して加害者を支援する団体が発足したことの社会的意味について考察していきたい。尚、ルポルタージュの内容や、法廷において「事実」として認定された内容が、事実かどうかはここでは問題としない。

2　社会問題としての野宿者襲撃：一九八三年「横浜浮浪者殺傷事件」の場合

青木悦と北村年子のルポルタージュに共通しているのは、自らが「子を持つ母親であること」

が事件を取材する動機として説明されている点である。また、被害者である野宿者が置かれている社会的状況を明らかにするために、前者は大阪・釜ヶ崎、後者は横浜・寿町において取材を行なっている点でも共通している。

青木悦は、一九八四年に出版された『「人間」を探す旅　横浜の「浮浪者」と少年たち』において、加害者については教育・家庭の問題として、被害者については寄せ場／野宿者の置かれている社会的状況の問題として、それぞれ明らかにしようとしていた。

『「人間」を探す旅　横浜の「浮浪者」と少年たち』の中で、青木は、事件直後に横浜・寿町で行なわれた集会に参加した際の出来事を次のように説明している。

一九七三年のオイルショック以後、たくさんの日雇労働者が失業した、そして「浮浪者」となって街にあふれた、そこへ学校や家庭からも追い出された少年たちがぶつかった、少年たちに襲撃させてもよいのだと思わせたのは、まわりの大人たちの「浮浪者」は汚いと

★5　筆者が傍聴したのは、Sさんの第一審、控訴審、Tさんの第一審を合わせて三五回である。傍聴した裁判の内訳は以下のようになる。Sさんの第一審を九回（一九九六年一月二三日第一回公判～一九九七年一月二三日判決言い渡し）、Sさんの控訴審を五回（一九九七年一二月三日第一回公判～一九九八年一二月二日）、Tさんの第一審を二一回傍聴した（一九九五年一二月一五日第一回公判～一九九八年一〇月九日）。具体的には［狩谷、一九九七：一九九八：二〇〇一b］を参照されたい。

いう差別意識だ――

言葉としては、事件の起きた理由も理解できました。しかし私の腹の中に収まってくれる言葉ではありません。〔青木、一九八四、六五頁〕

集会の途中、酔っぱらった労働者が入り込んできて、うしろの方で大声をあげ始めました。静かに話し合っていこうとしている組合の人が外に出そうとしましたが、彼は叫びました。

「やい、プータローってそんなにえらいのかよ」

プータローというのは、「浮浪者」のことを差別していう言葉です。「風太郎」からくるのでしょうか。みんなシーンとしました。彼は続けていいました。

「そんなにえれえんならよー、どうして今まで何もしなかったんだよ。今まで放っておいて、こんな事件が起きたからってワイワイ集まってよ。福祉の世話にもならず生きてきた人間を、何で殺しちまったんだよー」

私は、顔を上げることができませんでした。みんなもそれぞれうなずいていました。今までの自分をするどく問われる言葉でした。やっと私の腹の中に収まる言葉に出会いました。

「どうして今まで何もしなかった」という言葉は、ほんとに刃物のように胸につきささりました。そして集会を通して、私は自分が「浮浪者」だと思ってきた日雇い労働者の現状を、少しずつ理解していきました。〔青木、一九八四、六六頁〜七頁〕

青木は、活動家や支援運動家たちから発せられた言葉を「私の腹の中に収まってくれる言葉ではない」と説明している。そして、集会に「乱入」してきた労働者の「プータローってそんなにえらいのかよ」「今まで放っておいて、こんな事件が起きたからってワイワイ集まってよ」という言葉によって、「浮浪者」に対する差別意識が、単に「まわりの大人たち」に限定されるものではなく、青木自身の内面にも存在することを突きつけられていく。青木の主張は、横浜・寿町での取材の中で、自らの「浮浪者」に対する偏見や差別意識の存在に気づいていった過程としても読み取れる。しかし、青木は、「浮浪者」という言葉の意味や、「浮浪者が置かれている状況」を理解することが、決して自らの内面にある「浮浪者」に対する偏見や差別意識を軽減させたり、なくさせたりするものとしては説明していない。

また、一九八五年に出版された『横浜「浮浪者」襲撃事件を追って――やっと見えてきた子どもたち』では、加害者の少年たちだけでなく、学校教員や加害者の母親にも取材をし、教育現場の体制の問題や加害者の母親が置かれてきた社会的状況を、階層の問題も含めて明らかにしようと試みていた。

少年たちから見れば必死で生きる母を、世間は「だらしない母」と言い、親子で懸命につくってきた「家庭」を「崩壊している」と言った。「家庭」が、人間同士のつながりの場として機能を果たすには、経済的な支えがなければならない。離婚して、すぐこの経済危機に見舞われる母と子に、人間同士の信頼などの言葉は絵空事にしか映らないだろう。人間はまず「食わねばならない」のである。そのうえで初めて、人間としての何かが考えられるのである。

男の暴力の前で生命すら脅かされて生きる女、あるいは「オレは男だ」と世間にはかっこうをつけながら遊んでばかりの男と、争いばかりくり返して生きる女、少年たちの母にはそういう女たちが多い。離婚、別居といわれても、理由はそれぞれかんたんに語れるものではなかっただろう。

少年たちはグループの内規に「母には絶対に手を出さないこと」を決めている。「だらしない」だけの母なら、こんな規則をつくるわけがない。表には出ないけれど、それぞれの母と子に、ほんとうに大変な生活の歴史があったことを、この規則は想像させる。〔青木、一九八五、一二一頁〜一二二頁〕

上記の中で「離婚して、すぐこの経済危機に見舞われる母と子に、人間同士の信頼などの言葉は絵空事にしか映らない」「離婚、別居といわれても、理由はそれぞれかんたんに語れるものではなかった」とある。これらは、「横浜浮浪者殺傷事件」が起きた当初、マスメディアを通じて、加害者の少年たちの家庭環境、特に母親の「だらしなさ」が事件の原因の一つであると解釈されたことに対するクレイム申し立てである。ここで強調したいのは、青木が、加害者の母親に対する取材を通じて明らかになった「母と子の本当に大変な生活の歴史」という個々の個人的経験を、決して加害者の少年たちの犯した罪を軽減させるものとしては位置づけていない点である。

ところで、なぜ攻撃の対象が野宿者だったのであろうか。野宿者襲撃の加害者たちに対して、「なぜ襲撃をするのか」「なぜ野宿者を殺害したのか」と問うことは、「野宿者の何が恐かったのか」と言いかえることができる。青木は、加害者の少年たちの「浮浪者」に対する視線に、単に偏見や差別意識という言葉では説明しきれない、恐怖心や不安、憎悪の気持ちを見いだしてる。


いつの襲撃のときかわかりませんが、ひとりの「浮浪者」は、自分になぐりかかってきているのがどうも少年らしいと気付き、

「まあ、そんなにカッカせずに、ここに来ていっしょに一杯やろうや」

と呼びかけました。そしてのみかけのワンカップのびんを少年たちに向けて差し出しました。すると少年たちは、尚いっそう怒り、狂ったようになぐりかかってきました。

なぜだろうと、今になって思います。なぜそこで応じられなかったのでしょう。応じないどころか、むしろひどくなぐってきたといいます。

少年たちはやはり野宿する人たちを「汚い浮浪者」「人間のクズ」という風に見ていた、そういう「人間のクズ」から声をかけられた、同じに思われちゃたまらないと思ったのではないかと考えます。どこまでも少年たちが野宿する人たちを「汚い浮浪者」としか見れなかった、それを示すのがこのワンカップの話だと思います。〔青木、一九八四、三一頁〕

野宿者を「汚い浮浪者」「人間のクズ」と見なす視線自体は、様々な場所で野宿者を目にする際に多くの人々が感じることかもしれない。ただ、なぜ「汚い浮浪者」「人間のクズ」と見なした人間から「話しかけられる」ということで、少年たちは「いっそう怒り、狂ったようになぐりかかってきた」り、「むしろひどくなぐってきた」りしたのだろうか。

右記の「同じに思われちゃたまらない」という解釈から考えられるのは、社会的に逸脱した存在と見なされる野宿者の存在が、加害者の少年たちにとって、不安や恐怖を抱かせ、自我を崩壊させる存在であった点である。「母親には手を出さない」など、集団内で作ったルールに即して生きていくことで、ぎりぎり保たれていた自我が「汚い浮浪者」「人間のクズ」に話しかけられることをきっかけとして崩壊したのではないだろうか。

また、青木は、加害者の少年たちだけでなく、教師や親の内面にも、野宿者に対する恐怖心や不安、憎悪の気持ちを見いだしている。青木は、「横浜浮浪者殺傷事件」について沈黙を保とうとしていた教師たちについて、以下のように述べている。

なぜそんなに、この事件を忘れたいのだろう。教師たちは何をそんなに恐れるのだろう。私は、本来なら最も大きく議論されなければならないはずの当事者校で、また、最も「騒然たる教育論議」がわき起こらなければならないはずの横浜で、この事件がタブーになっていく理由は、それぞれの大人たちが、この事件に自分の責任をむしろ〝感じて〟いるからだと思う。

教師も、街の生活者としての親も、ずっと身近なところで「浮浪者」と一緒のところで生活してきた。山下公園も大通り公園も、そして横浜スタジアムも、身近な場所であった。そこをウロつく「浮浪者」を「汚い」「くさい」と思う気持ちがなかったとは言えないだろう。「美しい横浜のミナト町に、浮浪者は似合わない」と思う気持ちがなかったとは言えないだろう。

その気持ちを、少年たちは「みごとに」えぐり出した。その少年たちのことを深く考え、追求することは、自分のその気持ちといやでも対決しなければならなくなる。

横浜でタブーになっていった理由は、教師も親も、この対決を避けたからだ。自分の中にもあった「浮浪者」に対する排除したいという思いを、認めることから逃げたのだ。〔青木、一九八五、一五〇～一頁〕

右記の中で、「浮浪者を汚い、くさいと思う気持ち」は襲撃した少年たちだけでなく、周囲の大人たちの内面にも存在していたであろうことが指摘されている。「同じに思われちゃたまらない」のは、少年たちだけでなく周囲の教師や親たちも同様であったと言える。二つのルポルタージュで一貫して示されていたのは、野宿者に対する社会的眼差しである。青木は、「横浜浮浪者殺傷事件」をきっかけとして表面化した野宿者に対する偏見や差別意識を、加害者の少年たち特有の問題としてではなく、周囲の大人たちも含め、社会全体の意識の問題として告発していった。このことは、当時、横浜を中心として活動していた寄せ場の労働組合や支援運動グループが、野宿者襲撃を、野宿者に対する差別・偏見の問題として捉えていた点と一致していたと言える。

3　襲撃は不幸な出会い？：一九九五年「道頓堀野宿者殺人事件」の場合

青木は、加害者の少年たちだけでなく、学校教員や加害者の母親にも取材をし、教育現場の体制の問題や加害者の母親が置かれてきた社会的状況を、階層の問題も含めて明らかにしようと試みていた。一方、北村年子は「取材を試みたが断られたこと」を理由に、家族や学校、元勤務先の関係者に対する取材をほとんど行なっていない。北村が焦点を当てたのは、一九九五年当時、大阪・道頓堀近辺をたむろしていた「橋の子」と呼ばれる二〇歳代の若者たちである。

大介（「橋の子」の一人）のいうように、だれのなかにもいま、ゼロと同じ「罪」を負ってしまう可能性がある。だからこそ、私はゼロを追い、その「罪」が起こった背景を知るために、ここ（大阪・戎橋）へ来た。そして、面白半分で人を襲い、仲間たちを殺しあうこの「いじめ社会」の土壌をつくりだし温存させてきた私たち自身の「罪」を、もう一度〝ゼロ〟から問いなおしたかった。

ゼロがこの橋に来るまで、どこでどんなふうに育ち、生きてきたのかは、大介も知らない。ゼロが自分の生い立ちや家族のことを話すことは、ほとんどなかったという。が、そのなかで大介は、ゼロが「持病」のためにずっといじめられてきた、と語るのを聞いたことがあった。

「ゼロには、てんかんの発作の持病があったんや。そのことで小学校のころからすごいいじめられて、〝特別学級に入れられてた〟っていうてた。橋で夜明かしししてたときに、ウトウトしながらゼロがいうたことがあった。〝おれ、いまここで眠ってしもたら、発作がおこって、大ちゃんに迷惑かけてしまいそうや。そやし、がんばって起きとくわ〟って」

それが私がはじめて知る、マスコミ報道ではいっさいふれられることのなかった、隠されたゼロの背景だった。〔北村、一九九七、三八～九頁〕（括弧内筆者）

右記の中で、加害者のSさんには「てんかんの発作の持病」があり、その持病を理由に過去にいじめられていた経験があることが説明されている。北村は、Sさんの個人的経験を野宿者襲撃の原因として位置づけた上で、野宿者襲撃を「誰もが起こしうる犯罪」として一般化している。また、北村は、「道頓堀野宿者殺人事件」の加害者と被害者とを、「同じ弱者」として位置づけ、加害者と被害者との関係を「不幸な出会い」と呼んでいる。

ゼロ（Sさんのニックネーム）は、いじめられ差別される痛みを知っていたはずだった。働きたくても仕事がえられない状況も、野宿するしかない生活も、身をもって体験していたはずだった。ゼロとFさんは、限りなく近い場所で生きていた。なのになぜ――同じ「弱者」としての痛みも苦しみも知るはずのゼロが、段ボールを集め、わずかな生計でひっそりと生きていた「野宿労働者」の＠さんを、ただ「浮浪者」として見ただけで嫌悪し、攻撃し、そしてこんなふうに出会わなければならなかったのだろう。［北村、一九九七、一三四頁］

（括弧内筆者）

尚、北村は加害者のSさんを「ゼロ」というニックネームで記し、被害者のFさんを実名で記している。筆者が引用した部分においても被害者については全て実名で書かれている。北村は、被害者を実名で記載した理由について、「加害者と被害者を引き寄せる　取材すること・書くこと・

癒されること」と題された対談の中で次のように述べている。

『大阪・道頓堀川「ホームレス」襲撃事件』（太郎次郎社）で、加害者側のゼロ君は仮名にしているのに、被害者の＠さんの本名を出していいのかなって、すごく迷ったのね。新聞記事に、ただ一人、兄である遺族の方の「嫁入り前の孫がいるから何も言いたくない」というコメントが書いてあったし、私の書いた内容を＠さんに確認してもらえない。（中略）被害者である＠さんの労働者としての人生をもっと書いてほしかった、と指摘されたこともあったけど、本人の了承を得られないのに書いていいのだろうか。調べたこともあったけど、結局、私には書けなかった。だから名前だすかどうかも悩んでいた。（中略）

裁判が結審した日、戎橋に行って「＠さん、これでいいですか」って問いかけて祈ってた時、「使わせてください」という言葉がふっと出てきたの。命を使わせてくださいってことなんだけど。（中略）むしろ匿名にすることは、失礼なんじゃないかと思えた。「Fさん」にしちゃったとたん、とても粗末な、得体のしれない、形がなくて具体性のない、のっぺらぼうな存在になってしまう。正しいかどうかわからないけど、その時、＠さんの命を決して無駄にしないためにも、＠さんの存在が忘れ去られてしまわないためにも、書きしるすことを選ぼうと私は思った。〔北村・坂上、二〇〇〇b、一七一～二頁〕（本文では＠さんの箇所にFさんの実名が書かれている）

右記の中で、北村は被害者の実名を記載した理由を「@さんの命を決して無駄にしないため」「@さんの存在が忘れ去られてしまわないため」と説明している。ルポルタージュで取り上げる人物の名前を匿名や仮名にする理由として通常考えられるのは、プライバシーの問題である。本人として出版することで、取り上げた人物のプライバシーが侵害されることを避けるために、本人が実名で記載されることを承認しない限りは匿名や仮名にする。加害者をニックネームで記載し、被害者を実名で記載したことが示しているのは、ルポルタージュを書く際に、北村が想定したプライバシーの問題は、あくまで加害者のSさんや「橋の子」に関するものであり、被害者のFさんもしくはFさんと同じ立場の人たち（つまり野宿者）は想定外だったのではないか。つまり、北村は襲撃の加害者と被害者とを、「同じ弱者」として位置づけながらも、決して同じような存在としては見なしていなかったと言える。

北村は、右記の中で、被害者のFさんについて記述しなかった理由について、「私の書いた内容を@さんに確認してもらえない」「本人の了承を得られないのに書いていいのだろうか」と説明している。しかし、北村が加害者のSさんや、Sさんの「仲間」であった「橋の子」については書けても、被害者のFさんについて書けなかった理由は別のところにあったのではないだろうか。

青木は、ルポルタージュで一貫して野宿者に対する社会的眼差しについて明らかにしようとしていた。青木にとって、野宿者襲撃を、野宿者に対する差別・偏見の問題として捉えていくことは、自らの内面にも存在している野宿者に対する偏見や差別意識とも向き合うことを意味していた。しかし、北村は、自らの内面にも存在している野宿者に対する偏見や差別意識と向き合うことを避けたために、結果的に著書の中で被害者について書けなかったのではないか。

また、青木は「横浜浮浪者殺傷事件」をきっかけとして表面化した、野宿者に対する偏見や差別意識を、加害者の少年たち特有の問題としてではなく、周囲の大人たちも含め、社会全体の意識の問題として告発していった。一方、北村は、野宿者襲撃を「襲撃せざるを得なかった加害者の問題」として捉えていたと言える。

冒頭でも述べたが、第一審では国選弁護人がSさんの弁護を担当したが、控訴審では北村を中心として発足した「野宿者襲撃事件を考える会」の依頼による弁護人が担当した。「野宿者襲撃事件を考える会」には、Sさんの友人・知人だけでなく、大阪・釜ヶ崎などで長い間、寄せ場労働者や野宿者に対する支援活動を行なってきた人たちも多く含まれていた。次にSさんの第一審と控訴審との違いについてまとめる。

Sさんの第一審と控訴審とを通じ、犯行行為に関して争点となったのは、単独によるものか、二人で共謀したものなのかという点である。一審の判決文では「Tと共謀し、……川へ投げ込んだ」と説明されているが、控訴審においては、Tさんの事件への関与は否定され、Sさんの単独犯行と認定された（Sさんの控訴審判決が下される直前に、Tさんに対して無罪判決が下されている）。具体的な犯行行為については、一審では「嫌がらせのため、Fさんを川へ投げ込んだ」と事実認定されたが、控訴審では「Fさんがしがみつこうとしたのを払いのけた」と事実認定された。

一九九六年一月二三日に大阪地裁で行なわれた第一審の第一回公判は、傍聴席の最前列に報道席が設けられ、釜ヶ崎などで寄せ場労働者や野宿者の支援活動に関わる人達で傍聴席がうまっていた。その中には「日雇労働者らしき人物」や「野宿者らしき人物」も数人見られた。しかし、公判が進むにつれ次第に傍聴している人の数も減っていった。一方、一九九七年一二月三日に行なわれた控訴審の第一回公判は、「野宿者襲撃事件を考える会」の支援者らしき人々やSさんの友人・知人たちが傍聴し、毎回公判終了後に、担当弁護士を交えて、裁判の説明及びSさんの拘置所での様子が支援者らに報告され、和気あいあいとした様子であった。法廷という空間において、まるで傍聴する人々が加害者であるSさんを応援しているかのようであった。その一方で、控訴審では、一審を傍聴した際に見かけた「日雇労働者らしき人物」や「野宿者らしき人物」の姿はなかった。

また、第一審と控訴審を比較すると、Sさんの法廷での質疑応答の様子がまったく異なっていた。第一審は、うつむき加減でボソボソと発言していたが、控訴審では身なりもきれいにし、弁護人や検事、裁判官からの質問にもハキハキと答えていた。

北村の著書には、拘置所から北村宛に書かれたSさんによる手紙が引用されている。また、Sさんの控訴審での弁護人から、刑務所から弁護人宛に書かれた手紙をお借りした。そこで書かれているSさんの手紙は、実にしっかりしていて文章も分かりやすかった。一方、Sさんよりもかなり長い間裁判が行なわれたTさんの手紙は見あたらなかった。また、重要参考人とされたYさんが、自分の目撃した内容や事件現場を説明するために書いた文書は、当時二〇歳代半ばの人間が書いたとは思えないほど、幼稚でつたないものであり、Yさん自身が置かれている社会的状況を示しているものであった。Yさんは、Sさんと同様に一審では無言になったり言葉につまったりする場面がしばしば見られたが、Sさんの控訴審で証人として立ったときは、事前に用意されたセリフを読み上げるように堂々と答えていた。

一連の裁判を傍聴した上で言えることは、法廷という空間で、被告であるSさんが如何に「社会的弱者」として振る舞うかが、Sさんに対する刑罰を決定する上での重要事項となっていた点である。尚、Sさんは事件から四年余りが経過した二〇〇〇年三月に出所している。結果的に無罪となったTさんの公判はSさんが刑務所から出所した時期まで行なわれていたということになる。

事件後、Sさん、Tさん、Yさんは共に東京へ逃亡している。また、事件前日にSさんが一人の「浮浪者」から一九九万円を奪い取り、三人でテレクラやゲームセンターなどで豪遊したことを、三人とも法廷で証言している（この件での訴追は行なわれていない）。Yさんは、事件後に三人で東京へ逃亡した理由については「前の日に浮浪者から一九九万円盗っていたので『やばい』と思ったから」と述べている（一九九八年五月二九日、S被告控訴審にて）。これらの証言から、TさんとYさんは、事件前日にSさんが「浮浪者」から奪い取った一九九万円を使って一緒に豪遊したことで、逮捕される可能性があることを懸念し、Sさんと共に逃亡したと推測される。

これら事件前日の三人の行動や、東京への逃亡の経緯については、法廷において直接本件との関連性を問われることはなかった。しかし、北村をはじめ支援者たちは、これら事件前日の三人の行動をどのように解釈したのだろうか。

Sさんは「野宿者襲撃を考える会」が発足したときに、気づいたのかもしれない。自分に同情し、自分に手をさしのべ、自分を助けようとする人たちに対して、そして裁判官や検事、弁護人、傍聴席にいる「一般の人々」に対して、罪を償う覚悟があることやFさんに対する犯行行為を反省しているふりをすることが、自らがこの社会で生きていくために最も必要なことであることを。

4 「若者」が集まる場所には、必ず「野宿者」がいる

『骨音』の中で、野宿者襲撃の加害者と被害者とを結び付けようとするセリフが、主人公のマコトを通じて語られている。

おれはホームレスの男たちの二十代の姿を考えた。今の若いやつと同じで勢いだけで生きていたのだろう。将来のことなどまったく心配していなかったに違いない。とても人ご

ととは思えなかった。〔石田衣良、二〇〇二、一七頁〕

（中略）ホームレスの男たちは、おれやGボーイズのガキとぜんぜん変わらない。ついてないことが重なれば、今どんなに恵まれていても、おれたちはいつか公園で寝泊まりすることになる。それが今の日本のかけ値なしの姿だろう。〔石田衣良、二〇〇二、二四頁〕

マコトが言うように「将来のことなどまったく心配していなかった」結果がホームレスなのか？「ついていないことが重なった」結果がホームレスなのか？

筆者が疑問に感じたのは、「ホームレスのおやじなんていてもいなくても別にかまわないじゃないか」「ホームレスの骨一本であの音が録れるなら、文句なしじゃないか」と開き直るスライに対してではなく、ホームレスたちに自分の将来を映し出して同情したふりをするマコトに対してである。なぜなら、石田衣良は、マコトを「今の若いやつ」とは異なる、「ガキ」を卒業した存在として位置づけているが、二〇歳代の若者にホームレスに対して同情したふりをしたセリフを吐かせるよりも、「ホームレスなんていてもいなくても同じじゃないか」「ホームレスの骨一本であの音が録れるなら、文句なしじゃないか」と語らせた方がよっぽどリアリティがあるからだ。

石田衣良は池袋のライブハウスで「この世でいちばん速い音」に群がるガキどもを「市場社会の負け組」と表現した。敢えて一般化すれば、石田衣良が想定している「今の若いやつら」や「ガキ」

は、二つの事件の加害者よりも遥かに若く、物心ついた頃から「バブル崩壊」「不景気」「就職難」という言葉を繰り返し聞かされてきた世代と言えよう（若いわりには自分たちと同世代・同階層の集団の中では逸脱者とならぬよう振る舞う知恵だけは身に付いている）。マコトが言う「今の若いやつ」や「おれやGボーイズのガキ」と「ホームレス」が同じだとすれば、将来ホームレスになる可能性があるという点ではなく、むしろ、「空間として同じ場所に生きている」ということである。

ジグムント・バウマンは、退屈とは、消費社会に特有の他のさまざまな社会階層化のファクター──選択の自由と選択肢の豊富さ、移動する自由、空間を克服し時間を構造化する能力──とは切っても切り離せない心理学的特徴であると述べている［Bauman, 1998＝2003：230］。退屈を和らげるためにはお金がかかる。そして、欲望にはお金がかからないが、その欲望を現実的なものにし、快適な状態として欲望を経験するためには資源が必要である［Bauman, 1998＝2003：229］。階層が高くても欲望は満たされることはない。ましてや階層が低ければ低いほど欲望を満たすための選択肢は限られてくる。

ビルの軒下で段ボールで囲って眠っている野宿者のすぐ近くで、スケートボードをする「若者」や、ビルのガラスに映し出される自分の姿を確認しながらダンスを踊る「若者」をしばしば目にする。一九八三年の「横浜浮浪者殺傷事件」が起きた時期も、青木の文献で中学生が路上でたむろしていた様子が記載されている。「道頓堀野宿者殺人事件」の場合は、加害者が事件のあった大阪・戎橋近辺で野宿をし、日頃から野宿者に対する嫌がらせや暴力行為をくり返していたことが、法廷でのやりとりや北村の本の中で明らかにされている。また、「横浜浮浪者殺傷事件」の場合も、青木の本の中で、加害者の少年たちが日常的に「浮浪者」を目にする場所で「遊んでいた」ことが明らかにされている。

これらのことから推測されるのは、襲撃の加害者である人々が、日常的に野宿者を目にする場所にいた、すなわち「路上でたむろすること」が彼らにとって唯一の退屈を和らげる方法であったことである。退屈を和らげ、欲望を満たす資源や手段を持たない（持てない）人々が、路上という空間に押し出された結果、日常的に目にする野宿者を攻撃の対象としたのではないか。

『池袋ウエストゲートパーク』は宮藤官九郎脚本でドラマ化され、二〇〇〇年四月から六月にかけてTBSで放映された。冒頭で引用した『池袋ウエストゲートパークⅢ　骨音』は、『池袋ウエストゲートパーク　スープの回』として二〇〇〇年にTBSで放映されたスペシャル番組の原作である。いずれもTBSからDVD化されている。知人の話では、当時、ドラマに影響を受けたらしきギャング団が池袋界隈でいくつか登場したそうである。マコトはGボーイズに所属しない一匹狼だった。現実にはマコトのように様々な事件や問題を解決してくれるトラブルシューターは存在しない。池袋界隈の若者たちが模倣の対象として選んだのが、一匹狼で行動するマコトではなくて、集団で行動するギャング団だったという現実。

これまで、野宿者襲撃に関するルポルタージュや論文において、野宿者襲撃が「男性による男性に対する暴力」であり、そしてその多くが集団によって行なわれてきた点は触れられてこなかった。男性の野宿者が女性の野宿者よりも圧倒的に数として多いとはいえ、野宿者襲撃の被害者は男性に特化している（もちろん、女性野宿者が暴力の対象にならないということではない）。

青木は、特に加害者も被害者も「男性」であった点には直接触れてはいないが、なぜ野宿者が（集団による）暴力の対象となったのかについては明らかにしようとしたのではないだろうか。しかし、北村や、一部の野宿者支援団体のメンバーたちは、加害者と被害者とを「同じ弱者」として位置づけ、その暴力自体を「暴力をふるわざるを得なかった加害者の問題」としてとらえていた。このことによって、なぜ野宿者が（集団による）暴力の対象となったのか、なぜ野宿者でなくてはならなかったのかという問い自体が隠蔽されてしまったのではないか。襲撃の加害者を支援するということは、集団による暴力によって形成・維持されている「男性性」や「男らしさ」をも容認することにつながるのではないか。男性性と暴力との関係について考察していくことは今後の課題としたい。

参考文献

青木悦、一九八四、『「人間」を探す旅　横浜の「浮浪者」と少年たち』民衆社

――――、一九八五、『横浜「浮浪者」襲撃事件を追って――やっと見えてきた子どもたち』あすなろ書房

Bauman, Zygmunt. 1998=2003, 渋谷望訳「労働の倫理から消費の美学へ――新たな貧困とアイデンティティのゆくえ」山之内靖・酒井直樹編『グローバリゼーション・スタディーズ1　総力戦体制からグローバリゼーションへ』平凡社、二〇三～二三四頁所収

石田衣良、二〇〇二、『骨音　池袋ウエストゲートパークⅢ』文藝春秋

狩谷あゆみ、一九九七、「社会問題の構成と隠蔽　『道頓堀野宿者殺人事件』に関するマスコミ報道を事例として」『ソシオロジ』42－1（129）、七七～九五頁

――――、一九九八、「法廷における犯行動機の構成と被害者のカテゴリー化　『道頓堀野宿者殺人事件』を事例として」『社会学評論』49－1（193）、九七～一〇九頁

――――、一九九九a、「保護／撤去／襲撃　震災後・神戸の野宿者問題」青木秀男編『場所をあけろ！　寄せ場／ホームレスの社会学』松籟社、一二九～六一頁

――――、一九九九b、「野宿者問題のリアリティ　阪神淡路大震災後の神戸市を事例として」『広島修大論集』40－1（人文編）、広島修道大学人文学会、四一～六二頁

――――、二〇〇〇、「リアリティが事実を確定する！――法廷における犯行事実の認定をめぐる社会的構成過程」『広島修大論集』40－2（人文編）、広島修道大学人文学会、二二一～四五頁

――――、二〇〇一a、「カテゴリー化の暴力性――神戸市の野宿者問題をめぐって」『解放社会学研究』15、日本解放社会学会、七五～九七頁

――――、二〇〇一b、「法廷における『事実』と『リアリティ』――『道頓堀野宿者殺人事件』を事例として」

『法社会学』54、法社会学会、一三三～五六頁
――――、二〇〇二、「野宿者襲撃をめぐる問題構成」中根光敏編著『社会的排除のソシオロジ』広島修道大学研究叢書第122号、広島修道大学総合研究所、三一～五二頁
河口和也、二〇〇〇、「『夢の島事件』があぶり出す『同性愛嫌悪』」『世界』9月号、岩波書店、一八〇～一頁
――――、二〇〇二、「不可視化する『同性愛嫌悪』――同性愛者（と思われる人）に対する暴力の問題をめぐって」金井淑子・細谷実編『身体のエシックス／ポリティクス　倫理学とフェミニズムの交叉』ナカニシヤ出版、一一九～三九頁
川崎の野宿生活者有志と川崎水曜パトロールの会、一九九六、『冬を生きぬき春を呼びこめ　川崎野宿労働者の闘い　第1巻』
――――、一九九七、『冬を生きぬき春を呼びこめ　川崎野宿労働者の闘い　第2巻』
風間孝、二〇〇二、「（男性）同性愛者を抹消する暴力―ゲイ・バッシングと同性愛寛容論」好井裕明・山田富秋編『実践のフィールドワーク』せりか書房、九七～一二〇頁
北村年子、一九九七、『大阪道頓堀川「ホームレス」襲撃事件　〝弱者いじめ〟の連鎖を断つ』太郎次郎社
北村年子・坂上香、二〇〇〇a、「加害者と被害者を引き寄せる　取材すること・書くこと・癒されること　part1」『インパクション』117号、一四八～五九頁
――――、二〇〇〇b、「加害者と被害者を引き寄せる　取材すること・書くこと・癒されること　part2」『インパクション』118号、一六二～七六頁
中根光敏、一九九三、『「寄せ場」をめぐる差別の構造』広島修道大学研究叢書第75号、広島修道大学総合研究所

襲撃

「男」が「男」を殺すとき……

Homophobia と Homeless-phobia

小六らホームレス襲撃　川崎、傷害容疑　少年一〇人補導・逮捕「ゴミ退治感覚」〔二〇〇三年一〇月一八日付、朝日新聞〕

姫路ホームレス焼死　中三ら二人を逮捕　火炎瓶投げ殺害容疑　一六歳の二人も再逮捕へ〔二〇〇六年三月一七日付、日本経済新聞〕

マスメディアを通じて「事件」として報道された例を見る限り、野宿者襲撃の加害者は「男性」であり、被害者も「男性」である。被害者が男性に特化しているのは、日本の野宿者の特徴が「単身で高齢の男性が多い」という点に関連しているためであり、決して女性野宿者が暴力の対象にならないということではない。そして、野宿者襲撃はほとんどの例で集団で行なわれている。本書でとりあげた一九八三年の「横浜浮浪者殺傷事件」も、未成年者の「男性」によって集団で行なわれた。一九九五年の「道頓堀野宿者殺人事件」は、法廷では単独による犯行とされたが、共犯として容疑者とされ、最終的に無罪となったTさんを含め、知人・友人が周りに居た状態で行なわれている。また、事件が起きたのは、非常に人通りが多い場所で朝のラッシュ時である。つまり、野宿者襲撃は、「男性」が集団で行なうこと、もしくは野宿者への暴力行為が誰かに目撃されることに意味があるのであり、単独かつ周りに誰も人が居ない状態では行なわれないと言える。

野宿者襲撃は、「事件」として表面化した例の多くが未成年者による犯行であったために、「凶悪化する少年犯罪」の枠組みで解釈されてきた。しかし、注意しなければならないのは、少年犯罪という枠組み自体、「少年＝未成年者の男」を前提としており、「少年＝未成年者の女」を指していない点である。少女犯罪というカテゴリーは存在しないし、少女というときはむしろ被害者を指している。このことは、野宿者襲撃に限らず、未成年者による犯罪の多くは（未成年者に限らずともいえる）、男性によって行なわれてきたという「事実」そのものが自明のものとされてきたことを物語っている。

中根は、一九八三年の「横浜浮浪者殺傷事件」を事例として、野宿者襲撃を寄せ場に対する差別と位置づけ、襲撃という行為を、市民社会を構成する〈市民〉としてのアイデンティティの再認と解釈している。

> マスコミの伝えるところによれば、襲撃した少年らのほとんどは、何らかの形で学校や職場等から逸脱した人間である。彼らは自分達よりも「落ちこぼれた」ものとして「野宿者」を位置付け、「町をきれいにするため」という大義を掲げ「野宿者」を身代わりの山羊《スケープ・ゴート》として襲撃することによって、自分達が「野宿者」とは異なった〈市民〉の側にいることのアイデンティティを再認しようとしていた、と言えるだろう。〔中根、一九九三、九七頁〕

中根は、「横浜浮浪者殺傷事件」の加害者が女性ではなく、男性であったことには全く触れていない。触れていないということは、中根が指摘した〈市民〉というカテゴリーには男性は含まれるが、女性が含まれてこなかったことを示している。このことは、市民社会と呼ばれる社会が、男性中心の価値観や規範で構成されてきたことを露呈していると言える。

これまで、野宿者襲撃に関するルポルタージュや論文において、野宿者襲撃が加害者も被害者も「男性」であるという点は触れられたことがなかった。ここでは、野宿者襲撃がなぜ「男性による男性に対する暴力」であるのか、また、野宿者襲撃が集団で（もしくは「目撃している人が」が居る状態で）行なわれることにどのような意味があるのかを考察していくために、同性愛者襲撃との比較を行なう。ただし、ここで取り上げるのは被害者が男性同性愛者である事例である。同性愛者襲撃の特徴として、公園や空き地などで自然発生的に形成された「ハッテン場」と呼ばれる同性愛者が知り合う場所で、「外部」から侵入してきた集団によって行なわれることが多い。「ハッテン場」は、男性同性愛者にはあるが女性同性愛者にはない。このことは、異性愛にしろ同性愛にしろ、女性が積極的に出会いを求めることが社会的にタブー視されてきたこと、また、女性同士が夜の公園に集まること自体非常に危険であることが関連している。そのため、女性同性愛者が暴力の対象にならないということではないし、同性愛か異性愛かということよりも、むしろ女性は女性であることを理由に、（異性愛）男性からの暴力の対象になってきたと言えるだろう。

二〇〇〇年二月に、東京都江東区の新木場

公園近くにある都立夢の島緑道公園で、「同性愛者」を狙った強盗殺人事件が起こった（以下、新木場事件と呼ぶ）。加害者は未成年者を中心とした七人であり、この事件以前にも、「ホモ狩り」と称して、同じ場所で十数件の暴行・強盗事件を起こしたことを自供している〔河口、二〇〇二〕〔風間、二〇〇二〕。

野宿者襲撃と同性愛者襲撃は、「事件」として表面化した例の多くが、未成年者による犯行であったために、「凶悪化する少年犯罪」の枠組みで解釈されてきた点で共通している。また、加害者は被害者が警察に届け出ないこと、かつ警察に逮捕される可能性が低いことを計算して犯行に及んでいる点でも共通している。野宿者襲撃の場合は、被害者が仮に警察に被害を訴えても「そんなところで寝ているのが悪い」などと相手にされない。同性愛者の場合は、被害者が警察に訴えれば、夜間に公園にいた理由やプライバシーにかかわることを詮索されるので、それを避けるために被害者は泣き寝入りを強いられる。河口は、「同性愛が秘密であること」（を知ること）は、犯行が発覚しないようにするために犯人らにとっては好都合な機能を果たしていたと指摘している〔河口、二〇〇二、一二七〜八頁〕。

そして、野宿者襲撃も同性愛者襲撃も、明確な動機がない点でも共通している。明確な動機がないというのは、襲撃の対象が「その人」でなければならなかった理由が見あたらないという意味においてである。もちろん、法廷という場においては、加害者に「過去にいじめられた経験があった」とか「家庭や学校、社会から孤立していた」とか「日常生活にストレスを感じていた」などの動機の語彙が与えられるのだが。筆者が目にした事例において、野宿者襲撃の場合も、同性愛者襲撃の場合も、襲撃の対象が「その人」でなければならなかった理由についての加害者の供述は見あたらなかった。

セジウィックは、『男同士の絆』において、イギリス文学を事例として、最も肯定されてしかるべき男性のホモソーシャルな絆と、逆に最も非難されてしかるべき同性愛との間の類似や一致を見いだしている。セジウィックによると、Homophobia（ホモフォビア：同性愛嫌悪）とは特定の弾圧を少数者に加えることによって、多数派の行動を統制するメカニズムである[Sedgwick 1985 = 2001:134]。また、男性にとって男らしい男になることと「男に興味がある」男になることとの間には、不可視の、注意深くぼかされた、つねにすでに引かれた境界線しかない [Sedgwick 1985 = 2001:137]。セジウィックの指摘を見ると、ホモソーシャルとホモセクシュアルとの境界線の存在自体が無意味に思える。しかし、例え薄く破れそうな半紙一枚であっても、その境界線はそう簡単には破れてはくれない。

河口は、同性愛嫌悪による暴力の問題は、実際には同性愛者にかかわるものではなく、むしろ社会全体の人々の行動あるいは規制にかかわる現象であると指摘している。

> 「同性愛者になってはいけない」、あるいは「同性愛者になるとあのような悲惨な暴力を受けることになる」というある意味での恐怖を思い起こさせ、それにより異性愛体制を強化するという意味では、ひとつの制度と言ってもよいくらいではないだろうか。
> ［河口、二〇〇三、一三一〜三三頁］

河口が、同性愛嫌悪による暴力を「制度」と述べたように、「野宿者になってはいけない」「野宿者になるとあのような悲惨な暴力を受けることになる」という恐怖を呼び起こさせるために、野宿者襲撃は社会的に必要とされ、かつ容認されてきたと言える（ここでの容認とは、野宿者襲撃を目撃しても、多くの人が注意しないし、警察に伝えることもしないこと、警察に被害者が訴えても相手にされないことなどを指す）。

このように、ホモフォビアというメカニズムに、野宿者襲撃を当てはめてみると、最も肯定されてしかるべき男性のホモソーシャルな絆を維持し、集団の行動を統制するために、野宿者が暴力の対象となってきたと解釈できる。男性同性愛者が「あるべき男性像」から逸脱した存在と見なされているように、野宿者も「あるべき男性像」から逸脱した存在として見なされているからこそ、繰り返し暴力の対象とされてきたのではないだろうか。冒頭で引用した新聞記事のように、野宿者襲撃は繰り返し、ほぼ定期的に起こっていると言える。マスメディアを通じて「事件」として発覚した野宿者襲撃や同性愛者襲撃は、一部の未成年者や若者によるものであったが、二つの現象は、「男らしさ」や「男性性」というものが、いかに暴力によって（多くの場合、集団による暴力によって）維持されているかを露わにしたのではないだろうか。

狩谷あゆみ

参考文献

河口和也、二〇〇〇、「『夢の島』事件があぶり出す『同性愛嫌悪』」『世界』九月号、岩波書店、一八〇～一頁

———、二〇〇二、「不可視化する『同性愛嫌悪』——同性愛者（と思われる人）に対する暴力の問題をめぐって」金井淑子・細谷実編『身体のエシックス／ポリティクス　倫理学とフェミニズムの交叉』ナカニシヤ出版、一一九～三九頁

風間孝、二〇〇二、「（男性）同性愛者を抹消する暴力——ゲイ・バッシングと同性愛寛容論」好井裕明・山田富秋編『実践のフィールドワーク』せりか書房、九七～一二〇頁

中根光敏、一九九三、『「寄せ場」をめぐる差別の構造』広島修道大学研究叢書第75号、広島修道大学総合研究所

Sedgwick,Eve Kosofky., 1985, *Between Men:English Literature and Male Homosocial Desire.*, Columbia University Press.（＝二〇〇一、上原早苗、亀澤美由紀訳『男同士の絆　イギリス文学とホモソーシャルな欲望』名古屋大学出版会）

あとがき　不埒な希望へ

その男は「じゃあ」と言うと、ひょいと地下鉄の自動改札を飛び越えて行った。改札口付近にいた駅員さえ全く気づかないほど、あまりにも見事なそのやり口に、私はしばし呆気にとられていた。その男は山谷の労働者で、私が彼を見たのは、その時が最初で最後となった。バブル経済が始まる直前、早稲田での出来事である。

松籟社の編集者・夏目裕介さんから「タイトルに「不埒」という言葉を使いたい」という提案がなされた時、すぐに了承したものの、正直なところ私には若干の躊躇があった。それは、「不埒」という言葉に滲みついた負のイメージを考えると、本書が対象としている寄せ場や野宿者に対する誤解を生むのではないか、という危惧だった。けれども、それは取越し苦労にすぎなかった。なぜなら、本書全体を通じて共通しているのは、「埒のあかない」「物事の決着のつかない」「要領を得ない」問題情況を明らかにしようという試みだったからである。

もともと埒という言葉の意味が「馬場の周囲に張り巡らされた柵」であることに鑑みれば、寄せ場や野宿者をめぐる問題を考察していくことは、問題を「埒内」にとどめるものでもないし、かといって「埒外」へと放り出すものでもない。それは、現代社会に張り巡らされた埒の存在——地下鉄の自動改札がある特定の人々に対して移動の自由を妨げる社会的排除装置であるように——を可視化しようとする試みであり、人間を囲い込んでいる埒を破壊して取り除くような不埒な希望にほかならない。

さて本書が出版に至るまでの経緯を記しておきたい。

本書は、日本解放社会学会の創立二〇周年記念事業の一つとして企画された。そもそもの始まりは、二〇〇一年三月に学会事務局を引き継いだ私が、学会創立二〇周年（二〇〇四年三月）に向けて記念出版事業を提案したことにある。解放社会学会では、学会誌『解放社会学研究』（年一回発行）に加えて、会員による著書を『解放社会学双書』として出版していたが、『双書』は一九九一年の六冊目を最後に停まってしまった。何とか『双書』に替わるような出版活動を再開したいという思いから、二〇〇三年三月の学会総会で以下のような編集委員が選出された。

亘明志　福岡安則　志村哲郎　鐘ヶ江晴彦　山田富秋　中島勝住　河口和也　狩谷あゆみ　野村浩也　大庭宣尊　塚田守　中根光敏

編集委員会での議論を経て、いくつかのテーマを設定し、各テーマごとに編者を決め、依頼原稿と公募原稿によって構成した書籍を出版していくこととなった。それらのテーマの一つとして、狩谷あゆみを編者とした「寄せ場／野宿者」が決まった。

当初、本書は、学会創立二〇周年を迎える二〇〇四年度中に出版を計画したものの、その時点では出版社も決まっていなかった。結局、公募原稿はなく、本書は依頼原稿のみで構成されることになった。なお、原稿の依頼は、本学会員に限定せずに行なったために、本書の執筆者には学会員以外も含まれている。実のところ、原稿依頼当初は学会員でなかったものが現在は学会員であったり、その逆もある。

本書は、学会の企画として編まれたために、その編集のプロセスはやや特殊な性格をもっている。それぞれの原稿に対しては、三人の査読者による評価・コメントがなされ、その後、執筆者はコメントを考慮してリライトする形をとった。したがって、依頼によって寄せられた原稿の中には、リライトが間に合わず、残念ながら本書に掲載できないものもあった。そして、このような査読・リライト作業を行なったために、各原稿ごとに完成時期にバラツキが出て、当初の出版予定から相当遅れてしまい、早くから原稿を寄せていただいた方にはご迷惑をおかけした。それでも、査読・リライト作業を経ることによって、本書の完成度が高まったことは間違いなく、査読作業を引き受けてくれた方々にはこの場をお借りして御礼申し上げておきたい。

本書の企画は、私が竹中尚史さん（現在、洛北出版）に持ち込み、松籟社に引き受けていただけることになったが、竹中さんが松籟社を退社されることになり、二〇〇六年三月に夏目裕介さんに引き継がれることとなった。学会の企画でありながら「学会からは出版に関わる経費補助ができない」という無茶な申し出を了承していただき、お二人にはいくら感謝しても足りない気持ちである。

寄せ場・野宿者に関連した社会学研究の書を松籟社から刊行するのは、本書『不埒な希望』が二冊目となる。一九九九年に刊行した『場所をあけろ！』からは、かなりの時間を経過したことも事実であるが、寄せ場・野宿者をめぐる問題情況の変容にはそれ以上の激しさがあった。そのドラスティックな現実の変容へとどれほど迫ることができたのかは、二冊を読み比べていただいた読者からの評価に委ねるしかない。

最後に、地下鉄の自動改札をひょいと飛び越えて去った男から受け取った不埒な希望へのバトンを多くの人々へと引き継ぐことに、本書がいくらかでも寄与することを願って……。

二〇〇六年九月二七日　中根光敏

執筆者一覧（執筆順・★は編著者）

中根光敏（なかね・みつとし）NAKANE Mistutoshi　広島修道大学教員
『社会学者は２度ベルを鳴らす』（松籟社、1997 年）、『寄せ場文献精読 306 選』（共著、れんが書房新社、2004 年）、『外国人労働者の人権と地域社会』（共著、明石書店、2001 年）、『場所をあけろ！』（共著、松籟社、1999 年）。

山口恵子（やまぐち・けいこ）YAMAGUCHI Keiko　弘前大学教員
「大都市における貧困の空間分布」（『貧困と社会的排除』、ミネルヴァ書房、2005 年）、「東京・山谷にみる包摂と排除の構造」（『解放社会学研究』15 号、日本解放社会学会、2001 年）。

北川由紀彦（きたがわ・ゆきひこ）KITAGAWA Yukihiko
東洋英和女学院大学等非常勤講師
「〈ホームレス問題〉の構成　東京を事例として」（『解放社会学研究』16 巻 1 号、日本解放社会学会、2002 年）、『貧困と社会的排除　福祉社会を蝕むもの』（共著、ミネルヴァ書房、2005 年）等。

山本薫子（やまもと・かほるこ）YAMAMOTO Kahoruko　山口大学教員
『外国人労働者の人権と地域社会』（共著、明石書店、2001 年）、『実践のフィールドワーク』（共著、せりか書房、2002 年）、『移民問題をめぐる自治体の政策と社会運動』（共著、明石書店、2004 年）。

文貞實（むん・じょんしる）MOON Jeongsil　中部学院大学教員
「被災コミュニティと在日韓国・朝鮮人の復興戦略」（『阪神・淡路大震災の社会学』第 3 巻、岩崎信彦他編著、昭和堂、1999 年）、「野宿とジェンダー」（『shelter-less』No.19、新宿ホームレス支援機構、2003 年）。

西澤晃彦（にしざわ・あきひこ）NISHIZAWA Akihiko　東洋大学教員
『隠蔽された外部』（彩流社、1995）、『都市の社会学』（共著、有斐閣、2000）、『貧困と社会的排除』（共編著、ミネルヴァ書房、2005）、『テキスト社会調査』（共著、梓出版、2005）など。

★狩谷あゆみ（かりや・あゆみ）KARIYA Ayumi　広島修道大学教員
『場所をあけろ！　寄せ場・ホームレスの社会学』（共著、松籟社、1999 年）、『社会的排除のソシオロジ』（共著、広島修道大学総合研究所、2002）、『社会学に正解はない』（共著、松籟社、2003）、『文化とアイデンティティをめぐるポリティクス』（編著、広島修道大学総合研究所、2005）など。

不埒《ふらち》な希望《きぼう》——ホームレス／寄《よ》せ場《ば》をめぐる社会学《しゃかいがく》

2006年11月15日初版発行
2007年1月31日第2刷発行

定価はカバーに
表示しています

編著者　狩谷あゆみ
発行者　相坂　一

〒612-0801　京都市伏見区深草正覚町1－34
発行所　㈱松　籟　社
SHORAISHA（しょうらいしゃ）

電話　075-531-2878
FAX　075-532-2309
振替　01040-3-13030

印刷・製本　モリモト印刷（株）

Printed in Japan

 ISBN978-4-87984-246-6 C0036